普通高等教育创新精品教材

信息检索与利用教程

主审　肖　绚

主编　胡　磊　汪丽萍

内容提要

本书从初学者的角度出发，由浅入深、循序渐进地介绍了信息检索的基本理论知识、常用检索工具的使用方法与技巧、各类文献数据库的使用方法，以及就业信息检索与论文写作的相关知识。全书共8个项目，内容涵盖初识信息检索、走近信息源、学习纸质文献检索、学习网络信息资源检索、学习文献数据库检索、学习特种文献检索、学习就业信息检索、学习论文写作。本书内容全面、理实结合、图文并茂、通俗易懂、突出素养导向，旨在培养学生的信息检索、分析和利用能力。

本书可作为各类院校信息检索与利用课程的教材。

图书在版编目（CIP）数据

信息检索与利用教程 / 胡磊，汪丽萍主编. -- 上海：上海交通大学出版社，2024.4（2025.6 重印）

ISBN 978-7-313-30635-7

Ⅰ. ①信… Ⅱ. ①胡… ②汪… Ⅲ. ①信息检索－教材 Ⅳ. ①G254.9

中国国家版本馆 CIP 数据核字(2024)第 096909 号

信息检索与利用教程

XINXI JIANSUO YU LIYONG JIAOCHENG

主　　编：胡　磊　汪丽萍

出版发行：上海交通大学出版社　　地　　址：上海市番禺路 951 号

邮政编码：200030　　电　　话：021-64071208

印　　制：三河市龙大印装有限公司　　经　　销：全国新华书店

开　　本：787 mm×1092 mm　1/16　　印　　张：16.25

字　　数：375 千字

版　　次：2024 年 4 月第 1 版　　印　　次：2025 年 6 月第 2 次印刷

书　　号：ISBN 978-7-313-30635-7　　电子书号：ISBN 978-7-89424-823-7

定　　价：49.80 元

本书编委会

主　审　肖　绚

主　编　胡　磊　汪丽萍

副主编　吴夏子　杨　俐　王　硕

参　编　祝　庆　张钧驰

前言

FOREWORD

信息检索与利用在人们日常学习、工作和学术研究中具有非常重要的作用。良好的信息检索能力能够帮助人们更好地理解学科知识、提升自主学习能力。同时，有效的信息检索能够为研究者提供丰富的信息资源和理论支持，有助于提升其研究水平和学术影响力。

在信息时代，随着信息与知识需求的增长，信息技术支持力度的加大，检索理念和方法研究的深化，信息检索与利用得到了越来越多的重视。从文献检索、计算机检索、网络检索到人工智能检索，这些检索术语的更新，反映了信息检索形式紧跟时代的发展。要适应发展所带来的变化，核心在于信息素养的培养和提升。

信息素养教育已被联合国教育、科学及文化组织纳入“全民信息计划”的六大优先领域，信息素养已然成为人们获取信息、更新知识、实现终身学习的基本要素。信息检索与利用课程是高校培养大学生信息素养的重要途径。为了帮助大学生更好地掌握信息检索的方法和技巧，提升利用信息的能力，我们精心策划和编写了本书。

本书特色

具体而言，本书具有以下几个特色。

1. 立德树人，德育为先

党的二十大报告指出：“育人的根本在于立德。”本书积极贯彻党的二十大精神，探索价值塑造、能力培养、知识传授“三位一体”的立德树人新路径，在“引导案例”和“拓展阅读”等模块中安排了体现爱国、创新、守法、诚信等元素的案例或资料，以培养学生的爱国情怀、文化自信、创新精神等良好品德，引导学生树立正确的世界观、人生观和价值观，主动肩负起时代责任和历史使命，成为对国家和社会有用的时代新人。

2. 校企合作，实用性强

本书的编写工作在一线优秀教师和企业专家的参与和支持下进行，内容安排紧密围绕学生在信息检索与利用活动中的知识需求。同时，本书还注重理论知识与实践活动的结合，在介绍检索方法、工具和信息平台时，安排了基于真实场景的实操演示，配有详细的步骤说明和图示，增强了教材的实用性。

3. 全新理念，精心设计

本书在每个项目的开头对项目内容进行了概述，并指出了本项目要学习的知识要点、要掌握的具体技能和要具备的基本素质，以帮助学生明确学习目标。项目内容划分以由浅入深、从易到难、循序渐进为原则，突出通过信息检索与利用的相关知识和技能来解决学习和生活中的实际问题这一核心思想。此外，本书还根据需要安排了“课堂讨论”“提示”等小模块，内容丰富、形式活泼，可以激发学生的学习热情，适时提醒学生多留意难点、疑点或关键点。

4. 与时俱进，紧跟前沿

本书所列数据、表格、工具和书目等大多为当前最新版本，保证了教材的内容与实际应用情况一致。此外，本书不仅介绍了当前主流的信息检索方法、工具和数据库，还主动追踪信息检索与利用领域的前沿应用，融入了人工智能检索等热点内容，增强了教材的可读性和吸引力。

5. 平台支撑，资源丰富

本书配有丰富的数字资源，读者可以借助手机或其他移动设备扫描二维码观看微课视频，也可以登录文旌综合教育平台“文旌课堂”查看和下载本书配套资源，如教学课件、项目考核答案等。读者在学习过程中有什么疑问，也可以登录该平台寻求帮助。

同时，本书提供了在线题库，支持“教学作业，一键发布”，教师只需通过微信或“文旌课堂”App扫描扉页二维码，即可迅速选题、一键发布、智能批改，并查看学生的作业分析报告，提高教学效率，提升教学体验。学生可在线完成作业，巩固所学知识，提高学习效率。

由于编者水平有限，书中可能存在疏漏之处，敬请读者批评指正。

特别说明

在本书编写过程中，编者参考了大量资料并引用了部分文章和图片。这些资料大部分已获授权，但由于部分资料来自网络，我们暂时无法联系到原作者。对此，我们深表歉意，并欢迎原作者随时与我们联系。

本书没有注明资料来源的案例均为编者根据真实事件或材料改编。

本书配套资源下载网址和联系方式

网址：https://www.wenjingketang.com

电话：400-117-9835

邮箱：book@wenjingketang.com

片头

目录

CONTENTS

项目 1　初识信息检索

项目导读

当今社会是一个高速发展的信息社会，信息已经成为继劳动力、土地、资本和技术等生产要素之后的新型生产要素。然而，自互联网诞生以来，全世界的信息数量呈爆炸式增长，信息泛滥问题日益突出。为此，人们迫切需要一种能对巨量信息进行便捷提取的技术和手段，以便更好地利用信息，这种技术和手段统称信息检索。

本项目首先介绍信息社会和信息素养教育的相关知识，然后介绍信息、知识和文献的相关概念，以及信息检索的概念、原理、类型、工具、方法和步骤，最后介绍人工智能检索的相关知识。

学习目标

知识目标

- 了解信息社会和信息素养的概念。
- 了解信息素养教育的发展、评价指标体系及信息素养的培养途径。
- 熟悉信息、知识和文献的概念。
- 熟悉信息检索的概念、原理、类型、工具、方法和步骤。
- 了解人工智能检索的概念、发展和技巧。
- 了解人工智能检索在高校图书馆中的应用。

能力目标

- 能够根据信息需求选择合适的检索工具和检索方法。
- 能够按照信息检索的一般步骤检索信息并评价检索效果。

素质目标

- 感受我国在科技创新及信息化建设方面取得的伟大成就，厚植爱国主义情怀。
- 紧跟时代发展步伐，不断学习和更新知识，培养自信、自立、自强等美好品质。

引导案例 通过一张航拍照片，他“偶遇”了《沁园春·雪》

图 1-1 挑战赛线索——一张航拍照片

有一名优秀的科普视频创作者，他非常善于搜索信息，被粉丝们亲切地称为“搜索之王”。不久前，该视频创作者接受了一项网络挑战，他需要根据网友给出的航拍照片（见图 1-1），判断出拍摄画面的准确位置。

很多人对这一挑战的难度感到吃惊，但该视频创作者却通过他敏锐的观察力和优秀的信息检索能力，不仅找到了拍摄画面的准确位置，同时还发现毛主席正是游览此地之后，写下了著名诗篇《沁园春·雪》。通过一次神奇的搜索之旅，他不仅带领网友们一起领略了黄土高坡的壮丽风景，游览了气势磅礴的黄河，还偶然捕捉到了毛主席在艰苦岁月中面对祖国大好河山时抒发诗人心性的珍贵历史瞬间。下面，我们就来简单回顾一下这趟非凡的“旅程”。

观察照片可以看出，拍摄者当时正在一架飞机上，映入眼帘的只有莽莽群山、一条黄色的河流和一小截机翼。该视频创作者根据浑黄的河水、河流数百米宽的河道、河道两岸千沟万壑的山地地貌，判断这条河流就是我国的母亲河之一——黄河。然后，他又根据“北方山脉的影子大多数情况下朝向北方”这一地理知识，判断河流是南北流向。据此，他很快定位图中的位置处于黄河“几”字形的某一段，具体来说就是陕西省和山西省之间、黄河由北向南流的一段河道。

然而，这一范围仍然是一段长达 850 多公里的水域，想要按图索骥，无异于大海捞针。为了缩小搜索范围，他再次仔细观察照片，又发现了一条独特的信息：河道上有一座桥。于是，他马上利用搜索引擎检索“黄河上有多少座桥”，搜索引擎返回的结果显示，黄河上一共有 223 座桥。接下来，他就把搜索重点放在了“几”字形黄河上有桥的地方，百度地图上的信息显示，在该地段一共有 26 座大桥。

明确目标后，他使用高清卫星地图逐一观察这 26 座大桥附近的地形和景物，并将其与航拍照片进行对比，最终确定了照片所拍摄的地点位于陕西省榆林市清涧县高杰村镇高家坬村，照片上的那座桥叫石清黄河大桥。

在观察地形时，他对一个名叫“北国风光景区”的景点产生了浓厚的兴趣，继续在搜索引擎上检索“北国风光景区”一词，想看看有什么发现。在检索结果中，他发现了这样一段文字：“高家坬塬位于清涧县城东 60 公里处的高杰村镇，它是陕北高原的群山中少有的一块塬地。该塬百亩有余，四周的群山相连，宛若一条巨龙盘旋

蜿蜒在群山大崖之中。1936 年 2 月，红军东征到达清涧县，毛主席从驻地袁家沟出发，登上高家坬塬观察地形，恰逢连日大雪，被风雪茫茫的北国风光所震撼。凭借这份感受，回到驻地的毛主席一气呵成，即兴创作了雄视千古、气势磅礴的壮丽诗篇《沁园春·雪》。”对于这一发现，该视频创作者既惊喜又感动，内心激荡出对革命领袖及革命先烈的无限崇敬之情。

在寻求答案的过程中，该视频创作者并没有比其他人拥有更多的原始信息，他之所以能够准确地找到答案，甚至挖掘出地理位置背后的历史故事，一方面有赖于他卓越的信息素养，能够敏锐地发现有用的信息、不断鉴别信息，从而缩小检索范围；另一方面有赖于各类信息检索工具的帮助，如利用高清卫星地图和搜索引擎网站获取包罗万象的信息。

（资料来源：孙小千，《飞机上随手拍的地面照片，竟藏着一个熟悉的故事》，“共青团中央”微信公众号，2021 年 6 月 2 日）

请思考：在信息社会，信息检索对于大学生来说有哪些重要意义？信息素养是什么？信息检索具体指什么？

1.1　了解信息社会与信息素养教育

信息社会，人们获取知识、提升技能、发展事业都离不开对信息资源的利用。人们要想更好地利用信息资源，就必须不断提升自身的信息素养。可以说，具备一定的信息素养是人们适应信息社会的重要基础。

课堂讨论

请大家讨论一下，我们在日常生活中是如何获取信息的？主要通过哪些工具获取信息？在获取信息的过程中遇到了哪些困难？自己是如何解决这些困难的？

1.1.1　信息社会

从社会形态来说，人类社会经历了原始社会、农业社会和工业社会，当前正处于信息社会。信息社会又称信息化社会，是以计算机、通信、网络、人工智能等信息技术的广泛应用为特征，以信息产业为主导产业，以信息资源的生产、分配和利用为主要目的的新型社会。

信息社会的发展始于20世纪50年代，人类历史上第一台计算机的面世和第一颗人造地球卫星的升空标志着社会信息化浪潮的启幕。迄今为止，世界范围内一共经历了三次大规模的信息化浪潮：第一次信息化浪潮始于20世纪80年代，以个人计算机的普及应用为主，即信息化1.0时代；20世纪90年代中期，美国政府首先提出了“国家信息基础设施建设计划”（俗称“信息高速公路建设计划”），互联网开始进入千家万户，由此带来了以网络为中心的第二次信息化浪潮，即信息化2.0时代；近年来，云计算、大数据、物联网等新一代信息技术创新活跃，并迅速与传统行业融合，数字经济蓬勃发展，第三次信息化浪潮扑面而来，即信息化3.0时代。

2022年11月，ChatGPT横空出世，生成式人工智能应用深入以往被认为只有人类才能涉足的领域，如科学发现、艺术创作等，给人类社会带来了深远的影响。不少人认为，人工智能技术即将掀起第四次信息化浪潮。

一直以来，我国政府采取积极行动应对信息化浪潮的到来，坚持不懈地推进国内信息基础设施建设。例如，“十三五”期间，我国建成全球规模最大的固定和移动通信网络，全国行政村光纤和4G网络的覆盖比例均超98%。自2015年我国政府推行提速降费以来，固定宽带和手机流量平均资费下降超过95%，但宽带平均下载速率却较之前提升了7倍。党的二十大报告指出：“到二〇三五年，我国发展的总体目标是……基本实现新型工业化、信息化、城镇化、农业现代化”。为了达成这一目标，我国政府针对信息基础设施建设出台了多项政策、法规和规划。目前，我国民众享受的信息基础设施水平远远高于世界平均水平，基本可以满足人们随时随地上网的需求。对于我国民众来说，信息和知识的获取比以往任何时候都要简单、快捷和多样。

拓展阅读

一个国家要想实现信息化发展，加速推进信息领域核心技术突破是关键。进入新时代，我国抓住时机加快信息领域核心技术突破，如5G技术就是我国信息领域核心技术突破的典型代表。目前，我国已建成全球规模最大、性能最先进的5G网络，5G创新应用不断涌现，涵盖交通、医疗、教育、文旅等诸多领域。

不仅仅是5G技术，近年来，我国紧紧牵住核心技术自主创新这个“牛鼻子”，集中资源力量加大前沿技术攻关力度：软件和集成电路技术加快发展，国产操作系统应用深入推进；量子通信、量子计算等领域实现原创性突破；世界超级计算机500强中我国上榜总数多年蝉联第一；高端芯片、基础软件、核心元器件等关键共性技术取得重要成果……

求木之长者，必固其根本。除了核心技术的突破，信息化建设必然需要良好的信息基础设施。党的十八大以来，我国加快推进新一代信息基础设施建设，统筹推进网

络基础设施、算力基础设施、应用基础设施等建设，打通了经济社会发展的大动脉。

2023年2月，中共中央、国务院印发《数字中国建设整体布局规划》，明确提出数字中国建设将按照“2522”的整体框架进行布局，即夯实数字基础设施和数据资源体系“两大基础”，推进数字技术与经济、政治、文化、社会、生态文明建设“五位一体”深度融合，强化数字技术创新体系和数字安全屏障“两大能力”，优化数字化发展国内国际“两个环境”。

2023年12月，我国6G推进组首次对外发布《6G网络架构展望》和《6G无线系统设计原则和典型特征》等技术方案，为6G从万物互联走向万物智联提供了技术路径。我国6G推进组负责人表示，6G技术商用时间基本在2030年左右。同月，国家发展改革委、国家数据局、中央网信办、工业和信息化部、国家能源局联合印发《关于深入实施“东数西算”工程 加快构建全国一体化算力网的实施意见》。该实施意见提出，到2025年年底，综合算力基础设施体系将初步成形，并将从通用算力、智能算力、超级算力一体化布局，东中西部算力一体化协同，算力与数据、算法一体化应用，算力与绿色电力一体化融合，算力发展与安全保障一体化推进5个统筹出发，推动建设联网调度、普惠易用、绿色安全的全国一体化算力网。

（资料来源：黄庆畅、金歆，《从网络大国阔步迈向网络强国——党的十八大以来我国网信工作成就综述》，人民网，2023年7月15日）

1.1.2 信息素养教育

信息社会是一个以信息和知识产业为核心的社会，在评价一个国家的综合国力时，国家的信息化水平和民众的信息素养水平是非常关键的指标。因此，信息素养教育普遍受到各国政府的重视。

1. 信息素养的定义

信息素养的主要要素

信息素养又称信息素质，这一概念最早由美国信息产业协会主席泽考斯基在给美国国家图书馆与信息科学委员会所做的报告《信息服务环境、关系和优先权》中提出，他将信息素养定义为“人们在解决问题时利用信息的技术和技能”。之后也有专家将信息素养概括为“利用大量的信息工具和信息源使问题得到解决的技能。”1989年，美国图书馆协会将信息素养描述为“有信息素养的人能够判断何时需要信息，并懂得如何去获取、评价和有效地利用所需要的信息。”

进入20世纪90年代，随着网络技术的发展，信息的数量、载体、获取途径、管理方法等都发生了巨大变化，人们对信息素养的内涵描述更加丰富。2003年，联合国教科文组织和美国图书情报学委员会在捷克首都布拉格召开了国际信息素养专家会议，此次会议将信息素养定义为一种能力，它能够帮助人们确定信息、查找信息、评估信息、组织信息，有效地生产、使用和交流信息，并解决面临的问题。

此后，随着人们对信息素养认识的不断深入，信息素养的内涵仍在延展。特别是在20世纪80年代以后，计算机信息处理能力成为信息素养的重要组成部分。

综合来说，信息素养是指从各种信息源中检索、评价和利用信息的能力，它是信息社会劳动者重要的终身技能之一。信息素养水平较高的人在面对未知领域时，知道如何自主地进行学习，因为他们了解信息和知识是如何组织的，知道如何找到自己所需的信息和知识。这种能力不仅能使他们具备终身学习的能力，还能使他们发现所有与自己职责相关或决策所需的信息，进而主动、快速地解决问题。

2. 信息素养教育的发展

信息素养教育是指根据社会信息环境，帮助人们培养或增强信息意识及信息能力，丰富信息知识，完善信息心理素质，发展信息潜能的一种教育活动。有证据表明，早在17世纪，德国的大学图书馆就已经开展了有关参考书、学习技巧、图书馆使用等内容的讲座，这些图书馆开展的读者教育活动通常被视为信息素养教育的早期形式。

20世纪70年代，信息素养教育开始受到发达国家的重视。1983年，美国信息学家霍顿提出：教育部门应该开展信息素养教育，以提高人们对联机数据库、通信服务、电子邮件、数据分析及图书馆网络等服务或工具的使用能力。进入21世纪，美国政府更是在全民范围内开展了信息素养教育活动。2009年10月1日，美国政府宣布2009年10月为“国家信息素养宣传月”，并在全国开展为期一个月的信息素养宣传活动。

我国的有识之士也很早就提出要增强大学生的信息意识及利用信息的技能。1984年，教育部下发通知，要求有条件的高校开设文献检索与利用课程。2002年2月，教育部印发了《普通高等学校图书馆规程（修订）》，其中明确规定，当前高等学校图书馆的5项主要任务之一就是“开展信息素养教育，培养读者的信息意识和获取、利用文献信息的能力”。此外，全国性或区域性的信息素养竞赛也是信息素养教育的有益补充。例如，全国财经高校图书情报专业委员会已经举办数届“乐研杯”全国财经高校大学生信息素养大赛，共有40多所高校参与赛事活动。

目前，我国中小学的信息素养教育主要通过信息技术教育课程开展，大学的信息素养教育主要通过信息检索课程、计算机教育课程开展。

此外，我国还非常重视全民的信息素养教育。2016年12月15日，国务院印发《“十三五”国家信息化规划》。该规划提出：支持普通高等学校、军队院校、行业协会、培训机构等开展信息素养培养，加强职业信息技能培训，开展农村信息素养知识宣讲和信息化人才下乡活动，提升国民信息素养。

3. 信息素养教育的评价指标体系

为了让信息素养教育工作有规范可依、有标准可查，世界各国都对信息素养教育的评价指标体系进行了深入研究。信息素养教育的评价指标体系是对信息素养构成要素及要素对应信息能力的具体描述，是进行信息素养教育的主要依据。

1）美国信息素养评价指标体系

美国是最早研究信息素养的国家，在制定信息素养标准方面开展了多层次、多领域的系列工作。针对高等教育层次，美国大学与研究图书馆协会于 2000 年发布了《高等教育信息素养能力标准》。该标准共有 5 个能力指标、22 个表现指标和 87 个成果指标。其中，5 个能力指标要求有信息素养的学生：① 有能力决定所需信息的性质和范围；② 可以有效地获得需要的信息；③ 可以评估信息及其出处，然后把挑选的信息融入自己的知识库和价值体系；④ 能够有效地利用信息实现特定的目的；⑤ 熟悉诸多与信息使用有关的经济、法律和社会问题，并能合理、合法地获取信息。

2）澳大利亚和新西兰信息素养评价指标体系

2004 年，澳大利亚与新西兰信息素养学会发布了《澳大利亚和新西兰信息素养框架》，该框架在对信息素养的描述中将信息利用范围从个人学习延伸到社会事务处理，突出了信息利用应达到服务社会、履行公民义务、实现终身学习发展的目标。该框架由 6 个一级指标（标准）、19 个二级指标（应获得的学习成果）和 67 个三级指标（学习成果的具体表现）组成。其中，6 个一级指标如下。

（1）信息需求：能根据自己的需求界定信息需要，准确描述所需信息的性质和程度。

（2）信息获取：能快速、准确地获取所需要的信息。

（3）信息评价：能对获取的信息及获取信息的过程进行评估。

（4）信息组织管理：能够使用各类工具或方法，对获取的信息进行有效管理。

（5）信息创新：能将新旧信息应用到构建新概念或知识创新中。

（6）信息道德：在获取和使用信息时，应遵守法律规定，符合文化习俗、社会规范、道德规范要求。

3）英国信息素养评价指标体系

英国的国家与大学图书馆标准协会于 1999 年发布了《信息素养的 7 个支柱》报告，提出了高校信息素养能力指标体系，该体系由 7 个一级指标和 18 个二级指标组成。一级指标对应了 7 项重要技能：① 确认信息需求；② 描述并选择信息获取途径；③ 设计检索策略；④ 寻找和获取；⑤ 比较和评价；⑥ 组织、应用和交流；⑦ 综合和创造。这 7 项技能的前 4 项对应基本的图书馆技能，后 3 项对应信息技术技能。

4）我国的信息素养评价指标体系

我国的信息素养研究主要针对高等教育领域，研究者在研究过程中借鉴了国外的研究成果，并结合我国实际情况加以改造，以适应我国的教育环境。2005年，清华大学图书馆和北京航空航天大学图书馆共同设计并发布了《北京地区高校信息素质能力指标体系》，其中包括7个一级指标、19个二级指标和61个三级指标，是国内较有影响力的评估体系。2008年，教育部高等学校图书情报工作指导委员会信息素质教育工作组组织北京部分高校图书馆专家在《北京地区高校信息素质能力指标体系》的基础上进行修改，形成了《中国高校信息素质指标体系及信息素质教育知识点（讨论稿）》，为高校实施信息素质教育和评价人才综合素质提供了重要指标和依据。该讨论稿包括7个一级指标和19个二级指标。其中，7个一级指标如下。

（1）能够了解信息及信息素质能力在现代社会中的作用。

（2）能够确定所需信息的性质与范围。

（3）能够有效地获取所需要的信息。

（4）能够正确地评价信息及其信息源，并能够有效利用。

（5）能够有效地管理、组织与交流信息。

（6）能够独立或是合作完成一项具体的信息检索和利用任务。

（7）能够合理、合法地检索和利用信息。

目前，构建多领域的信息素养评价标准体系，并通过信息素养评价标准体系指导具体实践教育的活动还在继续开展。

4. 大学生培养信息素养的途径

大学生在完成学业和实现个人发展的过程中需要解决许多问题，解决这些问题需要信息作为支撑，获取充足的信息并有效利用这些信息是解决问题的关键。大学生应从解决与自己密切相关的问题入手，培育自己的信息素养。

（1）增强信息应用意识，积极解决日常生活与学习中的问题。大学生从日常休闲、娱乐、交友，到学习课程、创新创业，都需要频繁地利用信息。例如，大学生在找工作时需要利用招聘信息，如了解哪个城市符合自己的定位，不同工作的要求，不同岗位的薪资待遇，不同工种的发展前景，等等。如果掌握了这些信息，找工作的盲目性就会大大减少。在解决找工作这个问题时，首先需要确定个人的信息需求，然后获取相关信息，最后整合、加工和利用这些信息，这一过程就是信息素养的具体体现。大学生在这些日常活动中，积极获取、利用并评价信息，既解决了问题，又培养了信息素养能力。

（2）认真学习文献检索课程，提高信息获取与利用能力。通过学习文献检索课程，大学生可以熟练掌握检索技能及各类信息服务平台的使用方法，从而高效地获取信息。在此基础上，大学生还应以问题为导向来使用高校图书馆、文献数据库、网络信息等资源，在解决问题的过程中掌握检索工具的使用方法和技巧。需要注意的是，大学生在学习过程中应以训练高效获取信息能力为基础，培养信息素养。

（3）积极参与课外实践活动，激发信息获取与利用的需求。大学生应积极参与创新

创业训练、学科竞赛及各种社会实践活动，在这些活动中产生自己的信息需求，然后开展获取信息、组织管理信息、利用信息、评估自己获取的信息等一系列活动，直至完成所从事的项目或实践活动，并对这一过程加以评价、总结，不断提升自身的信息素养。

在当今这个知识经济时代，随着全球信息化浪潮的不断推进，国家和个人的发展越来越依赖信息技术、信息资源及信息产业的发展。大学生应在生活、学习中主动利用信息解决与自身密切相关的问题，并逐步提升敏锐地捕捉信息、果断地筛选信息、准确地评估信息、流畅地交流信息、独创地应用信息的能力，为有效参与社会建设、开创自己的事业奠定良好的基础。

1.2 熟悉信息检索

课堂讨论

> 请大家讨论一下，信息检索是什么？学习信息检索有哪些重要意义？我们应如何提升信息检索能力？

1.2.1 信息、知识和文献的概念

信息时代的变革日新月异，很多名词的内涵都发生了变化。“信息”“知识”“文献”等名词在信息检索与利用的实践中经常出现，这些名词从不同的角度有不同的解释，非常容易混淆，这里对其进行简单介绍。

1. 信息的概念

信息，其字面意思是由某种“信号”带来的“消息”，即人们常说的音信。在我国，信息一词最早见于唐代诗人杜牧的《寄远》一诗：“塞外音书无信息，道傍车马起尘埃。”这里的“信息”指的就是音信、消息。

信息一词作为科学术语最早出现在哈特莱于 1928 年撰写的《信息传输》一文中。随着人类进入信息社会，“信息”逐渐成为人们使用频率最高的词汇之一，不同的学者基于各自的专业领域对其进行了不同解读。20 世纪 40 年代，信息论的创始人香农认为“信息是能够用来消除不确定性的东西”，这一定义被人们看作是经典性定义并加以引用。控制论创始人维纳认为“信息是人们在适应外部世界，并使这种适应反作用于外部世界的过程中，同外部世界进行互相交换的内容和名称”，这一定义也被作为经典性定义加以引用。日本有学者认为，信息就是把不明确的事物弄清楚，整理成文后传递给需要的人。

我国学者陈原在《社会语言学》一书中提出："按物理学的观念，信息只不过是按一定方式排列起来的信号序列。在社会交际活动中，这个定义还不够，信息还必须有一定的意义，或者说信息必须是'意义的载体'"。

综上所述，本书认为信息是指经过搜集、记录、处理和存储的可供检索的文献、数据和事实，它是人类对客观事物的认识，是实践经验的总结，是认识的结果，是检索的对象。

2. 知识的概念

知识是人们在改造世界的实践中所获得的认识和经验的总和。某学者认为，知识必须满足3个条件：它一定是被验证过的、正确的、被人们相信的。

世界经济合作与发展组织（OECD）将知识分为以下4类。

（1）关于事实的知识——知道是什么。

（2）关于原理的知识——知道为什么。

（3）关于技能的知识——知道怎么做。

（4）关于产权归属的知识——知道归属谁。

一般来说，知识分为两大类：一类是人们需要掌握的学科知识；另一类是知道在何处可以获得有关知识的知识。实际上，个体的知识既来源于对客观世界的观察和探索，又来源于其他个体（包括前人）。因此，人们必须阅读相关文献，掌握有关的思想、事实、理论和方法等信息，才能进行进一步的分析、研究与创新。

3. 文献的概念

文献（literature 或 document）的定义有很多，各行各业从不同角度对其进行了定义。我国国家标准《信息与文献 术语》（GB/T 4894—2009）从文献工作的角度对文献进行了定义："在文献工作过程中作为一个单位处理的记录信息或实物对象"。其中，文献工作是"为了存储、分类、检索、利用或传递，而对记录信息所进行的连续和系统的汇编和处理。"

国际标准化组织（ISO）在《文献情报术语国际标准》（ISO/DIS 5127）中，从目的、记录内容、载体类型对文献进行了具体说明，给出的定义是"为了把人类知识传播开来和继承下去，人们用文字、图形、符号、音频、视频等手段将其记录下来，或写在纸上，或晒在蓝图上，或摄制在感光片上，或录到唱片上，或存储在磁盘上。这种附着在各种载体上的记录统称为文献。"此外，也有人将文献定义为"记录知识的一切载体"。相对而言，这个定义抽象且简洁。

构成文献的基本要素有知识内容、信息符号、载体材料和记录方式。知识内容是文献的本质特征，任何文献都记录或传递着一定的知识信息，没有知识信息，文献便失去了它的意义。文献记录和传递的知识信息必须借助一定的信息符号、依附一定的载体材

料才能长时间保存和传递。信息符号包括语言文字、图形、音频、视频等。文献的载体材料主要包括固态和动态两种，可见的物质如纸、布、磁片等是固态载体，不可见的物质如光波（可见光）、声波、无线电波、微波、红外线等是动态载体。文献所记录和传递的知识信息不是天然依附在载体材料上的，而是人们使用各种记录方式记录的，人类记录文献的方式经历了刻画、手写、印刷、计算机输入等阶段。

拓展阅读

人们通过对不同信息的获取来认识不同的事物，这些信息经过大脑思维重新组织和有序化后，变成可以传递的知识；文献则是被物化了的知识记录，是被人们所认知并可进行长期管理的信息。其他人通过文献得到了知识，然后在实践中运用，或者在其基础上进行研究和创新活动，这样又会产生新的知识。信息、知识和文献的关系如图 1-2 所示。

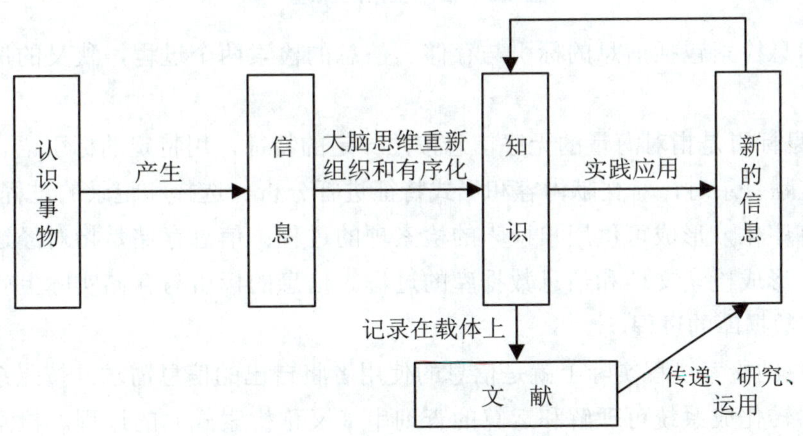

图 1-2　信息、知识和文献的关系

信息在它的生命周期中会经历两次转化：第一次是信息经过大脑思维的加工转化为知识和文献；第二次是人们在利用知识和文献的过程中会获得新的信息。实际上，获得信息并不一定能得到知识，信息需要被使用者思考、挖掘和利用才能转化为指导实践的知识。

1.2.2　信息检索的概念与原理

信息需要传播才能发挥作用，人们从广泛传播的信息中获取知识，从而指导社会实践。将信息按一定的方式组织、存储起来，并针对信息使用者的需要查找出所需信息的过程和技术，简称信息检索。存储是检索的基础，检索是存储的目的。

信息检索的基本原理是信息需求与信息存储的比较和选择，即两者匹配的过程。具体来说，就是信息使用者从特定的信息需求出发，在特定的信息集合中根据存储信息时所设定的线索与规则找出自己需要的信息。信息检索的原理如图 1-3 所示。

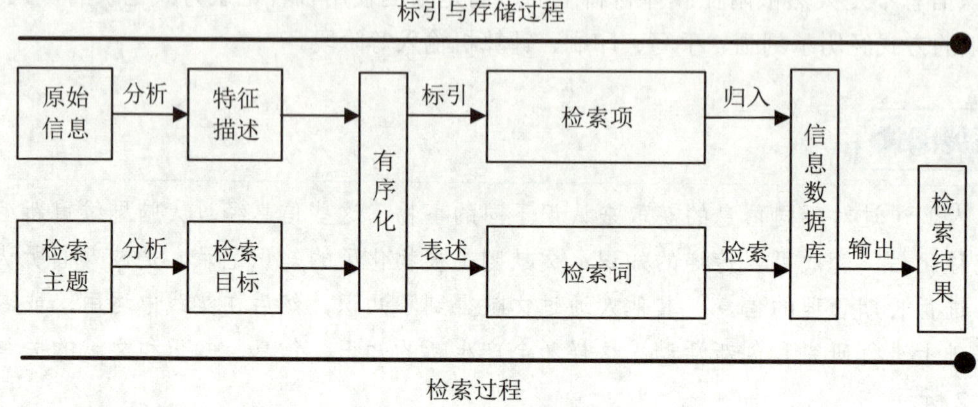

图 1-3　信息检索的原理

广义的信息检索包括信息的标引与存储、信息的检索两个过程，狭义的信息检索只包括后者。

（1）信息标引是指对海量的无序信息按照一定的特征，用特定的标引语言进行著录（指在编制文献目录时，对文献内容和形式特征进行分析、选择和记录的过程）、标记和组织，使之有序化，形成可供用户检索的检索项的过程；信息存储是指对经过标引的信息进行筛选，形成检索文档和信息数据库的过程。信息的标引与存储实际上就是信息组织者建立信息数据库的过程。

（2）信息的检索过程实际上就是信息的使用者将自己的信息需求，按照系统提供的方法和要求，转化成系统可理解和运算的查询串（又称检索式）的过程。检索式主要由检索词、逻辑运算符、检索指令（检索语法）等构成。检索词是检索式的主体；逻辑运算符和检索指令则根据具体的查询要求，从不同的角度对检索词进行检索限定。

那么，怎样才能保证信息既存得进又取得出呢？这就要求存储与检索所依据的有序化规则必须一致。也就是说，信息存储的标引者与信息的检索者必须遵守相同的标引规则。

1.2.3　信息检索的类型

信息检索的分类方式有很多，如按照检索结果内容划分，按照信息存储与检索方式划分，按照信息的组织方式划分等，如图 1-4 所示。大家常用的是按照检索结果内容划分。

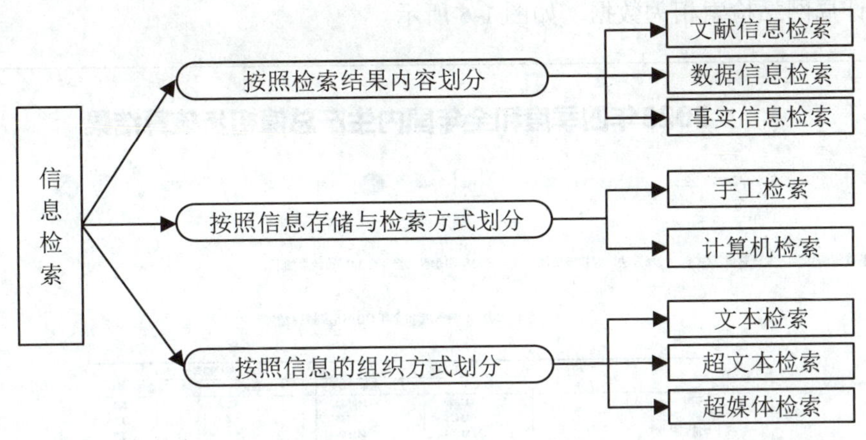

图 1-4　信息检索的类型

1. 文献信息检索

文献信息检索是指针对某一主题的文献资源的检索。文献信息检索的结果往往是一些可供课题研究使用的参考文献的线索或全文。文献信息检索是信息检索的核心内容。根据检索内容，文献信息检索还可分为书目检索和全文检索。例如，在中国知网党政科学决策支撑服务平台的“数字中国”专题中选择“研究”选项卡，就可以检索与“数字经济”相关的文献，如图 1-5 所示。

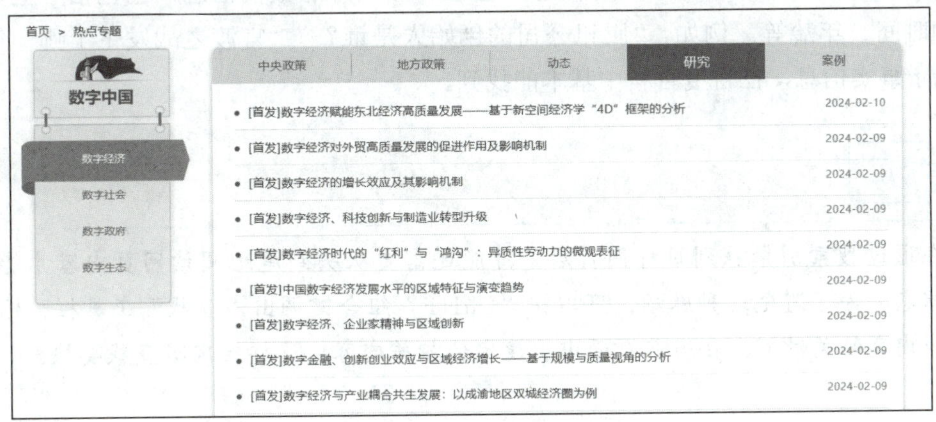

图 1-5　文献信息检索

2. 数据信息检索

数据信息检索是指针对数据信息的检索。数据信息既包括各种物质参数、电话号码、观测数据、统计数据等数值数据，也包括图表、图谱、市场行情、化学分子式、物质的各种特性等非数值数据。数据信息检索是一种确定性检索，可直接用来进行定量分析。例如，当人们在研究经济相关课题，需要获知“2023 年国内生产总值”时，就可以在国家统计局网站检索相关数据，如图 1-6 所示。

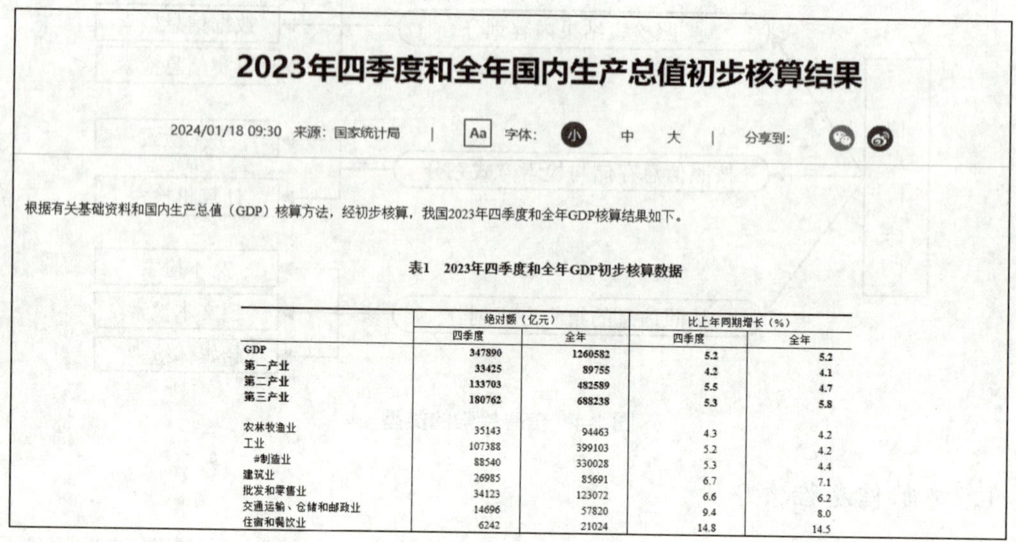

2023年四季度和全年国内生产总值初步核算结果

2024/01/18 09:30 来源：国家统计局 | Aa 字体：小 中 大 | 分享到：

根据有关基础资料和国内生产总值（GDP）核算方法，经初步核算，我国2023年四季度和全年GDP核算结果如下。

表1 2023年四季度和全年GDP初步核算数据

	绝对额（亿元）		比上年同期增长（%）	
	四季度	全年	四季度	全年
GDP	**347890**	**1260582**	**5.2**	**5.2**
第一产业	**33425**	**89755**	**4.2**	**4.1**
第二产业	**133703**	**482589**	**5.5**	**4.7**
第三产业	**180762**	**688238**	**5.3**	**5.8**
农林牧渔业	35143	94463	4.3	4.2
工业	107388	399103	5.2	4.2
#制造业	88540	330028	5.3	4.4
建筑业	26985	85691	6.7	7.1
批发和零售业	34123	123072	6.6	6.2
交通运输、仓储和邮政业	14696	57820	9.4	8.0
住宿和餐饮业	6242	21024	14.8	14.5

图 1-6 数据信息检索

3. 事实信息检索

事实信息检索是指针对某一事件及其发生的时间、地点、经过等情况的检索。事实信息检索的检索对象既包括事实、概念、思想、知识等非数值信息，也包括一些数值信息，如时间、年龄等。例如，“腾讯公司的创始人是谁？”“官渡之战发生于哪一年？”等都属于事实信息，在百度百科中基本能找到。

在通过搜索引擎找到目标网页后，可能还需要从头到尾地阅读网页内容才能找到所需信息。为了避免这种麻烦，可以按“Ctrl+F”组合键调出“查找”工具栏，输入所要查找内容的关键词，在当前页面中快速定位相关内容，这样比肉眼查找要快。

1.2.4 信息检索工具

信息检索工具是人们对信息进行搜集、整理、分析、加工和组织而形成的产物。随着信息社会的发展，基于互联网的各种数据库检索系统及搜索引擎等检索工具的利用程度越来越高。因此，本书所讲的信息检索工具主要集中在网络文献数据库方面。具体来说，信息检索工具可以分为以下几种类型。

1. 按照收录信息的学科范围划分

按照收录信息的学科范围，信息检索工具可分为综合性检索工具和专业性检索工具。

1）综合性检索工具

综合性检索工具收录的信息范围广、类型多，因而适应面较广，是科研工作者最常用的检索工具。世界著名的综合性检索系统有美国的《工程索引》（EI）和《科学引文索引》（SCI），英国的《科学文摘》（SA）等。我国最为常用的综合性检索工具有中国知网、万方数据知识服务平台等。

2）专业性检索工具

专业性检索工具收录范围限于某一学科领域，适用于检索专业信息，常见的如《中国石油文摘》《中国化学化工文摘》等。

2. 按照收录信息的完整程度划分

按照收录信息的完整程度，信息检索工具可分为全文检索工具和二次检索工具。

1）全文检索工具

全文检索工具主要是指可以检索到文献全文，并且为检索结果提供全文阅读的信息检索工具。例如，通过中国知网，用户不仅可以阅读文献的全文，还可以将文献下载到自己的计算机硬盘里，如图 1-7 所示。

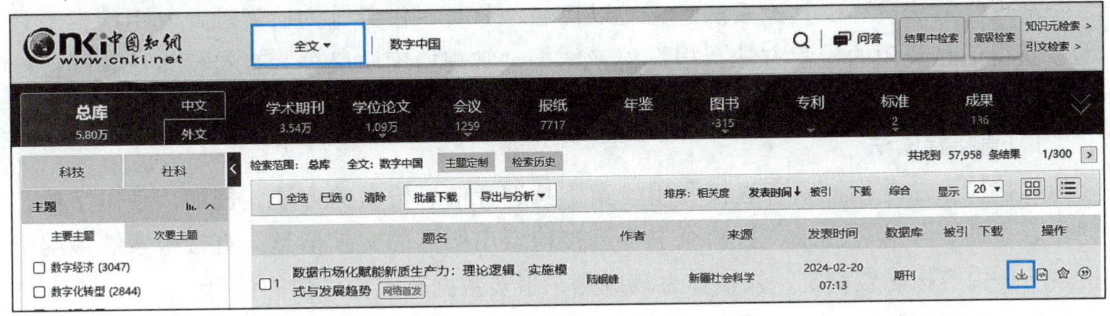

图 1-7　中国知网提供全文检索服务

2）二次检索工具

二次检索工具主要是指仅能检索到文献部分信息的检索工具。根据编制方法的不同，二次检索工具又可以分为目录型检索工具、题录型检索工具、文摘型检索工具、索引型检索工具，如表 1-1 所示。

表 1-1　二次检索工具的分类

分　类	说　明
目录型检索工具	目录型检索工具是记录文献具体出版单位、收藏单位及其他外表特征的检索工具。它一般以一个完整的出版或收藏单位（如某图书馆）为基本著录单元，著录文献的名称、著者、文献出处等。对于文献信息检索来说，国家图书馆馆藏目录、学校或公共图书馆馆藏目录等是常用的目录型检索工具
题录型检索工具	题录型检索工具是以单篇文献为基本著录单元，无内容摘要，快速报道文献信息的一种检索工具。它与目录型检索工具的主要区别是著录的对象不同，目录型著录的对象是单位出版物，题录型著录的对象是单篇文献
文摘型检索工具	文摘型检索工具是从大量分散的文献中筛选出重要内容，并将其简明扼要地编撰或摘要，再按一定的方法组织排列起来的检索工具。按照摘要的详简程度，又可分为指示性文摘、报道性文摘和报道/指示性文摘
索引型检索工具	索引型检索工具是根据一定的需要，把特定范围内的某些重要文献中的有关款目或知识单元，如书名、刊名、人名、地名、词语等，按照一定的方法编排并指明出处，为用户提供文献线索的一种检索工具。常用的索引类型有分类索引、主题索引、关键词索引、著者索引等

1.2.5　信息检索的方法

信息检索的方法非常多样，常用的有常规检索法、回溯检索法和循环检索法。

1．常规检索法

常规检索法又称工具检索法，它是以篇名、分类、作者等为检索项，利用检索工具迅速获得信息资源的检索方法。根据检索结果，常规检索法又分为直接检索法和间接检索法。

1）直接检索法

直接检索法是指检索者直接利用检索工具进行信息检索的方法。例如，使用字典、词典、手册、年鉴、图录、百科全书等直接检索出所需的文献信息。直接检索法多用于检索一些内容概念较稳定、知识体系较成熟、事实数据有定论可依的信息。

2）间接检索法

间接检索法是指检索者借助检索工具或利用二次文献检索文献资料的过程。根据检索方式，间接检索法又分为顺查法、倒查法和抽查法，三者的对比如表 1-2 所示。

表 1-2　三种间接检索法的对比

类型	定　义	适用范围	特　点
顺查法	根据检索课题的起始年代，利用选定的检索工具按照由远及近、由过去到现在顺时序逐年查找，直至满足检索需求	普查一定时间内的全部文献，查全率较高，并能掌握课题的来龙去脉，了解其研究历史、研究现状和发展趋势	费时、费力，工作量大，多在缺少评述文献时采取此法，亦多用于事实信息检索

（续表）

类型	定　义	适用范围	特　点
倒查法	与顺查法相反，利用选定的检索工具按照由近及远、由现在到过去逆时序逐年查找，直至满足检索需求	检索的重点在近期信息上，多用于新课题、新观点、新理论、新技术的检索，查准率较高	检索出来的信息较新颖，检索效率高，但查全率不高，容易产生漏检的现象
抽查法	针对某学科的发展重点和发展阶段，拟出一定时间范围，进行逐年检索的一种方法	根据检索需求，针对所属学科处于发展兴旺时期的若干年进行文献检索	检索效率较高，但漏检的可能性大，检索人员必须熟悉学科的发展特点

2. 回溯检索法

回溯检索法又称追溯法，是指根据已知文献的相关信息追踪检索目标。这种检索方法不需要确定的检索工具，而是利用已知文献的某种指引（如文献的参考文献、有关注释、辅助索引、附录等）追踪查找所需文献。用追溯法检索文献，最好利用与研究课题相关的专著与综述。在检索工具不全或文献线索很少的情况下，可采用此法。

常见的追溯方式如下。

（1）文章→参考文献→更多文章。

（2）作者→团体→更多作者→文章。

（3）链接→网站→更多链接。

（4）专利→发明人→论文。

（5）专利→申请人→更多专利。

此外，还有一些专门用于追溯法的检索工具，即引文索引。这些检索工具中比较著名的有《科学引文索引》《中国社会科学引文索引》等。由于追溯法的检索效果突出，目前一些非引文检索工具也采用追溯法的思想，将众多的文献关联起来。例如，在中国知网的各个数据库检索结果中，就有参考文献、引证文献、共引文献、二级参考文献等。图 1-8 是中国知网提供的《数据市场化赋能新质生产力：理论逻辑、实施模式与发展趋势》一文的引文链接。

3. 循环检索法

循环检索法又称交替法，是指检索信息资源时，检索者先利用检索工具检索出一批文献，再按文献后所附的参考文献回溯检索，以此不断获取检索线索，然后分期分段地交替进行，直到满意。循环检索法检索得到的信息非常精确和全面，但缺点是耗时耗力。

上述 3 种检索方法各有利弊，在实际检索过程中，检索者应根据检索条件、检索要求和检索背景等因素进行选择。

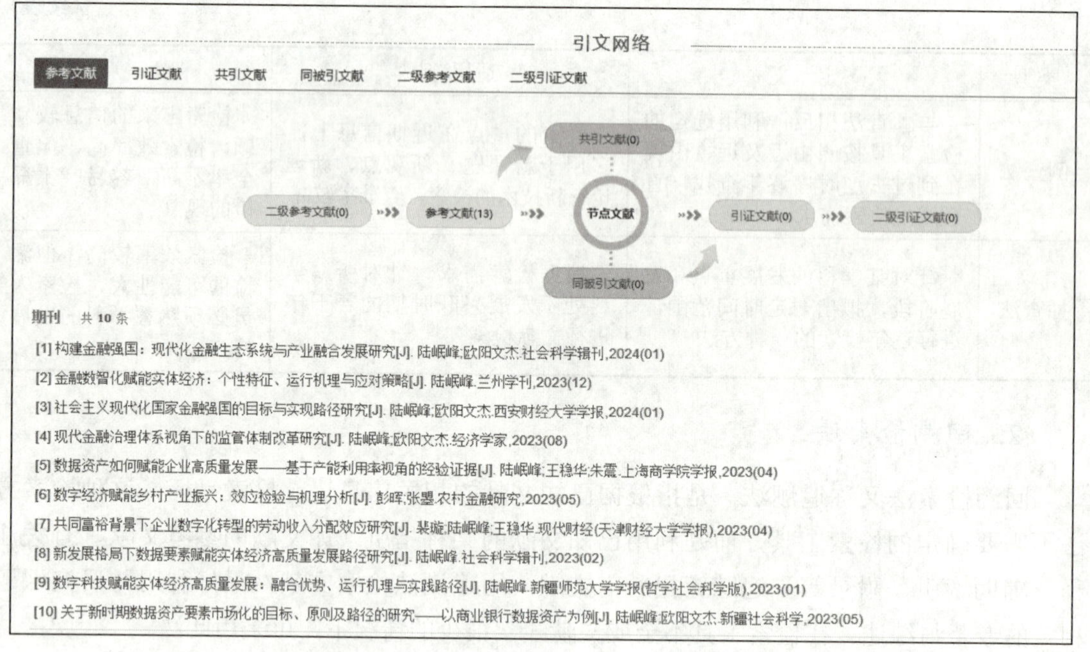

期刊 共 10 条

[1] 构建金融强国：现代化金融生态系统与产业融合发展研究[J]. 陆岷峰;欧阳文杰.社会科学辑刊,2024(01)

[2] 金融数智化赋能实体经济：个性特征、运行机理与应对策略[J]. 陆岷峰.兰州学刊,2023(12)

[3] 社会主义现代化国家金融强国的目标与实现路径研究[J]. 陆岷峰;欧阳文杰.西安财经大学学报,2024(01)

[4] 现代金融治理体系视角下的监管体制改革研究[J]. 陆岷峰;欧阳文杰.经济学家,2023(08)

[5] 数据资产如何赋能企业高质量发展——基于产能利用率视角的经验证据[J]. 陆岷峰;王稳华;朱震.上海商学院学报,2023(04)

[6] 数字经济赋能乡村产业振兴：效应检验与机理分析[J]. 彭晖;张墨.农村金融研究,2023(05)

[7] 共同富裕背景下企业数字化转型的劳动收入分配效应研究[J]. 裴璇;陆岷峰;王稳华.现代财经(天津财经大学学报),2023(04)

[8] 新发展格局下数据要素赋能实体经济高质量发展路径研究[J]. 陆岷峰.社会科学辑刊,2023(02)

[9] 数字科技赋能实体经济高质量发展：融合优势、运行机理与实践路径[J]. 陆岷峰.新疆师范大学学报(哲学社会科学版),2023(01)

[10] 关于新时期数据资产要素市场化的目标、原则及路径的研究——以商业银行数据资产为例[J]. 陆岷峰;欧阳文杰.新疆社会科学,2023(05)

图 1-8　中国知网提供的引文链接

1.2.6　信息检索的步骤

信息检索的步骤

信息检索的一般步骤如下：① 分析检索课题；② 确定信息需求；③ 选择检索工具；④ 选择检索方法；⑤ 获取文献资源；⑥ 调整检索策略；⑦ 评价检索效果。信息检索的一般步骤如图 1-9 所示。

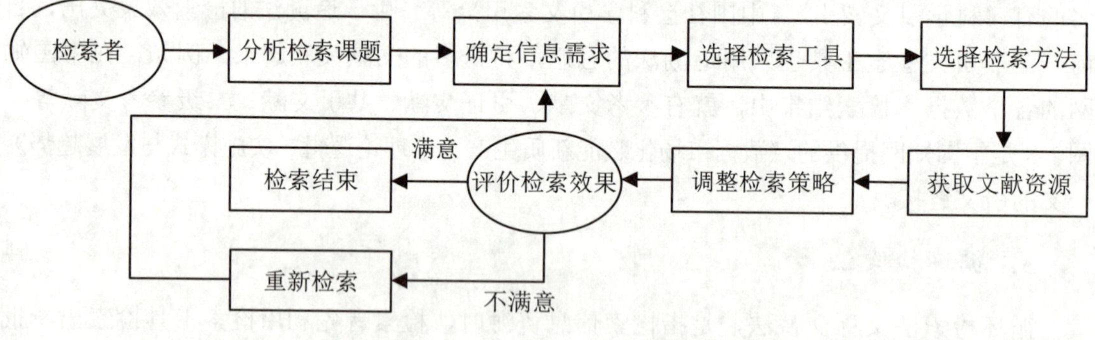

图 1-9　信息检索的一般步骤

1．分析检索课题，确定信息需求

俗话说，得到什么样的答案，取决于提出什么样的问题。分析检索课题属于整个检索活动的准备阶段，也是检索过程的出发点和关键点，它的质量决定了信息检索的最终效果。综合而言，分析检索课题的内容包括分析课题类型、背景知识、相关概念及知识体系，主要目的是确定信息需求，如表 1-3 所示。

表 1-3 信息需求与检索课题分析的内容

信息需求	检索课题分析的内容
检索目的	研究专业课题，撰写开题报告、学术论文，成果查新及其他需求
所需信息的学科范围	单一学科或多学科，找出课题核心内容的主要概念相关的关键词或图书分类号
有哪些主题概念	例如，由“3D 打印技术的应用”可以提炼出“3D 打印”“打印技术”“3D 打印技术”“技术的应用”等主题概念
结果数量，需要多少信息	需要多少篇论文，需要多少本书籍，需要多少个网站
需要什么样的信息	数据、事实、评论、论文、题录、图书、专利、标准
需要哪一个时间段的信息	当前的消息来源、旧文章，还是某一特定时期的文献
所需信息的语种	除了检索中英文文献，是否还需要检索一些小语种的文献
对信息质量有何要求	准确、可靠、完整、全面的信息，还是模糊、零散、片面的信息

分析完检索课题后，就可以根据检索课题的性质和需求确定所需信息的文献类型。不同类型的信息需求及其对应的文献类型如表 1-4 所示。

表 1-4 信息需求的类型及其对应的文献类型

信息需求的类型	对应的文献类型
大众化、常识性	报纸、杂志
尖端技术	科技报告
基础理论性探讨	期刊论文、会议论文
技术革新	专利文献
产品定型设计	标准文献、产品说明书

2. 选择检索工具，了解检索规则

检索者的信息需求经过深入分析形成相对准确、完整的表达之后，需要选择本次检索所要使用的检索工具，并了解所选检索工具的检索规则和功能，具体包括以下内容。

（1）检索工具的研制者的情况。

（2）检索工具的收录范围，通常会涉及学科主题、信息/文献类型、使用语言种类、年代跨度等许多方面。

（3）索引或数据库的标引处理规则及所使用的词表。

（4）检索工具或系统提供的主要检索途径及相应功能。

（5）其他必要说明。

上述是基于互联网环境下的计算机检索，如果是书本式检索工具书，这些信息通常会出现在检索工具正文内容之前的编制说明、使用凡例等部分；而对于各类联机查询系统，这些信息可以通过在线阅读、浏览其提供的帮助文件来获取。例如，在检索屏幕上单击“Help”“Example”“帮助”等按钮。

3. 确定检索途径，选择检索方法

进行信息检索活动时，检索者一般以文献的某种特征为出发点，按一定的途径进行检索。检索途径的选择取决于两个方面：一是待查课题的已知条件和课题检索深度的要求，二是使用的检索工具本身能够提供的检索途径。确定检索途径的原则如表 1-5 所示。

表 1-5 确定检索途径的原则

信息需求	检索途径
系统地收集某一主题相关的资料，对查全率要求高	通过分类途径进行检索
解决一个技术问题或仅知课题的主题概念	通过主题途径进行检索
已知相关文献的作者姓名	通过著作者途径进行检索
已知文献的分类号、专利号或标准号	通过编号途径进行检索

选择检索方法是指选择实现检索计划的具体方法和手段。信息检索的方法各有所长，究竟使用哪种方法，应根据检索条件、检索要求、检索背景等一些具体情况而定，不能一概而论。选择检索方法的原则如表 1-6 所示。

表 1-6 选择检索方法的原则

检索活动面对的具体情况	检索方法
缺乏检索工具，检索工具收录文献的规模有限，研究课题涉及面不大，对查全率没有较高的要求	由近及远的追溯法
检索工具较齐备，研究课题涉及的范围大	常规检索法或循环检索法
研究课题属于新兴学科或知识更新快的学科	倒查法
研究课题对查全率有特别要求	顺查法
已掌握了课题的发展规律或特点	抽查法

4. 进行检索操作，获取文献资源

在正式检索之前，检索者应该对检索途径、方法进行检验，以保证其合理性和有效性。正式检索开始后，检索者可以通过图书馆、网络数据库、搜索引擎、文献传递等方式获得文献信息。当查出新文献的机会越来越少时，检索工作就可以结束了。对于检索后获得的检索结果，要认真阅读其著录格式，辨认文献类型、语言、国别、著作者、题

名、内容、出处等信息。在确定了哪些文献需要阅读原文后，还要通过各种方法获取原文。

5. 调整检索策略，进行扩检或缩检

调整检索策略的目的是提高检索结果与用户信息需求的一致度。此处的信息需求既可以是刚开始检索时确定的信息需求，也可以是检索过程中的动态信息需求。如果检索结果过多或过少，就需要根据命中文献量的多少、命中文献的切题情况等，来决定是扩大检索范围还是缩小检索范围。

6. 评价检索效果，结束检索活动

得到初步的检索结果后，还需要对检索效果进行评价。检索效果的评价主要包括以下两个方面。

1）对检索工具或数据库的检索效果进行评价

目前，信息检索领域拥有许多适用于不同情况的评价指标，如收录范围、查全率、查准率、响应时间及输出形式等。其中，最为常用的是查全率和查准率。

（1）查全率（recall ratio，记作 *R*），是指使用某文献数据库进行某一项检索时，检出的相关文献数量与文献数据库中相关文献总量的比率。查全率反映了该文献数据库中实有的相关文献在多大程度上被检索出来。查全率的计算公式如下。

$$查全率=\frac{检出的相关文献篇数}{文献数据库中的相关文献篇数}\times 100\%$$

例如，在某文献数据库中共有与“环境保护”相关的文献 100 篇，而通过本次检索活动只检索出了 75 篇，那么这次检索活动的查全率就是 75%。

（2）查准率（precision ratio，记作 *P*），是指使用某文献数据库进行某一项检索时，检出的相关文献数量与检出文献总量的比率。查准率反映了每次从该文献数据库中实际检出的全部文献中有多少是与检索主题相关的。查准率的计算公式如下。

$$查准率=\frac{检出的相关文献篇数}{检出的文献的总篇数}\times 100\%$$

例如，检出的文献总篇数为 100，经过分析，确定其中与检索主题相关的只有 80 篇，那么，这次检索活动的查准率就是 80%。一般来说，查准率用来描述文献数据库拒绝不相关文献的能力，因此也被人们称为“相关率”。

2）对检索者的检索效果进行评价

从检索者的角度考虑，可以从相关性、适用性、新颖性 3 个方面评价检索效果。

（1）相关性：检索者判断检出的文献信息与实际信息需求之间关系的标准。现实的检索系统是回答用检索式表达的信息提问。虽然检出的是与信息提问相关的信息，但不一定是真正切题的信息，检索者只有在阅读文献信息后才能对其切题性做出判断。

（2）适用性：检出的文献对检索者的实际需要的满足程度或能够给检索者带来的效果和产生的效益。

（3）新颖性：对检索者而言，从检索系统中检出的、含有新颖信息的文献数与检索系统中的总相关文献数之比。

评价检索效果之后，如果对检索结果满意，就可以直接结束检索活动；如果对检索结果不满意，则需要再次确定信息需求，重新进行检索。

1.3 认识人工智能检索

2020 年年底，采用强化学习神经网络的 AlphaFold 在预测蛋白质结构中展现出人工智能巨大的科学应用价值，揭开了人工智能发展的序幕。2022 年年底，美国 OpenAI 公司推出的 ChatGPT 掀起了生成式人工智能研究和实践的热潮，该应用发布仅 5 天，用户数量就突破了 100 万，发布 3 个月后活跃用户数已达 1.33 亿。

1.3.1 人工智能检索的概念与发展

所谓的人工智能（artificial intelligence, AI），是指研究、开发用于模拟、延伸和扩展人的智能的理论、方法、技术及应用系统的一门新的技术科学。人工智能技术利用电脑模拟人的思想与行动、学习与思考，然后对智能设备发出指令，以达到辅助人处理各种问题的目的。随着人工智能的发展，其应用领域越来越广泛，技术发展也越来越快，在一些岗位上已经逐渐取代了人工。

自然语言处理（natural language processing, NLP）是计算机科学领域与人工智能领域融合发展的重要方向，它研究能实现人与计算机之间用自然语言进行有效通信的各种理论和方法。随着自然语言处理研究的发展，研究人员发现扩展模型规模可以提高模型能力，由此创造了大语言模型（large language model, LLM）。大语言模型主要利用大规模语料库进行训练，从而实现对自然语言的理解和生成，其通常包含数千亿（甚至更多）个参数。大语言模型最具代表性的应用就是聊天机器人 ChatGPT。

ChatGPT，全名为 Chat Generative Pre-trained Transformer，是 OpenAI 公司研发的一款由人工智能技术驱动的自然语言处理工具，它能够基于在预训练阶段所见的模式和统计规律来生成回答，还能根据聊天的上下文进行互动，能真正像人类一样聊天交流，甚至能根据用户需求撰写邮件、论文、视频脚本、文案、代码，分析数据，绘制图片，剪辑视频，以及检索信息资源等。

以 ChatGPT 为代表的生成式人工智能大语言模型正对信息资源管理领域的研究和应用产生深远影响。信息检索作为信息资源管理领域的核心方向正在不断被重塑。和传统的搜索引擎相比，生成式人工智能大语言模型具备“拟人性”和“自主性”特征，在信息检索上游，能基于强大的语言理解能力捕捉用户输入查询的真实意图，并借助对话式检索的上下文语义理解功能进行动态调整与查询重写；在信息检索下游，大语言模型能利用其内外部数据资源，帮助用户进行信息整合，并通过内容摘要与文本生成能力给出直接、易理解的答案，从而更好地实现人机交互。

目前，生成式人工智能及大语言模型与搜索引擎正在不断进行融合，人工智能检索技术范式和产品已开始应用于人们日常生活及学习工作中的多种场景。在国外，微软公司将 GPT-4 和 Bing 搜索引擎相结合，推出的 New Bing 可以整合互联网中的信息，并以问答形式为用户提供检索服务，受到广泛好评。在国内，2023 年 3 月 16 日，百度发布文心一言（见图 1-10），迈出国内生成式人工智能及大语言模型推广应用的第一步。此后，阿里通义千问、科大讯飞星火认知大模型、华为盘古大模型、字节跳动豆包大模型、腾讯混元大模型等争相发布。

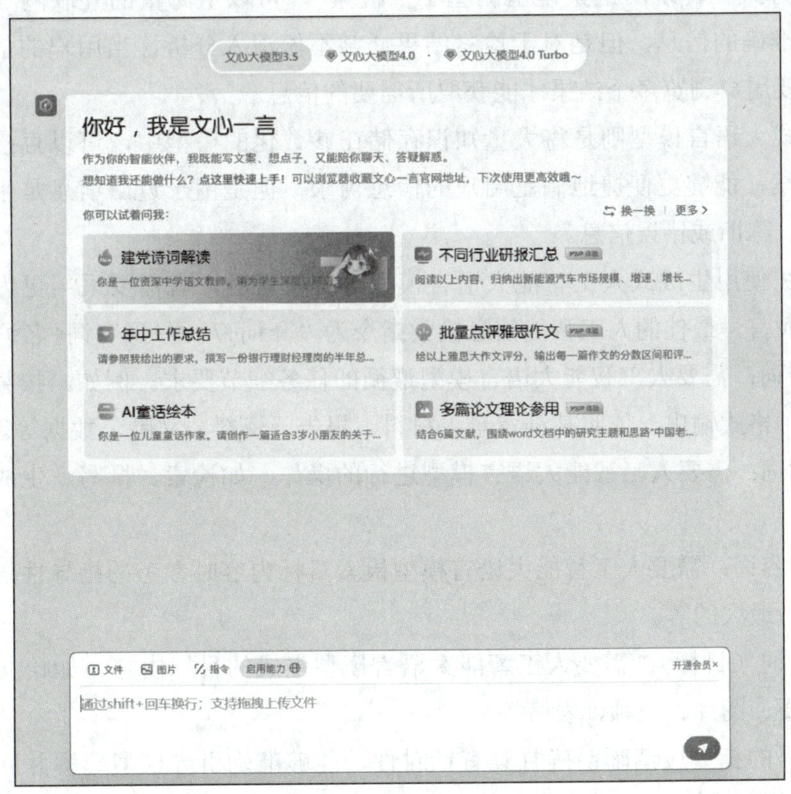

图 1-10　文心一言

以文心一言为例，其大语言模型的训练数据包括万亿级的网页数据、百亿级的语音日均调用数据，以及十亿级的检索数据及图片数据。百度公司的负责人表示，虽然文心一言的实际能力还不完美，但希望通过发布后的真实用户反馈来帮助大语言模型快速迭代，加速模型能力的提升。

在文心一言面向全社会开放的首日，它便回答了网友 3 342 万个问题，涉及工作、生活、学习、陪伴 4 个不同场景，为用户解决问题，提供帮助。百度公司搜索平台负责人曾透露，百度搜索产品“搜索 AI 伙伴”内测期间每天新增问答量超过 3 000 万个。

1.3.2 人工智能检索的技巧

生成式人工智能及大语言模型所带来的信息检索能力跃升对于信息技术的发展正产生着重要影响，有望深刻改变人们获取信息的方式。实际上，解决信息过载问题，提升人类获取信息的能力和效率，一直是学术界和工业界共同关注的研究方向。

以 ChatGPT 为代表的生成式大语言模型和以搜索引擎为代表的检索模型是两种不同的信息获取方式。传统的检索模型侧重于“检索”，可以从海量的互联网（或其他信息源）中获取准确的信息，但是对于检索结果通常不做深入分析，当用户的信息需求比较复杂时，需要用户浏览多个结果才能获取所需要的信息。

而生成式大语言模型则是将大量知识存储在参数化的模型中，可以直接根据用户的问题生成答案，能够更便捷地满足用户的信息需求，但是由于返回信息是生成的，可能会存在虚假、陈旧或错误信息。

因此，在使用生成式人工智能大语言模型进行检索时，就需要采用更为科学的检索范式，一般而言，最佳的人工智能信息检索指令为“介词+动词+形容词+名词（目标）”。

（1）介词：需要人工智能大语言模型遵循的任务细节要求。例如，按某种语言风格撰写，按某种格式输出，依照某种背景、材料、报告、资料、文献、数据等。

（2）动词：需要人工智能大语言模型进行的操作，如检索、撰写、生成、总结、回答等。

（3）形容词：需要人工智能大语言模型检索目标内容时参考的指导性描述，如最权威的、影响力最大的等。

（4）名词（目标）：需要人工智能大语言模型生成的目标内容，如论文、综述、文本、会议纪要、图片、视频、表格等。

一条优秀的指令应清晰明确且具有针对性，能够准确引导模型理解并回应用户的问题。图 1-11 为使用文心一言检索到的相关文献信息。

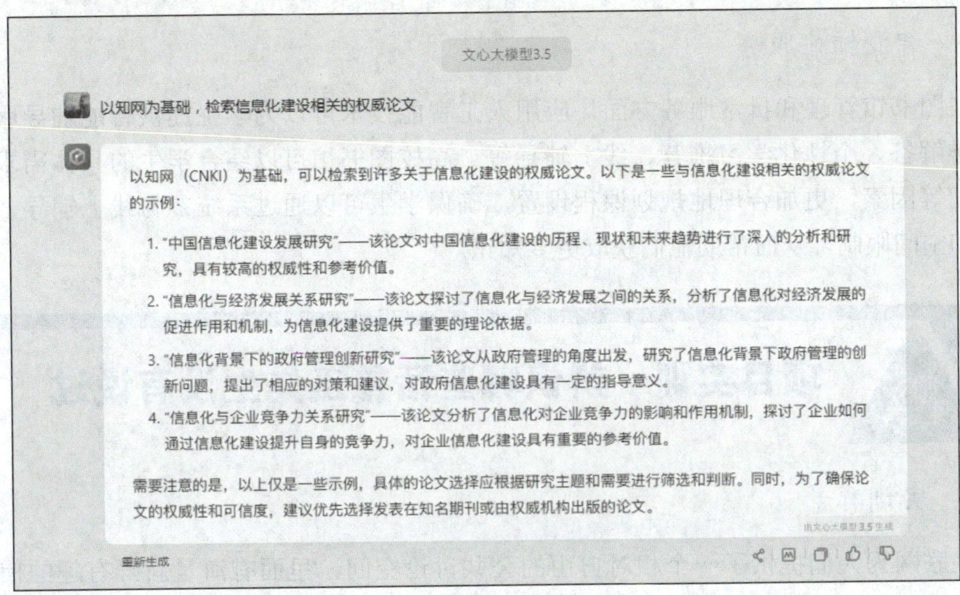
以知网（CNKI）为基础，可以检索到许多关于信息化建设的权威论文。以下是一些与信息化建设相关的权威论文的示例：

1. "中国信息化建设发展研究"——该论文对中国信息化建设的历程、现状和未来趋势进行了深入的分析和研究，具有较高的权威性和参考价值。
2. "信息化与经济发展关系研究"——该论文探讨了信息化与经济发展之间的关系，分析了信息化对经济发展的促进作用和机制，为信息化建设提供了重要的理论依据。
3. "信息化背景下的政府管理创新研究"——该论文从政府管理的角度出发，研究了信息化背景下政府管理的创新问题，提出了相应的对策和建议，对政府信息化建设具有一定的指导意义。
4. "信息化与企业竞争力关系研究"——该论文分析了信息化对企业竞争力的影响和作用机制，探讨了企业如何通过信息化建设提升自身的竞争力，对企业信息化建设具有重要的参考价值。

需要注意的是，以上仅是一些示例，具体的论文选择应根据研究主题和需要进行筛选和判断。同时，为了确保论文的权威性和可信度，建议优先选择发表在知名期刊或由权威机构出版的论文。

图 1-11　使用文心一言检索论文

1.3.3　人工智能检索在高校图书馆中的应用

人工智能技术除了赋能传统搜索引擎检索外，还对高校图书馆信息检索功能有着较大的提升作用。具体来说，其应用主要表现在以下几个方面。

1. 智能获取服务

高校图书馆信息检索服务一般是对内部图书信息进行全域检索，保证检索结果符合学生的信息需求。在传统图书馆数据服务中，需要工作人员代为检索，才可在海量的文献中进行定位。然而，运用人工智能技术无须人工参与就可以实现信息整合，并结合用户需求完成智能检索，从而减少人为因素给信息检索带来的影响，降低系统出错率，提高高校图书馆的服务质量。

2. 智能推送服务

人工智能技术支撑下的图书馆信息管理系统可按照算法对用户数据信息进行采集与匹配，从而具备用户需求预测能力，实现智能化推送服务，省去学生的思考时间。实际上，面对海量的图书馆文献资源，部分学生面临较大的选择困难。而采用人工智能技术能够在用户未发出特别请求的情况下，也能进行需求的客观判断，做到准确推荐用户感兴趣的信息资源。

3. 智能辅导服务

在图书馆管理和日常服务方面，应用人工智能技术可以为学生提供智能辅导服务，如疑难解答、个性化学习推荐、线上辅导等。高校图书馆可以结合学生的具体需求和学习时间等因素，更加合理地规划课程设置，确保学生可以通过系统参与线上辅导，消除时间和空间限制，从而帮助他们获取更多知识。

项目实训　辨识哪些话鲁迅先生没有说过

1. 实训背景

互联网为人们提供了一个相对自由的公共讨论空间，里面有海量新鲜有趣的信息，但也充斥着不少虚假信息和浮夸宣传。其中，网友“吐槽”较多的就是假冒的“名人名言”。例如，鲁迅先生从未说过的假语录横行网络，不乏网友为之鸣不平：“什么话都说是鲁迅先生说的，难道欺负他无法亲自出面打假吗？！”

鲁迅先生自然是不能亲自“打假”了，但是信息检索可以帮助我们鉴别哪些是鲁迅先生没有说过的假语录。2019 年 5 月，北京鲁迅博物馆正式上线了“鲁迅博物馆（北京新文化运动纪念馆）资料查询在线检索系统”，如图 1-12 所示。这个系统可检索的内容包括鲁迅先生的著作、书信、日记、笔名和专题。由于深受假语录“毒害”的网友太多，系统上线第一天就被查崩溃了。

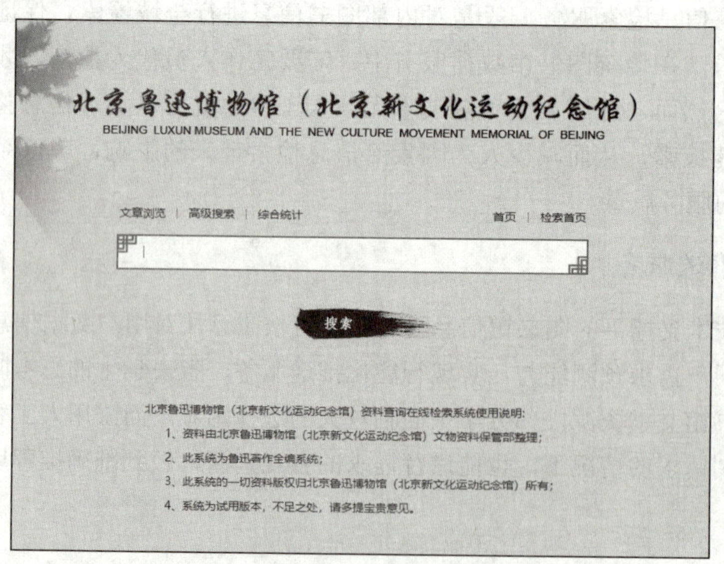

图 1-12　鲁迅博物馆资料查询在线检索系统

2. 实训目的

使用鲁迅博物馆（北京新文化运动纪念馆）资料查询在线检索系统检索所谓的鲁迅先生说过的名言警句，辨别其真伪。通过这一实践活动，帮助大家感受信息检索在识谣言、辨真伪方面的作用，培养科学的质疑精神和探索精神，以及辨别事物真伪、主动学习求知的能力。

3. 实训步骤

（1）登录鲁迅博物馆资料查询在线检索系统（http://www.luxunmuseum.com.cn/cx）。

（2）浏览网站，熟悉该数据库的检索范围和功能。

（3）分别检索以下句子，判断它们是不是鲁迅先生说的。如果是，在括号内画“√”，并填写出处；如果不是，则画“×”。

① 不是因为努力所以才成功，而是因为成功所以才努力。（　　）

出处：______________________

② 到了一定年龄，必须扔掉四样东西：没意义的酒局，不爱你的人，看不起你的亲戚，虚情假意的朋友！（　　）

出处：______________________

③ 待我成尘时，你将见我的微笑！（　　）

出处：______________________

④ 我们曾如此渴望命运的波澜，到最后才发现，人生最曼妙的风景，竟是内心的淡定和从容。（　　）

出处：______________________

⑤ 真的猛士，敢于直面惨淡的人生，敢于正视淋漓的鲜血。（　　）

出处：______________________

⑥ 贪安稳就没有自由，要自由就总要历些危险。只有这两条路。（　　）

出处：______________________

⑦ 从来如此，便对么？（　　）

出处：______________________

⑧ 我实在没有说过这样一句话。（　　）

出处：______________________

⑨ 时间就是性命。无端地空耗别人的时间，其实是无异于谋财害命的。（　　）

出处：______________________

项目总结

首先，本项目介绍了信息社会的发展和我国在信息基础设施建设方面的一些成就，以及信息素养教育的相关知识，可使学生认识到信息素养对于自身发展的重要性。

然后，本项目对信息、知识和文献的概念进行了简单介绍，可使学生正确认识三者之间的关系；详细介绍了信息检索的概念、原理、类型、工具、方法和步骤，可使学生对信息检索有一个全面的了解，掌握基本的信息检索技能。

最后，本项目介绍了人工智能检索的相关知识，可使学生了解信息检索的发展趋势。

项目考核

1. 选择题

（1）信息素养是指从各种信息源中（　　）信息的能力。

A. 检索、评价和利用　　B. 查找、复制和收集

C. 认识、整理和评价　　D. 分析、融合和运用

（2）信息的存在需要以（　　）为载体。

A. 运输工具　　B. 物质介质

C. 互联网　　D. 图书馆

（3）信息检索的核心内容是（　　）。

A. 知识检索　　B. 数据信息检索

C. 事实信息检索　　D. 文献信息检索

（4）抽查法属于（　　）。

A. 直接检索法　　B. 间接检索法

C. 回溯检索法　　D. 循环检索法

（5）分析检索课题属于整个检索活动的（　　）。

A. 准备阶段　　B. 计划阶段

C. 实施阶段　　D. 结尾阶段

（6）下列选项中，不属于对检索工具或数据库的检索效果进行评价的指标的是（　　）。

A．收录范围　　　　B．查全率

C．查准率　　　　D．创新性

2．填空题

（1）信息社会又称信息化社会，是以________、________、________、________等信息技术的广泛应用为特征，以________为主导产业，以信息资源的________、________和________为主要目的的新型社会。

（2）信息素养教育是指根据社会信息环境，帮助人们培养或增强________及________，丰富________，完善________，发展________的一种教育活动。

（3）构成文献的基本要素有________、________、________和________。

（4）信息检索的基本原理是信息需求与信息存储的______和______，即两者______的过程。

（5）回溯检索法又称________，是指根据________的相关信息追踪检索目标。这种检索方法不需要确定的________。

3．简答题

（1）信息素养教育的评价指标体系有哪些？

（2）大学生培养信息素养的途径有哪些？

（3）简述信息、知识和文献的概念。

（4）信息检索有哪些类型？

（5）信息检索有哪些方法？

（6）简述信息检索的步骤。

项目评价

学生自由组成学习小组，结合课前、课中和课后的学习情况，按照表 1-7 中的评价标准对本项目的学习效果进行自评和互评（组内成员互相打分），然后由教师进行总体评价，学生根据评价结果进行总结。

表 1-7　学习效果评价表

评价项目	评价内容	评价分数			
		分值	自评	互评	师评
知识（50%）	信息社会和信息素养的概念	5 分			
	信息素养教育的发展、评价指标体系及信息素养的培养途径	10 分			
	信息、知识和文献的概念	10 分			
	信息检索的概念、原理、类型、工具、方法和步骤	20 分			
	人工智能检索的概念、发展和技巧，以及人工智能检索在高校图书馆中的应用	5 分			
技能（30%）	根据信息需求选择合适的检索工具和检索方法	15 分			
	按照信息检索的一般步骤检索信息并评价检索效果	15 分			
素养（20%）	遵守课堂纪律，上课精神饱满	5 分			
	具有自主学习意识，课前做好准备	5 分			
	积极参与教学活动，善于思考提问，勇于探索创新	5 分			
	具有团队合作精神，出色完成实践任务	5 分			
总评	综合得分：________	100 分			
	综合等级：________	教师签字：________			
总结	最突出的表现（创新或进步）： 还需改进的地方（不足或缺点）：				

注：综合得分=自评（25%）+互评（25%）+师评（50%）；综合等级可以“优”（综合得分≥90）、“良”（80≤综合得分＜90）、“中”（60≤综合得分＜80）、“差”（综合得分＜60）为标准进行评价。

项目 2 走近信息源

项目导读

信息源是指信息的来源。不断寻找、发现和利用对自己有益的信息源，这对每个人的发展都至关重要。

本项目首先介绍信息源的概念、特征和分类，然后介绍图书馆的类型、服务和互联网上的信息源，以便大家对常用的信息源有一个大致的认识。后续的检索活动都是基于信息源而展开的，因此了解信息源是信息检索活动非常关键的前置环节。

学习目标

知识目标

- 了解信息源的概念、特征与分类。
- 了解图书馆的类型与服务。
- 熟悉互联网信息源的载体与类型。
- 了解下载与保存互联网信息资源的方法。

能力目标

- 能够根据需要从图书馆借阅文献资料。
- 能够根据需要从互联网上下载信息资源。

素质目标

- 认识图书馆、走进图书馆，培养阅读习惯，提升获取专业知识的能力。
- 结合学科专业背景，主动构建并积极利用自己的信息源。

引导案例　用好红色资源，凝聚奋进力量

上海市的“红途”平台上，红色文化资源信息可“一站共享”、红色文化载体可“一站服务”；江西省的爱国主义教育基地数字展馆云平台上，数字化、可视化、增强现实技术等的加持，带给观众全沉浸式的观展体验……近年来，大大小小的红色文化资源展示、利用、服务平台在多地亮相，这些平台将原先分布在不同地方的红色旧址、物件、文献等物质精神资源汇拢起来，形成了红色文化传播的新渠道。

上海市是中国共产党的诞生地和初心始发地。600 多处遍布全市的红色资源积淀，7 批 147 家市级爱国主义教育基地，铸就了上海城市精神的红色之魂。为深入推进“党的诞生地”红色文化传承弘扬工程，结合贯彻落实《新时代爱国主义教育实施纲要》和“党史”学习教育部署要求，中共上海市委宣传部联合全市各有关单位，在“学习强国”系统上建设开发了上海市红色文化资源信息应用平台“红途”。“红途”平台同步进驻“随申办市民云”App。

“红途”寓意“红色征途”，既是对过去中国共产党百年光辉历程的回顾，也是对迈进新征程、奋进新时代的期待。作为全面推进城市数字化转型的“红色应用”，“红途”平台汇聚了上海市红色文化资源的相关信息，实现了红色文化资源“一网统管”、红色文化应用“一网通办”、红色文化载体“一站服务”、红色文化资源信息“一站共享”。截至 2023 年 2 月，“红途”平台已累计汇聚推出全市精品展陈、讲座课程、体验线路等优质学习资源 5 000 余项，平台实名注册用户超 579 万人，总点击量超 4.1 亿次，成为上海市最具影响力和示范性的红色资源应用平台。

（资料来源：祖昊，《用好红色资源，凝聚新征程奋进力量》，光明网，2023 年 6 月 29 日）

请思考：“红途”平台提供的红色文化资源信息服务在日常生活中有哪些应用场景？“红途”平台属于什么类型的信息源？

2.1　了解信息源

2.1.1　信息源的概念

“信息源”一词由“信息”和“源”两个单词组成。前面已经介绍过“信息”的含义，现在来认识一下“源”。汉语工具书《辞海》对“源”的解释为水流的出处，引申为“事物的来源”。综合两者的释义来看，可以将“信息源”理解为信息的来源。

信息源的内涵十分丰富，不仅包括各种信息载体，也包括各种信息机构；不仅包括各种印刷型信息载体，也包括网络、光盘等非印刷型信息载体；不仅包括各种信息存储和信息传递机构，也包括各种信息生产机构。所以，联合国教科文组织出版的《文献术语》将信息源定义为“个人为满足其信息需要而获得信息的来源”。一切产生、存储、加工、传播信息的源泉都可以视为信息源。

课堂讨论

大家在学习和生活中接触过哪些信息源？请把答案填写在表 2-1 中，然后讨论一下，看看哪些信息源是大家最常用的，它们有哪些特点。

表 2-1　学习和生活中的信息源

场景	信息源
学习	图书馆、______________________
生活	抖音、微博、__________________

2.1.2　信息源的特征

全世界每时每刻都在产生信息，对人类有用的信息会被搜集、整理和保存下来，成为人们探索世界和学习知识的信息源。综合来讲，信息源的特征有积累性、复杂性、再生性和共享性，如图 2-1 所示。

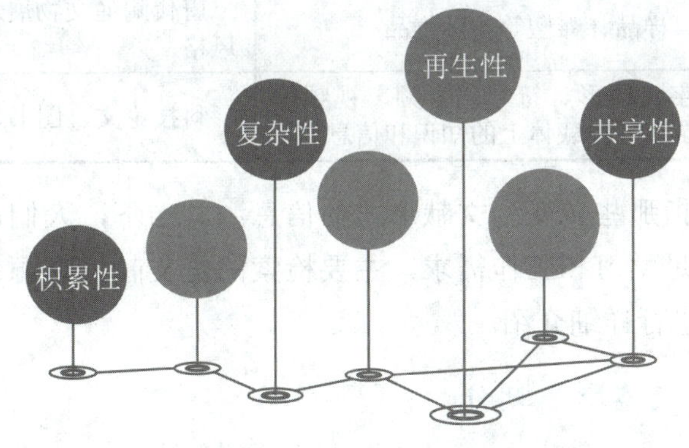

图 2-1　信息源的特征

1. 积累性

信息依附于一定的物质载体而存在，因此人们可以通过各种物质载体积累信息，使得人类所创造的知识、文化和技术不断地延续和发展。

2. 复杂性

信息的来源非常多样，所以信息源载体的形态具有复杂性，并且，随着社会和科技的发展，其复杂程度还在进一步升高。

3. 再生性

与其他物质财富不同，信息源不会被使用者消耗掉，反而会产生“增值现象”。同时，信息源还可以被人们加工和利用，从原始信息源产出二次、三次信息源。

4. 共享性

信息源并非为某一个使用者所独享，它是一种公共资源，可以传播。共享性是信息源传递信息的基础和保障。

2.1.3 信息源的分类

广义的信息源包括人们获取信息的一切来源，按照信息的存在方式来划分，主要包括口语信息源、体语信息源、实物信息源和文献信息源，具体如表 2-2 所示。

表 2-2 按照信息的存在方式划分的信息源类型

类型	形 式	示 例
口语信息源	交谈、授课、讨论等口头形式	教师在课堂上授课，介绍古代史
体语信息源	手势、表情、姿势等肢体语言	远处的朋友与你挥手道别
实物信息源	模型、样品、雕塑等实际物品	唐代陶俑文物展示了古代中国人的着装风格
文献信息源	以文字、图形、符号、音频、视频等方式记录在各种载体上的知识和信息	科技论文、图书、期刊

狭义的信息源仅指那些转变为文献形式的信息源。当下，人们进行信息检索时，大多数情况下是为了满足学习和工作需求，主要检索的是文献信息源。因此，本书接下来对文献信息源的分类进行详细介绍。

1. 按照文献的载体形态划分

按照文献载体形态的不同，可以将文献信息源分为刻写型文献、印刷型文献、缩微型文献、声像型文献、电子型文献。

（1）刻写型文献：印刷术发明之前的古代文献、当今尚未正式付印的手写记录和知识付印前的草稿，如古代的甲骨文、金石文、帛文、竹木文，以及现代的手稿、日记、信件、档案、碑刻等。

（2）印刷型文献：以纸张为载体，通过石印、铅印、胶印等印刷方式产生的文献。印刷型文献是现代文献的主要形式之一，其优点是便于阅读与流传，符合人们的阅读习惯；缺点是信息存储密度低，收藏和管理需要较多的空间和人力。

（3）缩微型文献：以感光材料为存储介质，采用光学缩微技术将文字或图像记录、存储在感光材料上而形成的文献。该类文献有缩微平片、缩微胶卷和缩微卡片之分。缩微型文献的优点是信息存储密度高、体积小、重量轻、便于保存和传递、生产速度快、成本低廉；缺点是需要借助缩微阅读机才能阅读（见图 2-2），而且设备投资较大。

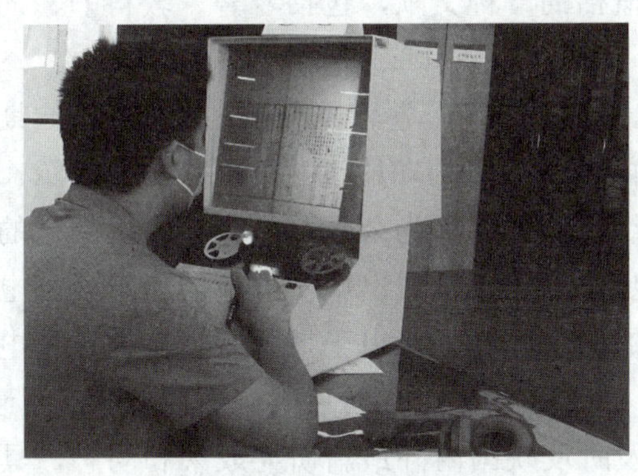

图 2-2　缩微型文献

（4）声像型文献：又称直感型文献或视听型文献，主要以磁性和光学材料为载体，采用磁录技术和光录技术（如录音、录像、摄像、摄影等）手段将声音、图像等多媒体信息记录、存储在磁性或光学材料上而形成的文献，主要包括唱片、录音带、录像带、电影胶片、幻灯片、激光视盘等。该类文献的特点是信息存储密度高，用有声语言和图像传递信息，内容直观、表达力强、易被接收和理解，尤其适用于难以用文字、符号描述的复杂信息和自然现象，但阅读声像型文献需要专用设备。

（5）电子型文献：按文献载体材料、存储技术和传递方式划分，电子型文献主要可分为联机型、光盘型和网络型文献。电子型文献具有信息存储密度高、读取速度快、网络化程度高、远距离传输快等特点，最大限度地实现了人类知识的共享及利用。

① 联机型文献：以磁性材料为载体，采用计算机技术和磁性存储技术，将文字和图像信息记录在磁带、磁盘、磁鼓等载体上，并使用计算机及通信网络，通过程序控制将存入的有关信息读取出来。

② 光盘型文献：以用特殊光敏材料制成的光盘为载体，将文字、声音、图像等信息采用激光技术、计算机技术刻录在光盘上而形成的文献。查看该类文献信息时，需要使用计算机和光盘驱动器将有关的信息读取出来。

③ 网络型文献：利用互联网上的各种网络数据库读取的有关文献。

2. 按照文献的出版形式划分

按照文献出版形式的不同，可以将文献信息源分为十大类：图书、期刊、报纸、科技报告、会议文献、专利文献、标准文献、学位论文、产品样本、档案资料。

（1）图书：按照联合国教科文组织的定义，凡由出版社（商）出版的不包括封面和封底在内 49 页以上的印刷品，具有特定的书名和著者名、编有国际标准书号、有定价并取得版权保护的出版物，统称为图书，如图 2-3 所示。图书大多数是对某类专门知识或某个学科进行系统论述或概括的一种文献，包括专著、教科书、词典、丛书、工具书、百科全书等。

（2）期刊：有固定刊名，以期、卷、号或年、月为序，定期或不定期连续出版，每期内容不重复的印刷读物，如图 2-4 所示。一般来说，供大众阅读的综合性刊物称为杂志，供专业人士阅读的称为期刊。随着科技的进步，期刊还发展出电子出版的新形式。电子期刊主要包括印刷期刊的网络版、网络电子期刊等。人们通过电子期刊不仅可以看到文字、图片、视频，还可以听到各种声音，阅读起来更为方便轻松。

期刊与图书的区别

期刊内容新颖，能及时反映国内外最新研究成果和动态，具有出版量大、周期短、发行与流通面广、便于获取等特点。

（3）报纸：出版周期较短的印刷出版物，以刊载新闻和时事评论为主，定期向公众发行，如图 2-5 所示。报纸是大众接收信息的重要渠道，具有反映和引导社会舆论的功能。报纸通常不装订，散页印刷，有固定的名称。根据出版周期，报纸可分为日报、早报、晚报、双日报、周报、旬报，以及更长出版周期的报纸。在国家新闻出版署的官方网站可以查询报纸的登记信息，以辨别其合法性。

图 2-3 图书

图 2-4 期刊

图 2-5 报纸

（4）科技报告：科技工作者围绕某一专题从事研究所取得科研成果的正式报告，或是研究过程中某个阶段的进展报告，是科技工作者或研究机构向资助者呈交的研究成果。

科技报告一般每份单独成册，篇幅长短不等，有机构名称和编号，用以识别报告及其发行机构。科技报告装订简单，出版发行的时间不固定。科技报告的流通范围有绝密、秘密、保密、非密限制发行、非密、解密等。由于科技报告不是正式出版物，所以获取较为困难。

（5）会议文献：学术会议文献，包括会前、会中和会后文献。会前文献包括会议日程表、会议论文预印本、论文摘要等；会中文献包括开幕词、讨论记录、会议决议、闭幕词等；会后文献包括会议记录、会议论文集、会议论文汇编、期刊特辑，以及有关会议的声像资料等，如图 2-6 所示。

会后文献的内容比较系统完整，是会议文献的最主要部分，但会后文献没有固定的出版形式，与其他文献交叉重复比较严重。

（6）专利文献：专利制度的产物。在实行专利制度的国家，凡是本国或外国的个人或企业有了创造发明，都可以根据相关法律的规定，向本国或外国专利局提出申请，经审查合格，批准授予在一定年限内享有创造发明成果的权利，并在法律上受到保护，这样一种受到法律保护的技术专有权利就是专利。

广义的专利文献是指所有与专利制度有关的文件，包括专利申请书、专利说明书、专利分类、专利公报、专利文摘、专利证书等；狭义的专利文献仅指专利说明书。专利说明书是指专利申请人向专利管理部门呈交的对于其发明创造的技术性及专利权限等方面所作的说明。专利说明书内容比较详细具体，多数附有图案，对了解某项新技术、新产品、新工艺的技术内容有重要作用。根据专利的技术水平和应用情况，有发明专利、实用新型专利和外观设计专利等类型。

（7）标准文献：由国家专门机构颁发的对工业技术产品和工程建设的质量、规格及检验方法等做出规定的文献，是从事生产和建设应当共同遵守的一种技术规范，如图 2-7 所示。该类文献的特点是其制定、审批的程序非常细致、严格；适用范围非常明确专一；编排格式和叙述方法较为严谨，措辞准确；技术上有较高的可靠性和很强的现实性；对有关各方有约束性，在一定范围内有法律效力；有一定的时效性，需要及时修订，用新的标准不断替代旧的标准，查阅标准文献时要以最新的标准为准。

（8）学位论文：表明作者从事科学研究取得创造性的结果或有了新的见解，并以此为内容撰写而成，作为提出申请授予相应学位时评审用的学术论文根据，如图 2-8 所示。

按学位不同，学位论文可分为学士论文、硕士论文和博士论文。学位论文的水平差异较大，但探讨的问题都比较专一。大多数硕士和博士论文具有一定的学术性、独创性、系统性和完整性，具有重要的参考价值。学位论文一般不公开发表，多数收藏在授予学位的大学图书馆或研究机构的文献信息中心。随着高校信息化程度的提高，许多高校同时保存学位论文的纸质样本和电子样本，还把本校的学位论文作为特色资源，建成学位论文检索系统和全文数据库供本校师生使用。

图 2-6 会议文献

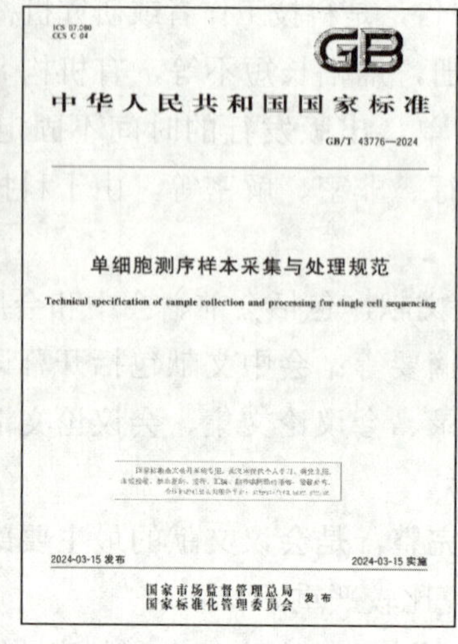

图 2-7 标准文献

图 2-8 学位论文

（9）产品样本：国内外生产厂商或经销商为推销产品而印发的企业出版物，用来介绍产品的品种、特点、性能、结构、原理、用途、维修方法和价格等。查阅、分析产品样本，有助于了解产品的水平、现状和发展动向，获得有关设计、制造、使用中所需的数据和方法，对于产品的选购、设计、制造、使用等有着较大的参考价值。产品样本介绍的主要是已经生产的产品，在技术上比较成熟，数据比较可靠，如图 2-9 所示。

（10）档案资料：企业、事业单位、社会团体等机构在技术开发、运行及活动过程中形成的文件、图纸、图片、方案、原始记录等资料，如图 2-10 所示。

图 2-9 产品样本

图 2-10 档案资料

提　示

不同类型和形式的信息源，在信息传递与交流中具有不同的特点，所起的作用也不同。在信息检索的实践中，用户需要根据信息需求的不同情况，在分析和明确信息需求的基础上，有针对性地选择信息源，这样才能在信息检索时做到有的放矢。各类文献信息源的检索要素与主要用途如表 2-3 所示。

表 2-3　各类文献信息源的检索要素与主要用途

类型	检索要素	主要用途
图书	书名、著者、出版地、出版社、出版时间、ISBN 等	系统地学习知识； 了解关于本专业或相关专业的专业知识； 查找对某一问题的具体解答
期刊	期刊名称、刊号	进行学术研究时，了解与自己的课题相关的研究状况，检索必要的参考文献； 了解某学科的前沿动态； 学习专业知识
报纸	报纸名称、报纸的出版日期	检索国内外新闻； 检索社论、评论、专家或大众的观点； 检索大众类或通俗类信息； 检索地方性或区域性信息
科技报告	报告名称、报告号、研究机构、报告来源、完成时间	进行学术研究时，了解与自己的课题相关的研究状况，检索必要的参考文献； 研究尖端学科或某学科的最新研究课题
会议文献	会议名称、会址、主办单位、会议记录的出版单位	进行学术研究时，了解与自己的课题相关的研究状况，检索必要的参考文献； 了解某学科水平动态
专利文献	专利号、专利名称、发明人、申请人	申请专利前查询有无重复； 开发新产品时查询有无重复； 了解某领域的技术水平及发展的最新动态； 用专利情报为进出口业务提供决策参考； 专利诉讼时查询有无侵权
标准文献	标准级别、标准名称、审批机构、标准号、颁布时间、实施时间	产品设计、生产与检验； 工程设计与施工活动； 进出口贸易
学位论文	学位名称、导师姓名、学位授予机构	科研开题前的文献调研； 硕士、博士撰写开题报告； 学习学位论文的写作方法； 追踪学科发展、研究过程

（续表）

类型	检索要素	主要用途
产品样本	公司名称、产品名称、样本名称、说明书名称、产品型号	了解某种产品的性能、规格、构造、用途及使用方法
档案资料	分类号、资料名称、人名、地名、机构名、工程代号	解决某个须证实的问题、验证某一事实而检索档案信息作为凭证； 围绕某一事物或某一专题（课题）检索与之有关的档案信息，将其作为原始资料

3. 按照文献的加工程度划分

按照文献加工程度的不同，可以将文献信息源分为零次文献、一次文献、二次文献、三次文献。

（1）零次文献：未经出版发行的或未以公开形式进入社会的原始文献，如书信、私人笔记、创作手稿、调查记录、实验记录、设计原稿、工程图样等。这类文献的特点是内容新颖，但不成熟、不公开交流，收集起来有一定的难度，不易获得。

（2）一次文献：以作者本人的研究成果为基本素材而创作的论文、报告等已经公开发表或出版的文献，如图书、期刊论文、学位论文、科技报告等，习惯上称为原始文献。这类文献是人们学习参考的最基本的文献类型，也是最主要的文献情报源，是产生二次和三次文献的基础，是文献检索和利用的主要对象。一次文献的特点是内容新颖丰富、叙述具体详尽、参考价值大，但数量庞大、分散。

一次文献和二次文献的区别

（3）二次文献：按照特定目的对一定范围或学科领域的一次文献进行鉴别、筛选、分析、归纳和加工整理、重组等，使之有序化后出版，如文摘、题录、索引等。它以不同的深度解读一次文献，其主要功能是检索、通报、控制一次文献，帮助人们在较短时间内获得较多的文献信息。这类文献具有汇集性、工具性、综合性、交流性等特点。

（4）三次文献：对有关领域的一次文献和二次文献进行广泛深入的分析综合后得到的产物，如各种综述、述评、学科总结、百科全书、年鉴、手册、文献指南等。

4. 按照文献的公开程度划分

按照文献出版和发行的公开程度的不同，可以将文献信息源分为白色文献、黑色文献、灰色文献。

（1）白色文献：公开出版发行的、通过正常渠道可以得到的常规文献，包括图书、报纸、期刊等。这类文献通过出版社、书店、邮局等正规的渠道公开发行，向社会所有成员公开，其蕴含的信息人人均可利用。

（2）黑色文献：不对外公开、具有完全保密性质的文献，如未解密的政府文件、内部档案、个人信件等。这类文献除作者及特定人员外，一般社会成员极难获得和利用。

（3）灰色文献：介于白色文献与黑色文献之间的、半公开的、非正式的文献。具体来说，灰色文献是指那些通过非正式出版流通渠道得到的文献资料，包括非公开出版的政府文献，不公开刊登在报刊上的会议文献，不公开发布的学位论文、科技报告、技术档案、产品资料、企业存档、内部刊物、预印本等。

文献信息是人们在认识世界的过程中，观察某些事件及对其进行研究的记录。随着时间的推进、知识和信息数量的增加、文献加工程度的提高，关于此事件的文献的主要类型也会发生变化，如表 2-4 所示。将多种分类标准结合起来使用，往往能够更加准确地找到所需信息。

表 2-4　文献类型随时间的变化

事件发生的时间	文献类型
事件发生几天后	零次文献；互联网信息资源等
事件发生几周后	一次文献；报纸、杂志等
事件发生几月后	二次文献；期刊等
事件发生 5 年以内	二次文献；图书、学术论文等
事件发生 5 年以上	三次文献；图书、会议记录、科技报告、档案资料等

实操 1　了解“汉服热”现象，检索相关文献资源

我国自古以来便有“衣冠上国”“礼仪之邦”的美誉，汉民族的传统服饰——汉服蕴含着丰富的传统文化。从古至今，汉服款式虽然不断变化，但基本结构却万变不离其宗，衣冠服制的一脉相承正是华夏文明绵延不绝的一大明证。虽然当今社会早已步入现代文明，但汉服并未完全消失，反而在近几年成为广受年轻人喜爱的热销商品。

“汉服热”这一话题在 2003 年始见于新闻报道，引起了很多人的“围观”。随着我国国力的跃升，国民的自信心也大为增强，社会上兴起一波又一波追捧传统文化的热潮。报告显示，2023 年我国汉服市场规模达 144.7 亿元，并且有望在 2027 年攀升至 241.8 亿元。下面，请大家以“汉服热”为关键词，在中国国家数字图书馆官方网站检索文献资源，了解“汉服热”兴起后的相关文献类型与数量的变化情况。

步骤 1 在浏览器中打开中国国家数字图书馆官方网站（见图 2-11），在网站首页的搜索框中输入“汉服热”，然后单击“检索”按钮。

图 2-11　中国国家数字图书馆官方网站

了解“汉服热”现象，检索相关文献资源

步骤 2 跳转至检索结果页面，在左侧的“缩小检索范围”功能区使用“年份筛选”功能检索 2001 年至 2010 年的文献资源。从检索结果列表中可以看到，在该时间段共有 6 个文献资源，其中 4 个文献类型为报纸，2 个文献类型为期刊论文，如图 2-12 所示。

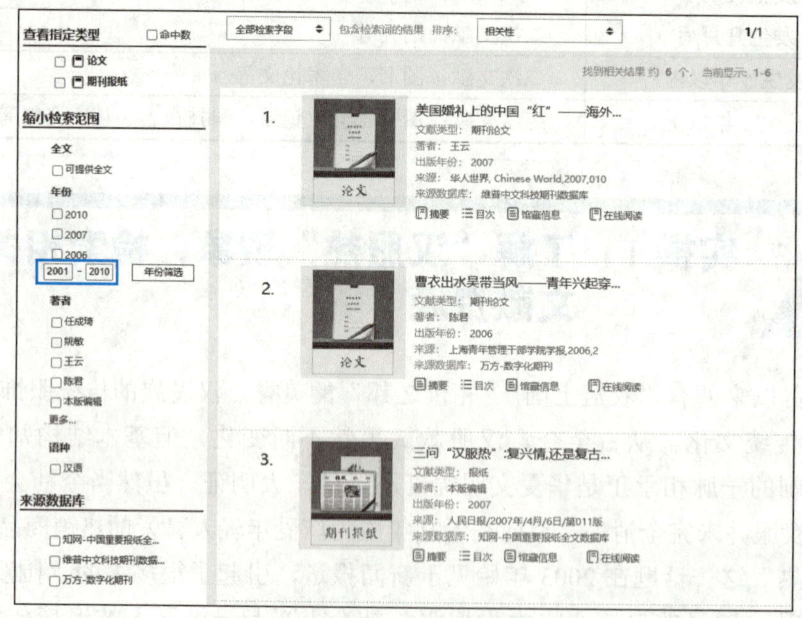

图 2-12　检索 2001 年至 2010 年含有“汉服热”关键词的文献资源

步骤 3 再次使用“年份筛选”功能，检索 2011 年至 2024 年的文献资源。从检索结果列表中可以看到，在该时间段共有 15 个文献资源，其中 13 个文献类型为期刊论文，2 个文献类型为学位论文，如图 2-13 所示。

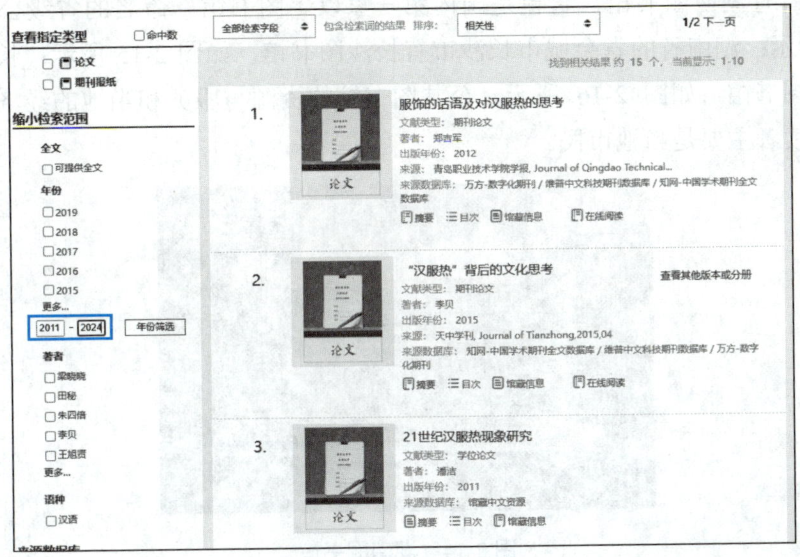

图 2-13　检索 2011 年至 2024 年含有“汉服热”关键词的文献资源

步骤 4 从检索结果来看，关于“汉服热”的文献在早期以报纸、期刊论文为主，数量相对较少。2010 年以后，“汉服热”这一主题被更多人讨论和研究，关于“汉服热”的文献不仅在数量上翻了一倍多，并且专业性变得更强，期刊论文和学位论文占了大多数。在信息检索时，如果研究课题是汉服文化方面的，应以 2010 年以后的学术论文为主；如果研究课题是“汉服热”现象，则应从早期的新闻报道中获取第一手资料。

2.2　了解图书馆

从字面上理解，图书馆意为藏书之所，是人们获取纸质型文献的主要渠道。利用图书馆获取信息和知识是当代大学生的基本学习技能之一，也是评价社会公民个人信息素养的一个重要指标。

2.2.1　图书馆的类型

我国的图书馆可分为公共图书馆、大学图书馆、专业或行业图书馆。

1. 公共图书馆

一般来说，我国县级以上人民政府都应设立公共图书馆。例如，国家层面有国家图书馆；湖南省有湖南图书馆，它也是国内第一家以“图书馆”命名的省级公共图书馆，如图 2-14 所示；湖南省的省会城市长沙市有长沙图书馆，如图 2-15 所示；长沙市的岳麓区有岳麓区图书馆，如图 2-16 所示。公共图书馆的资源与服务和当地的经济发展水平密切相关，其读者主要是当地市民。

图 2-14　湖南图书馆

图 2-15　长沙图书馆

图 2-16　岳麓区图书馆

2. 大学图书馆

大学图书馆是高校师生查阅各类文献信息的资源中心，是高校的一个重要组成部分，它对师生的学习与科研具有不可替代的作用。例如，北京大学图书馆是我国最早的现代新型图书馆之一，被国务院批准为首批国家重点古籍保护单位，现已发展成为资源丰富、现代化、综合性、开放式的研究型图书馆，如图 2-17 所示。

图 2-17　北京大学图书馆

大学图书馆的读者以本校师生为主，其特色是科研与学术资源丰富。大学图书馆与公共图书馆的最大不同如下：大学图书馆的馆藏与该大学的开设科目息息相关，其专业性和学术性较强，而且大学图书馆的工作人员还能提供专业性的指导和服务；而公共图书馆的馆藏偏向于大众化，专业性和学术性不强。

3. 专业或行业图书馆

专业或行业图书馆主要是针对企业与科研单位而设立的，其馆藏文献的针对性比大学图书馆的更强，最具代表性的是原国家部委图书馆。例如，机械工业信息研究院文献资源中心是我国装备制造业的科技文献收藏、研究和服务中心，该中心被科学技术部确认为国家科技文献资源保障体系八家重点支持单位之一，是国家科技图书文献中心和国家工程技术图书馆的组成单位之一。

拓展阅读

中国国家图书馆

中国国家图书馆旧称北京图书馆，一般简称“国图”，如图 2-18 所示。中国国家图书馆的馆藏资源包括图书、期刊、论文、报纸、古籍、音视频等，文种包括中文和外文。它全面收藏国内正式出版物，是世界上入藏中文文献最多的图书馆。同时，中国国家图书馆还非常重视国内非正式出版物的收藏，是国务院学位委员会指定的博士论文收藏馆、图书馆学专业资料集中收藏地。它还是国内典藏外文书刊最多的图书馆，并大量入藏国际组织和政府出版物，但不收藏专利文献，也不全面收藏标准文献。

图 2-18　中国国家图书馆

读者可凭身份证直接去中国国家图书馆自助办理读者卡。中国国家图书馆读者卡用户可远程免费使用的数据库多达上百个。外地读者可以实名注册中国国家图书馆账号，通过实名认证后，可以访问一定数量的数据库资源。

2.2.2 图书馆的服务

图书馆的服务主要包括文献借阅服务、参考咨询服务、馆际互借服务、文献传递服务和科技查新服务等。

1. 文献借阅服务

文献借阅是图书馆最传统、最基本的服务内容，主要包括文献外借、馆内阅览、图书馆联机公共目录检索系统查询等服务。除了需要保护的珍贵古籍、珍稀文献、孤本文献等只提供馆内阅览外，其他文献通常均可外借。

1）文献外借

外借是图书馆最基本的读者服务形式之一，对许多读者而言，与图书馆接触最多的地方就是外借处。一般来说，文献外借的方式有个人外借、集体外借和预约借书（即向图书馆预约登记某种需要借阅而暂时借不到的文献）3 种。

2）馆内阅览

馆内阅览是指图书馆提供一定的空间和设施，供读者开展文献阅览活动。绝大多数图书馆都能提供馆内阅览服务。

3）图书馆联机公共目录检索系统查询

联机公共目录检索系统（online public access catalog, OPAC）是一种利用计算机终端来查询图书馆馆藏数据资源的现代化检索方式，它通过联机检索为读者提供馆藏文献的线索，如图 2-19 所示。

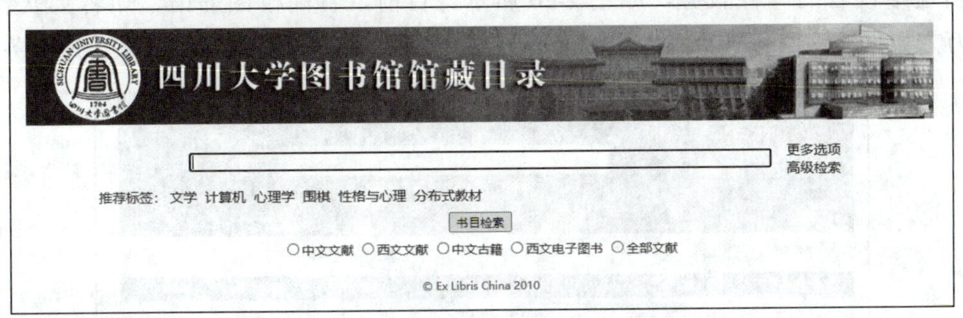

图 2-19　四川大学图书馆馆藏目录查询

2. 参考咨询服务

参考咨询服务是图书馆工作人员以文献为依据，通过编制资料或利用检索工具等方式，有针对性地为读者揭示、检索和传递知识信息的信息服务工作。

参考咨询服务是图书馆服务的重要组成部分，是读者向图书馆工作人员或其他专家提问并获得解答的一种信息服务方式。它以协助检索、解答咨询和专题文献报道等方式向读者提供事实、数据和文献线索。例如，湖南图书馆的参考咨询服务就包括联合在线咨询、专题咨询、定题服务、课题服务、咨询辅导等内容。

3. 馆际互借服务和文献传递服务

当前，各类出版物爆炸式增长，任何一个图书馆只依靠自身的馆藏已不能满足读者的广泛需求。当图书馆的馆藏没有读者需要的文献资料时，就需要与其他图书馆建立联系，实现资源共享、相互协作，以此来满足读者的需求。馆际互借在这一背景下应运而生。

1）馆际互借服务

馆际互借服务是指多个图书馆根据事先订立并保证遵守的互借规则，相互利用对方的馆藏，以满足读者特殊需要的一种服务方式，也是一种传统的文献资源共享形式。馆际互借通常只满足重点读者的特殊需求，不满足普通读者的一般阅读要求。

近年来，随着互联网的普及，电子文献和网络资源的数量迅速增长，馆际互借进入了全新的发展阶段。例如，读者可以通过各种联合目录数据库和图书馆的 OPAC 了解其他文献机构的馆藏，并通过互联网发起馆际互借请求，然后通过电子邮件进行文献资源的传递。互联网加快了文献传递的速度，扩展了馆际互借的范围，缩短了读者获得文献资料的时间。

2）文献传递服务

文献传递服务是指读者为获取已出版的某种特定的文献，向图书馆提出申请，图书馆工作人员从其他图书馆获得读者所需要的文献后，通过邮寄或互联网等方式以最快的速度传递给读者的一种服务，如图 2-20 所示。目前，各高校图书馆、知名文献数据库（如万方数据知识服务平台、中国知网等）、中国国家图书馆等都提供文献传递服务。

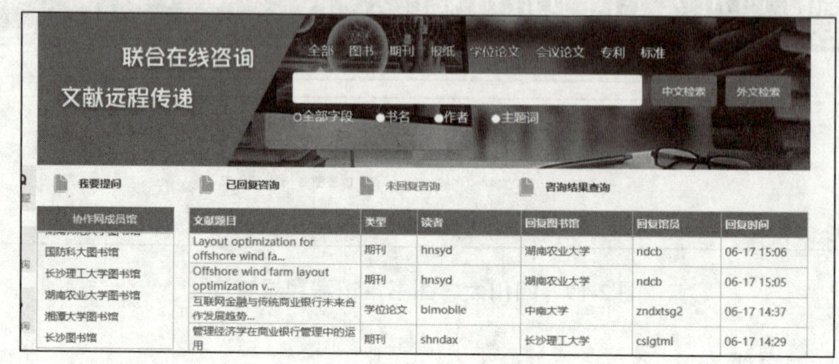

图 2-20　湖南图书馆的文献远程传递申请界面

4. 科技查新服务

科技查新是指图书馆根据读者提供的需要查证其新颖性的科学技术内容，按照《科技查新技术规范》操作，经过文献检索与对比分析，并最终得出结论。科技查新是科学研究、产品开发和科技管理等活动中的一项重要基础工作。

实操 2　从图书馆借阅自己感兴趣的图书

书籍是人类知识的载体，承载着人类的智慧，是人类进步的阶梯。通过读书，人们可以获得系统化的知识，产生整体性的思考，让人类智慧的结晶序列式地内化于心。走近书籍，爱上阅读，我们会收获更多快乐。下面，请试着行动起来，去附近的图书馆借阅一两本自己感兴趣的图书。

步骤 1 约上两三名同学，一起走进学校图书馆或当地的公共图书馆。想要在图书馆借书，需要办理借阅证或读者卡（大学图书馆可使用学生证办卡，公共图书馆需要押金及个人身份证）。办卡之后就可以在图书馆的藏书室借阅图书了，如图 2-21 所示。

步骤 2 在藏书室里逛一逛，看一看哪些是一次文献，哪些是二次文献。

步骤 3 查阅一本二次文献，如《北京市公共图书馆特色馆藏联合书目》（见图 2-22），它的内容主要是北京市各区公共图书馆特色馆藏图书的目录。根据这本书，读者就可以准确地知道这些图书馆的特色馆藏情况。

图 2-21　进入藏书室

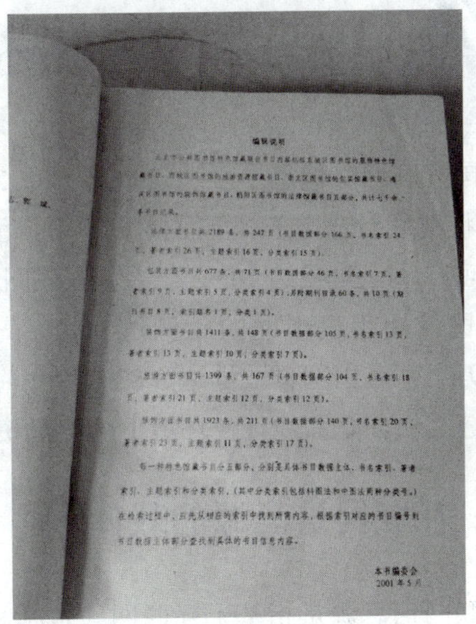

图 2-22　《北京市公共图书馆特色馆藏联合书目》

步骤 4 继续选取一本自己感兴趣的图书，然后找到自助借阅机（若图书馆没有自助借阅机，可以到人工柜台办理借书手续），在机器的屏幕上点击“借书”按钮，然后按提示在“刷卡区”刷读者卡并输入密码。将图书放在“图书感应区”，自助借阅机通过感应器读取图书信息并将其显示在屏幕上，确认后即可完成借书手续，如图 2-23 所示。此时需要注意借阅期限，以免因为没有及时还书而产生额外费用。

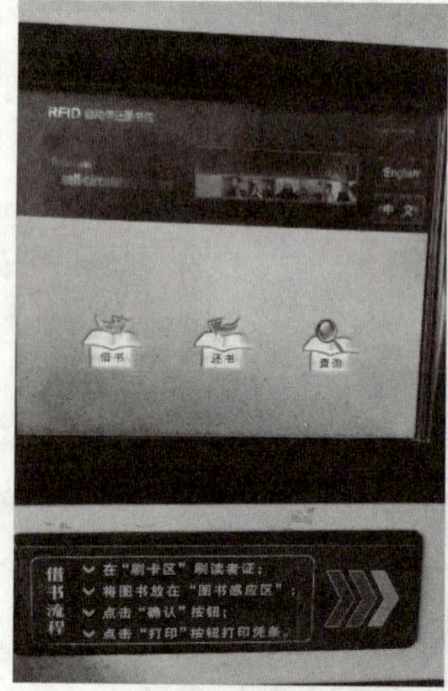

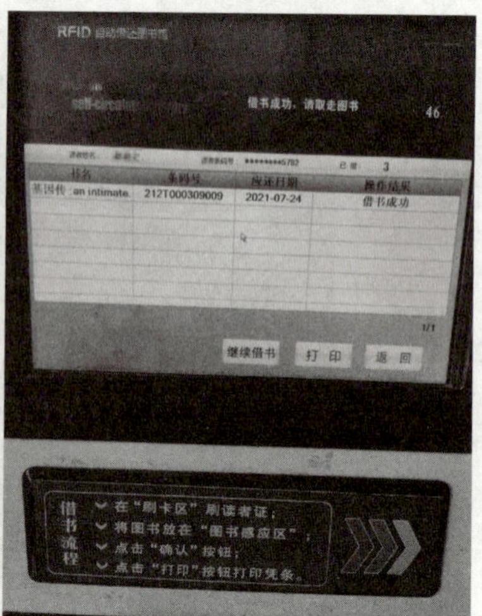

图 2-23　借书操作流程

2.3　熟悉互联网信息源

中国互联网络信息中心（CNNIC）于 2024 年 3 月 22 日发布的第 53 次《中国互联网络发展状况统计报告》，全面反映了中国互联网的发展现状。报告显示，截至 2023 年 12 月，我国网民规模达 10.92 亿人，互联网普及率达 77.5%；我国手机网民规模达 10.91 亿人，网民使用手机上网的比例达 99.9%；我国域名总数达 3 160 万个；我国网站数量达 388 万个；我国网页数量达 3 820 亿个。从以上数据可以看出，网络信息资源的数量之大和增速之快，是其他任何环境下的信息资源都无法比拟的。

2.3.1　互联网信息源的载体

互联网信息源是指基于互联网（包括移动互联网）的各类信息源，包括各类电子书和电子期刊网站，文献数据库网站，图文声像资源网站，商业、娱乐、文化、军事等新闻网站，社区论坛及微博，各类手机应用等。目前，互联网已经成为全球范围内传播科研、教育、商业、文化和社会信息的主要渠道，熟悉和利用互联网信息源对当代大学生来说非常重要。

对于传统互联网来说，互联网信息源都是以网站为主要载体而呈现的，人们想要查看某种信息，需进入某个网站或打开相关网页。一般而言，无论是哪一种网站，它们所提供的信息都是以文件的形式存放的，这些文件包括视频、音频、图片、文本等形式。几乎所有文件名称都由文件名和扩展名组成，中间用“.”连接。文件名可以由使用者自行确定，扩展名则用来标明文件的类型。扩展名是固定的，随意更改扩展名会改变文件的类型进而导致文件打开失败。常见文件类型及说明如表 2-5 所示。

表 2-5　常见文件类型及说明

文件扩展名	说　明
EXE	可执行程序文件
DOCX、XLSX、PPTX	Microsoft Office 文档文件
TXT	Windows 操作系统提供的一种通用的文本文件格式，非常常见
PDF	一种跨平台、跨终端的便携文件格式，可在各种操作系统、应用程序和设备中保持一致的显示效果
PNG、JPG、GIF	图片文件
ZIP、RAR	压缩文件
WAV、MP3、WMA	音频文件
SWF、FLV	动画文件
AVI、MKV、MP4	视频文件
HTM、HTML、ASP	网页文件
APK、IPA	手机应用程序包文件，用于分发和安装移动应用及中间件

2.3.2　互联网信息源的类型

具体来说，互联网信息源可分为搜索引擎、文献数据库、数字图书馆、权威机构网站、网络工具书、网络公开课、资源共享网站、自媒体信息源等。

1. 搜索引擎

所谓搜索引擎，就是根据用户需求与一定算法，运用特定的检索方法从互联网上检索出指定网页并反馈给用户的一种检索工具。通过搜索引擎，人们可以快速查找目标网站或网页，它既是一种信息检索工具，也是最常用的互联网信息源。

搜索引擎的检索对象是互联网上的大部分网站，因此它既可以检索生活常识、各类新闻、实用信息等一般性的网络信息，也可以检索专业性的文献及文献线索。目前，国内常用的中文搜索引擎是百度；国外常用的搜索引擎是谷歌（Google）。

2. 文献数据库

数据库是指在计算机存储设备上按一定组织方式存储在一起的、互相关联的数据的集合。对于计算机软件系统来说，数据库是存放和管理数据的“仓库”，而对于信息检索来说，文献数据库就是存放和管理文献的“仓库”。

目前，国内收录中文文献的数据库主要有3大“巨头”——中国知网、万方数据知识服务平台和维普网，它们收录了学术研究需要的除了图书专著之外的大部分类型的文献。同时，这些中文数据库还收录了几乎所有的学位论文和学术论文。为了防止毕业论文抄袭等学术不端行为，这些数据库还提供论文查重服务。

文献数据库是大学生及科研工作者最重要的信息源，其中又有中文数据库和外文数据库之分，本书主要介绍中文数据库。

3. 数字图书馆

数字图书馆简单来说就是网络化和电子化的图书馆，可供读者足不出户地在网上借阅各类图书或其他出版物。数字图书馆分为两类：一类是图书馆的网络版，如中国国家数字图书馆；另一类是网上电子书在线阅读服务平台，如超星读书。

4. 权威机构网站

权威机构网站一般是指国家设立的相关机构（如商务部、国家知识产权局等）的网站，以及产业或行业内具有较大影响力的咨询机构或头部企业的网站。国家部门权威机构网站上提供了各类统计数据、专利文献、标准文献等信息；权威咨询机构和头部企业网站则多提供一些市场调研报告和行业标准，具体分类如表2-6所示。

表2-6 权威机构网站信息源

类型	内容	来源	示例
政府机构（一级域名多为“.gov”）	政策信息	政府主管部门网站	中国政府网
	科技信息	政府科技部门网站	国家知识产权局专利检索及分析系统
	经济信息	政府统计部门网站	国家统计局网站
	社会人文信息	政府教育文化部门网站	教育部网站
	综合信息	政府新闻网站	新华网、人民网
行业机构（一级域名多为“.com”）	企业信用信息	本地工商局网站或企业信用信息查询平台	国家企业信用信息公示系统
	企业产品信息和经营管理信息、招聘信息	企业网站	海尔集团官方网站
	行业状况、行业规范、行业数据	行业网站	中联钢网站

5. 网络工具书

网络工具书简单来说就是数字化的工具书，可以是电子书、在线文档、网站或应用程序的形式，能够使用户随时随地获取所需信息。一般而言，网络工具书大致分为两类：第一类是开放式网络工具书，即向全体网民开放编写和制作功能，工具书的内容由网民共同编辑，如百度百科等；第二类是传统工具书的电子版，如《辞海》网络版（见图 2-24）、《现代汉语词典》App 等。若以工具书的内容来分类，网络工具书又可分为线索类、词语类、资料类、表谱类、图录类、工具书指南 6 大类。

图 2-24　权威、可信的知识检索平台——《辞海》网络版

6. 网络公开课

网络公开课是指大学或其他教育机构在网上发布的课堂教学的录像等。网络公开课平台基于互联网的资源共享原则，利用互联网突破时空限制的优势，通过电脑虚拟空间构建了面向全体网民的精品公开课程。例如，中国大学 MOOC 是由网易公司与高等教育出版社携手推出的在线教育平台，承接教育部国家精品开放课程任务，向大众提供中国知名高校的 MOOC 课程。通过该网站，每一个有意愿提升自己的人都可以免费获得优质的高等教育资源，如图 2-25 所示。

图 2-25　中国大学 MOOC 网站

7. 资源共享网站

除了上述类型，互联网上还有众多资源共享网站，如优酷、爱奇艺、好看视频等视频资源网站；网易云音乐、QQ 音乐等音乐资源网站；花瓣网、千图网等图片资源网站；天空下载、ZOL 下载等软件资源网站。

8. 自媒体信息源

自媒体信息源可以理解为个人信息源，它是通过个人网站或个人社交账号对外发布消息、资源或文章的一种信息源。自媒体信息源一般通过微博、微信公众号、头条号、抖音号、UP主账号等方式传递信息或知识。自媒体信息源中的信息主要由个人制作产生，内容大多是科普或日常生活知识，因此专业性一般，能为科研活动所用的不多。

2.3.3 互联网信息资源的下载与保存

1. 保存网页中的文本

选中要保存的文本后进行“复制”操作，然后打开文本编辑软件（如记事本或Word程序）进行“粘贴”操作即可。如果网页开启了防拷贝保护，可以打开QQ聊天对话框，将鼠标指针移至截图按钮上，在弹出的列表中选择“屏幕识图”选项，然后选取要识别的区域以得到文本。

2. 保存网页中的图片

在网页中右击要保存的图片，执行“保存”命令，选择要保存到的目标文件夹后，单击“保存”按钮即可。

3. 下载网页中的音频

如果网页中提供了音频的下载地址，可通过右键快捷菜单或下载软件直接下载；如果没有提供音频的下载地址，就需要使用录音软件录音并保存音频文件。

4. 下载网页中的视频

如果网页中的视频播放器提供了视频下载功能，或者在视频上调出的右键快捷菜单中有下载视频的选项，可直接下载视频；如果不能直接下载视频，可以为浏览器安装录屏插件，录屏并保存视频文件。

5. 保存整个网页

打开目标网页，在网页上调出右键快捷菜单，执行“另存为”命令，然后选择要保存到的目标文件夹，最后单击“保存”按钮即可。

实操 3　使用浏览器插件录制视频

使用浏览器插件录制视频

智能手机的普及和流量资费的降低，使得用手机观看视频成为最受欢迎的信息获取方式之一。人们通过视频看新闻、看风景、学厨艺、学知识……可以说，视频已成为信息传递的重要载体和重要的信息源。下面，我们通过使用浏览器插件录制“锂电池发展史”视频文件，了解下载与保存网络视频信息资源的方法。

在进行实操前，需要在电脑上安装 360 极速浏览器。

步骤 1 打开 360 极速浏览器，输入网址 https://haokan.baidu.com，进入好看视频网站的首页。在首页的搜索框中输入关键词“锂电池发展史”，然后单击“搜索”按钮。在结果列表中，单击最符合检索需求的视频，如图 2-26 所示。

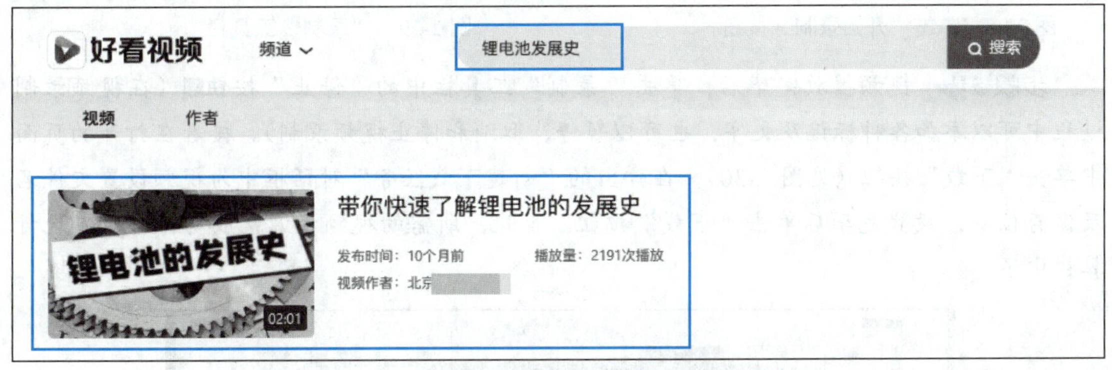

图 2-26　在好看视频网站检索“锂电池发展史”

步骤 2 进入视频播放页面后，单击页面右上角的“扩展程序”按钮，然后在打开的“扩展程序”面板中选择“更多扩展”选项，进入“360 应用市场”页面，如图 2-27 所示。

图 2-27　“360 应用市场”页面

步骤 3 在页面右上角的搜索框中输入“屏幕录制”并按“Enter”键。在检索结果列表中，单击“录屏截图大师”右侧的“立即安装”按钮，弹出“要添加‘录屏截图大师’吗？”对话框，单击“添加”按钮。此时“录屏截图大师”插件成功添加至扩展程序。

步骤 4 返回视频播放页面，单击页面右上角的“扩展程序”按钮图标，选择“录屏截图大师”选项，在打开的“录屏”操作界面中首先单击“标签页”按钮，然后单击“开始录制”按钮，如图 2-28 所示。视频录制开始后，页面左下角会出现“录制”工具栏，如图 2-29 所示。

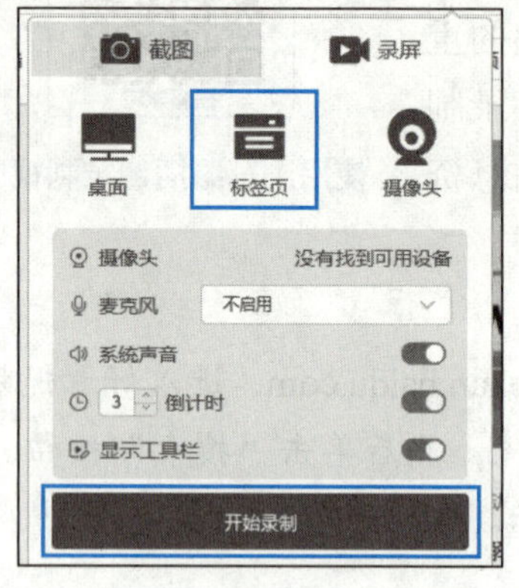

图 2-28 单击“开始录制”按钮

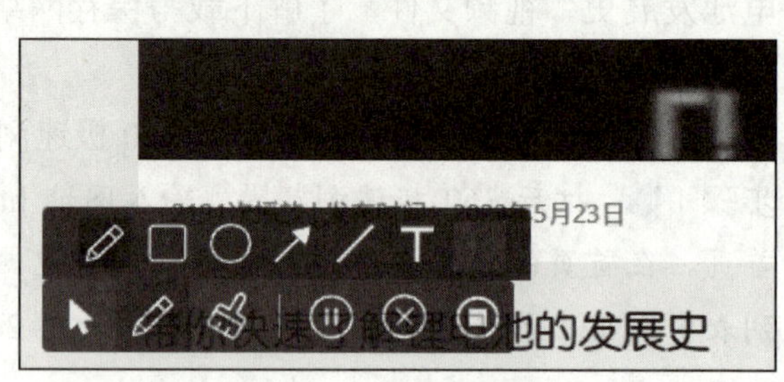

图 2-29 “录制”工具栏

步骤 5 视频播放完毕后，单击“录制”工具栏中的“停止”按钮（在视频录制过程中可以添加各种标记及文字，也可以暂停、取消和停止视频录制）。接着在打开的页面中单击“下载”按钮（见图 2-30），在弹出的“新建下载任务”对话框中为视频设置文件名及保存位置，设置完毕后单击“下载”按钮。至此，所需的视频资源就成功保存至本地计算机中了。

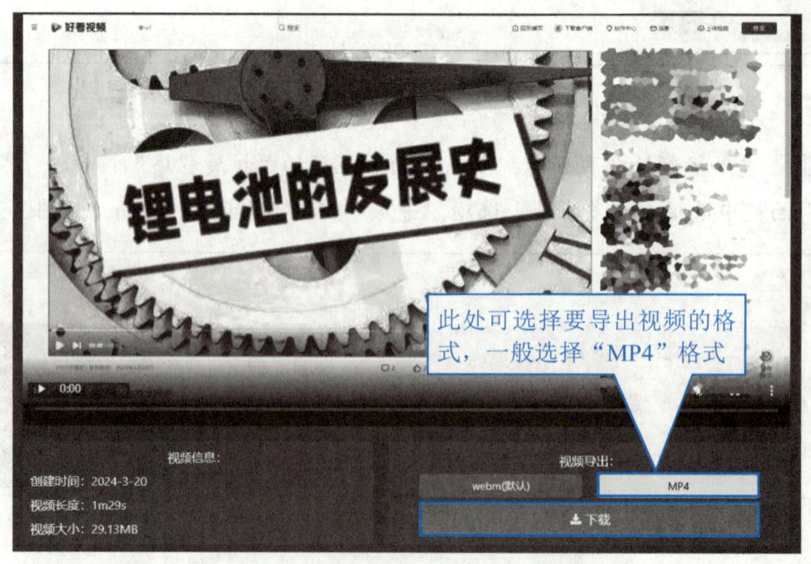

图 2-30 单击“下载”按钮

项目实训　搜集关于中国空间站的信息资源

1. 实训背景

九霄逐梦再问天，阔步强国新征程。2021 年 6 月 17 日，航天员聂海胜、刘伯明、汤洪波乘神舟十二号载人飞船成功飞天，成为中国空间站（见图 2-31）天和核心舱的首批入驻人员，中国人首次进入自己的空间站。2023 年 10 月 26 日，神舟十七号载人飞船成功发射，神舟十七号乘组由汤洪波、唐胜杰、江新林 3 名航天员组成。自从进入空间站应用与发展阶段以来，我国先后圆满完成 2 次货运飞船补给、2 次载人飞船发射和 2 次飞船返回任务，航天员乘组接续飞天圆梦、长期安全驻留，空间科学实（试）验成果丰硕，空间站的综合效益正不断显现。

自我国 1992 年作出实施载人航天工程“三步走”发展战略以来，经过 30 多年独立自主发展和接续奋斗，中国载人航天项目已圆满完成第一步、第二步全部既定任务，当前正向着建造空间站、建成国家太空实验室的目标全力进发。中华民族的飞天征程，站在了新的起点上。

中国载人航天项目是我国国力蒸蒸日上的有力明证，也是彰显我国世界大国地位的重点工程。关注航天事业、关注中国空间站的建设，不仅可以增长见识，还可以增强民族自尊心、自信心和自豪感，树立正确的价值观、民族观和文化观。

图 2-31　中国空间站示意图

2. 实训目的

以“中国空间站”为检索目标，在互联网上检索相关的信息资源，并将其中较为权威的信息资源保存下来，以便后续使用，借此长期关注中国航天事业的发展情况。

通过上述活动，一方面让大家认识信息源的不同类型；另一方面培养大家的信息意识，主动建立自己的信息源，提升信息检索能力和效率。

3．实训步骤

（1）在百度中检索关键词“中国空间站”，浏览结果列表中的相关新闻。然后找到并单击“中国载人航天官方网站”超链接，进入中国载人航天官方网站，如图 2-32 所示。

图 2-32　在百度中检索“中国空间站”

（2）在中国载人航天官方网站的“新闻中心”版块了解中国空间站的最新消息，并将网站添加至收藏夹中。然后继续通过百度获取发布“中国空间站”相关信息的网站（不少于两个），如国家航天局网站。

（3）通过百度搜集以“中国空间站”或“中国航天”为主题的网站或网页。

（4）在国内主流文献数据库中检索“中国载人航天”关键词，检索发表在期刊和杂志上的相关报道和评论（不少于两篇）。

（5）在自媒体信息源中检索并关注“中国空间站”相关的话题，如在知乎中关注“中国航天”“载人航天”等话题。

项目总结

首先，本项目介绍了信息源的概念、特征和分类。准确理解信息源的特征和分类，有助于读者在检索文献时快速定位所需信息。通过完成“实操 1”的实践活动，读者能够洞悉文献信息源随着时间的推移所发生的变化。

然后，本项目介绍了图书馆的类型和服务，使读者了解了图书馆，并通过完成“实操 2”的实践活动，使读者亲身走进图书馆（学校图书馆或公共图书馆）。在活动过程中，读者要注意培养阅读的好习惯。

最后，本项目介绍了互联网上的各类信息源，包括搜索引擎、文献数据库、数字图书馆等。网络信息检索是本书的重点内容，此处仅对相关信息源进行简单介绍，后续的信息检索实践都将基于这些信息源展开。

此外，本项目还介绍了互联网信息资源的下载与保存方法，通过“实操 3”的实践活动，读者可以具体体验获取视频资源的过程。

项目考核

1. 选择题

（1）产生“增值现象”体现了信息源的哪一特征？（　　）

A. 积累性　　B. 复杂性　　C. 再生性　　D. 共享性

（2）（　　）是现代文献的主要形式之一。

A. 刻写型文献　　B. 声像型文献
C. 缩微型文献　　D. 印刷型文献

（3）文摘、题录和索引属于（　　）。

A. 一次文献　　B. 二次文献　　C. 三次文献　　D. 零次文献

（4）大学图书馆的特色是（　　）资源丰富。

A. 文化与艺术　　B. 科研与学术　　C. 学术论文　　D. 视频和音乐

（5）超星读书属于（　　）类型的互联网信息源。

A. 数字图书馆　　B. 网络工具书
C. 网络公开课　　D. 自媒体信息源

2. 填空题

（1）一切________、存储、________、________信息的源泉都可以视为信息源。

（2）音频文件常用的扩展名有________________；视频文件常用的扩展名有________________；网页文件常用的扩展名有________________；手机应用程序包文件的扩展名有________________。

（3）搜索引擎的检索对象是互联网上的大部分__________，因此它既可以检索生活常识、__________、__________等一般性的网络信息，也可以检索专业性的________________。

（4）国家部门权威机构网站上提供了各类__________、__________、__________等信息；权威咨询机构和头部企业网站则多提供一些__________和__________。

3. 简答题

（1）简述文献信息源的分类。

（2）图书馆为读者提供了哪些服务？

（3）互联网上的信息源分为哪几类？

项目评价

学生自由组成学习小组，结合课前、课中和课后的学习情况，按照表 2-7 中的评价标准对本项目的学习效果进行自评和互评（组内成员互相打分），然后由教师进行总体评价，学生根据评价结果进行总结。

表 2-7　学习效果评价表

评价项目	评价内容	评价分数			
		分值	自评	互评	师评
知识（50%）	信息源的概念、特征与分类	15 分			
	图书馆的类型与服务	15 分			
	互联网信息源的载体与类型	10 分			
	下载与保存互联网信息资源的方法	10 分			
技能（30%）	根据需要从图书馆借阅文献资料	15 分			
	根据需要从互联网上下载信息资源	15 分			
素养（20%）	遵守课堂纪律，上课精神饱满	5 分			
	具有自主学习意识，课前做好准备	5 分			
	积极参与教学活动，善于思考提问，勇于探索创新	5 分			
	具有团队合作精神，出色完成实践任务	5 分			
总评	综合得分：__________	100 分			
	综合等级：__________	教师签字：________			
总结	最突出的表现（创新或进步）： 还需改进的地方（不足或缺点）：				

注：综合得分=自评（25%）+互评（25%）+师评（50%）；综合等级可以“优”（综合得分≥90）、“良”（80≤综合得分＜90）、“中”（60≤综合得分＜80）、“差”（综合得分＜60）为标准进行评价。

项目3　学习纸质文献检索

项目导读

自从有了纸张，纸质文献就成了人们获取信息和知识的重要来源。虽然进入信息社会以后，其他信息和知识载体不断涌现，但纸质文献依然是最重要的文献形式之一。对于学习和科研来说，学会检索和使用纸质文献仍然具有不可替代的价值。

如今，几乎所有大学都有自己的图书馆，各级地方政府也都建立了大大小小的公共图书馆，能够准确、高效地从图书馆检索纸质文献，是当代大学生应具备的基本技能，也是评价公民个人信息素养的重要指标。

本项目首先介绍纸质文献的基础知识，包括纸质文献的特点、分类和排架，然后介绍纸质图书的基础知识，以及纸质图书检索工具的常见类型和常用的纸质书目，最后介绍纸质期刊的基础知识和纸质期刊检索工具书，并通过两个实践活动学习使用图书馆书目检索系统检索纸质文献的方法。

学习目标

知识目标

- 熟悉纸质文献的特点、分类和排架。
- 熟悉纸质图书的基础知识，包括书目、图书版权页和国际标准书号。
- 了解纸质图书检索工具的常见类型和常用的纸质书目。
- 熟悉纸质期刊的基础知识，包括期刊的概念、特点、分类、出版周期和著录信息特征，以及纸质期刊检索工具书。

能力目标

- 能够使用《中国图书馆分类法》对纸质文献进行分类，通过分类号、索书号或国际标准书号检索图书。
- 能够使用纸质期刊检索工具书检索期刊。

素质目标

- 感受纸质文献对红色文化的传承价值，自觉传承和弘扬红色文化。
- 领略我国在新一轮科技革命和产业变革中的重要技术突破，热爱科学、崇尚创新。

引导案例 “新中国图书版本展”折射70年不平凡发展历程

在中共中央宣传部主办的“书影中的70年·新中国图书版本展”开幕式上，中共中央宣传部相关负责人指出：图书版本（出版物样本）是高段位的文化载体，是文化传承的金种子，是文化自信的重要支撑。

在中华文明五千多年的历史长河中，图书版本对文化传承、文脉赓续发挥了重大作用。我国政府高度重视出版工作，注重发挥版本传承文化、服务时代、资治育人的重要作用。“书影中的70年·新中国图书版本展”通过版本这一独特视角，展示了70年社会主义文化建设的繁荣景象，折射了70年我国不平凡的发展历程，以及我国在经济、政治、社会、文化、科技各领域取得的历史性成就。

“这个图书版本展非常好，非常有意义。”商务印书馆总经理对此次展览给予了高度评价。他从一位出版工作者的角度出发，认为此次展览具有如下价值。

首先，版本的变迁反映的是知识的变迁和文化的变迁，知识的变迁和文化的变迁反映的是社会的变迁。例如，《新华字典》从20世纪50年代至今的11个版本，《现代汉语词典》从20世纪70年代至今的7个版本，记录了中国特色社会主义的伟大历程和光辉业绩。这些历程和业绩成为文化自信的根本源泉。

其次，版本的变迁包括新内容版块的崛起，它反映的是中国特色社会主义在当下所取得的巨大成就。在这方面，以主题出版最为耀眼和突出。商务印书馆出版的《中国道路丛书》也位列其中。

据悉，本次展览包括“领袖著作版本”“社会科学图书版本”“文学艺术图书版本”“科学技术图书版本”“古籍整理图书版本”“连环画版本”展区和“新时代图书版本”特别展区，集萃了新中国成立以来出版的代表性图书版本约12 000册。这些图书版本，传承中华文化，书写中国故事，凝聚着出版人的匠心，承载了几代人的美好记忆。此外，展览还专门设立纸质版本体验区、网络版本体验区，极大地丰富了观众的游览体验。

（资料来源：陈菁霞，《“新中国图书版本展”折射70年不平凡发展历程》，《中华读书报》2019年10月16日）

请思考：纸质文献有哪些特点？掌握纸质文献的检索方法有哪些益处？

3.1　认识纸质文献

纸质文献又称印刷型文献，是以纸张为物质载体，以印刷为记录手段生产出来的文献。造纸术和印刷术是我国古代闻名于世的伟大发明，纸质文献在我国有着非常悠久的历史，是传统文献的主要形式。纸质文献主要包括图书（见图 3-1）、期刊、报纸及特种文献等。

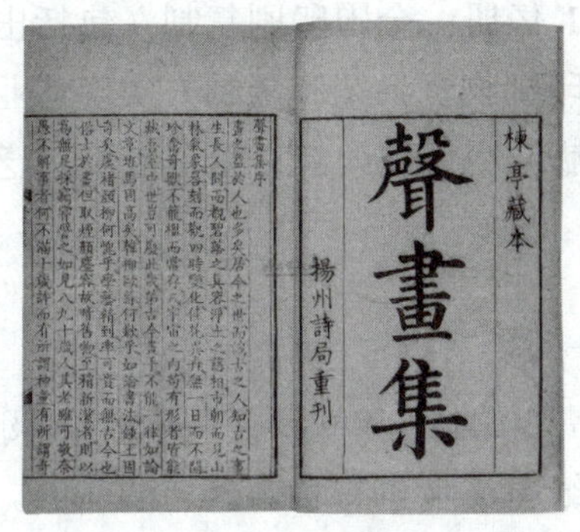

图 3-1　纸质图书

3.1.1　纸质文献的特点

人类在认识自然和改造世界的实践中所获得的知识成果，大多都要撰写成文字并记录于物质载体之中。在电子介质出现之前的漫长岁月里，纸质文献一直是最主要的知识载体。与电子型文献相比，纸质文献既有优点，也有缺点。

1. 纸质文献的优点

图书、期刊、报纸等纸质文献的出版发行是我国文化建设的重要组成部分，在全面建成小康社会和建设社会主义文化强国进程中发挥着重要作用。综合而言，纸质文献具有如下几个优点。

（1）阅读直观。阅读纸质文献无须借助任何其他工具，读者只要能够理解纸质文献上的文字或图表，就可以直接获取信息和知识。而阅读电子型文献不仅需要计算机或其他电子设备，而且部分情况下还对网络信号、电源、场地等有一定的要求。纸质文献的这种直观阅读体验是读者享受阅读的一个重要因素。

（2）权威可靠。纸质文献拥有数千年的历史，已经建立了完善的编辑、审查、印制、发行等体系。例如，各个出版单位基本都建立了学术评审委员会或类似机构来保证出版文献的学术水平。在出版单位之外，纸质文献的生产和传播还常常受到政府部门的质量审查，这些审查有力地保证了纸质文献的水准和权威性，因此纸质文献传播的信息和知识能够得到多数人的认同。

（3）具有艺术价值。除了信息和知识，纸质文献的装帧、用纸、用墨等也是一种艺术表达方式，这使得纸质文献本身具有一定的艺术价值和收藏价值。例如，傅雷所译的《夏洛外传》，1933 年 9 月首次出版，其中非卖品精装本仅印了 50 册，为海内外收藏家所瞩目。

（4）应用广泛。国家新闻出版署于 2023 年 2 月发布的《2021 年新闻出版产业分析报告》显示，2021 年，全国共出版新版图书 22.5 万种，重印图书 30.4 万种，总印数为 118.6 亿册（张）；出版期刊 10 185 种，总印数为 20.1 亿册；全国印刷复制（包括出版物印刷与专项印刷、包装装潢印刷、其他印刷品印刷、印刷物资供销和复制）实现营业收入 13 301.4 亿元，增长 10.9%。这些数据表明，纸质文献仍然受到读者喜爱，应用广泛，具有强劲的生命力。

2. 纸质文献的缺点

纸质文献是一种传统的文献形式，科技进步所带来的社会革新使得人们的阅读对象、阅读环境和阅读习惯都发生了巨大的变化，因此纸质文献也有相对落后的一面。

（1）信息容量有限。由于纸张载体的限制，纸质文献存储的信息量十分有限。在这一点上，电子型文献的优势非常明显，相同体积的物质载体，计算机或平板电脑的信息容量几乎相当于一个甚至多个图书馆。

（2）文献检索不方便。纸质文献信息容量有限所带来的最直接的问题就是信息量越大，物质载体的体积就越大。这个问题导致检索文献的时间成本和体力成本增加，不利于文献的利用。

（3）信息复制不方便。纸质文献的制作成本很高，大量复制文献需要高额的印制费用，且在使用过程中，纸质文献还会发生自然老化和使用损耗。与此相对的是，电子型文献可以任意复制，成本近乎为零，且使用电子型文献也不会对文献本身造成任何损耗。

3.1.2 纸质文献的分类与排架

在图书馆中，堆积如山的纸质文献给读者的检索过程带来了诸多不便。为了帮助读者快速找到所需的纸质文献资源，图书馆需要依据特定的分类体系，对纸质文献资源进行组织和整理，将其有序地排列在书架上，如图 3-2 所示。对纸质文献资源进行分类与排架，可以使学科相同、内容相近的书籍集中在一起，形成一个利于读者使用的藏书系统。

图 3-2　有序排列的书籍

1．纸质文献的分类

纸质文献的分类是指以纸质文献内容所反映的学科属性及其他特征为标准，将纸质文献按类进行组织。纸质文献的分类方法有多种，我国的图书馆通常采用《中国图书馆分类法》和《中国人民大学图书馆图书分类法》，国外的图书馆通常采用《杜威十进分类法》。

1）《中国图书馆分类法》

《中国图书馆分类法》（简称《中图法》，http://clc.nlc.cn）是以科学分类和知识分类为基础，并结合文献内容特点及形式特征进行逻辑划分和系统排列的类目表，也是文献分类、组织文献排架、编制文献检索系统的主要工具。它不仅在我国各类图书馆、信息部门得到了广泛应用，而且在各类互联网数据库中也得到了广泛应用，是目前我国影响最大、使用最广泛的一部综合性分类法。《中图法》第一版于 1975 年正式问世。截至 2024 年 2 月，《中图法》最新版本为第五版，于 2010 年 8 月由国家图书馆出版社正式出版发行。使用搜索引擎检索关键词“中图法”，可以获得很多《中图法》在线查询工具，如中图分类查询（https://www.clcindex.com），中国图书馆分类法（http://www.ztflh.com）等。

《中国图书馆分类法》的特点

《中图法》的类目划分包含 5 大部类，5 大部类下分为 22 个基本大类，22 个基本大类依次向下层层展开，形成一个层次分明的树状结构，将人类所有知识全部包含在内。《中图法》使用类号和名称表示类目，其类目表如表 3-1 所示。

表 3-1　《中图法》类目表（简表）

部类	基本大类	向下细分
一、马克思主义、列宁主义、毛泽东思想	A．马克思主义、列宁主义、毛泽东思想、邓小平理论	A1．马克思、恩格斯著作；A2．列宁著作；A3．斯大林著作；A4．毛泽东著作；A49．邓小平著作 ……

（续表）

部类	基本大类	向下细分
二、哲学	B. 哲学、宗教	B0. 哲学理论；B1. 世界哲学；B2. 中国哲学；B80. 思维科学；B81. 逻辑学（论理学）；B83. 美学；B84. 心理学；B9. 宗教 ……
三、社会科学	C. 社会科学总论；D. 政治、法律；E. 军事；F. 经济；G. 文化、科学、教育、体育；H. 语言、文字；I. 文学；J. 艺术；K. 历史、地理	C0. 社会科学理论与方法论；D0. 政治学、政治理论；F0. 经济学；G0. 文化理论；I0. 文学理论；J0. 艺术理论；K0. 史学理论 ……
四、自然科学	N. 自然科学总论；O. 数理科学和化学；P. 天文学、地球科学；Q. 生物科学；R. 医药、卫生；S. 农业科学；T. 工业技术；U. 交通运输；V. 航空、航天；X. 环境科学、安全科学	N0. 自然科学理论与方法论；O1. 数学；P1. 天文学；Q1. 普通生物学；R1. 预防医学、卫生学；S1. 农业基础科学；TB. 一般工业技术 ……
五、综合性图书	Z. 综合性图书	Z1. 丛书；Z2. 百科全书、类书；Z3. 辞典；Z4. 论文集、全集、选集、杂著；Z5. 年鉴、年刊；Z6. 期刊、连续性出版物；Z8. 图书报刊目录、文摘、索引

课堂讨论

请大家互相讨论一下，根据《中图法》的分类方法，图 3-3 中图书馆书架上的标签处应该填写哪两个字母？

图 3-3　图书馆书架及其标签

2）《杜威十进分类法》

《杜威十进分类法》是国外图书馆广泛使用的书刊分类法，由美国人杜威发明。杜威将所有的文献归为10个大类；在每个大类下又继续划分9个小类，称为“纲”；在“纲”下面又划分9个更小的类，称为“目”，如图3-4所示。每类分配3位阿拉伯数字作为标记符号。但是，在“目”下划分的小类的标记符号均须在3位阿拉伯数字后面加一个小数点来隔开。

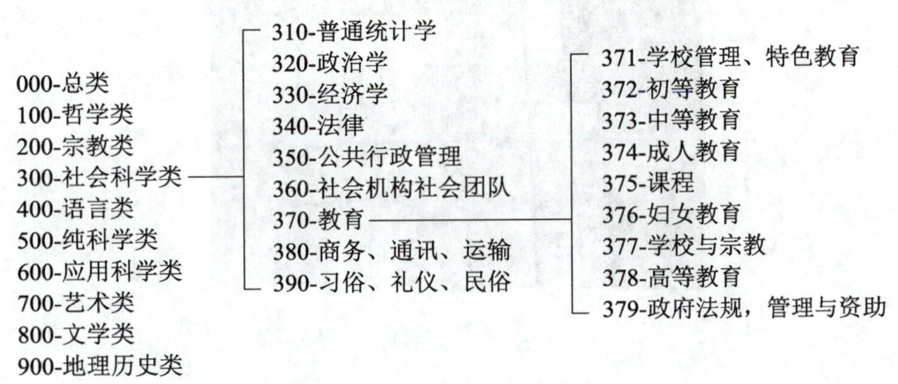

图3-4　《杜威十进分类法》分类

2. 纸质文献的排架

纸质文献的排架是指将图书馆中的各类纸质文献按照一定的方法组织排列，使无序的纸质文献有序地排列在不同的位置。《中图法》和《杜威十进分类法》只是对纸质文献划定了分类，想要对图书馆中大量的纸质文献进行排架，还必须为其设置独一无二的编号，这个编号通常称为索书号。索书号是纸质文献排架和读者索书的重要依据，通常贴在每本书刊的书脊或封面上（见图3-5），并且必须是“一书一号”，不能出现“同书异号”或“异书同号”。根据索书号，读者就能从馆藏的纸质文献中快速检索到自己需要的资料，进而详细了解相关内容。

索书号一般由三部分组成，第一部分为以《中图法》为依据的分类号；第二部分为书次号；第三部分为卷次号。

（1）分类号：位于索书号的第一排，用于分类书刊，可以使同一学科主题的图书排列在相近的书架中，便于读者查找。

（2）书次号：位于索书号的第二排，可以是著者号、出版年代号或书名号等类型。

（3）卷次号：位于索书号的第三排，供分册或分卷出版的书刊使用。

图 3-5　索书号

例如，西北工业大学图书馆中某本中文图书的索书号如图 3-6 所示。

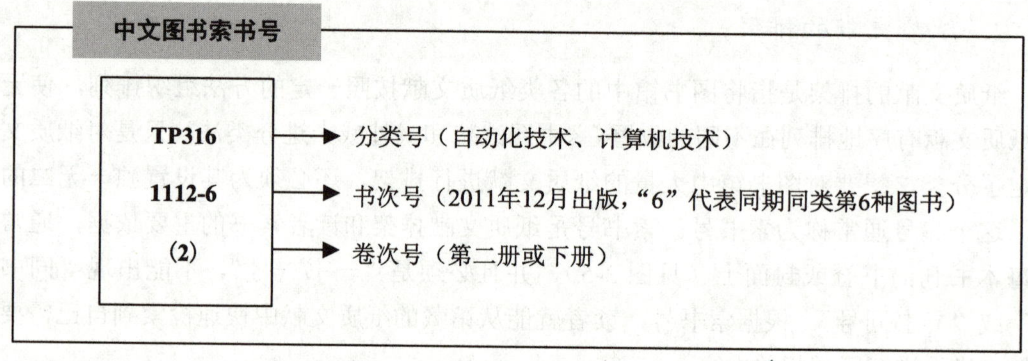

图 3-6　中文图书索书号示例

在对图书馆的书刊进行排架时，一般依据索书号从上到下、从左到右的顺序排列书刊，即先按照分类号排列书刊，若分类号相同再按书次号排列书刊。对于报纸而言，在国内图书馆报纸管理的实践中，综合性报纸一般不按其内容进行分类标引和排架，而是依照“地区→报纸名称→年代”“报纸名称→年代”或者“年代→地区→报纸名称”等进行排架。专业性报纸可采用《中国图书馆分类法：期刊分类表》进行分类标引和排架。例如，《法制晚报》排列在 D9 书架。

对纸质文献进行排架，不仅能将内容相同的纸质文献排在同一个书架上，而且能将内容相近的纸质文献集中在相邻的书架上，从而方便读者检索纸质文献，高效学习、教学或科研。

实操 1　了解《王平章传》在武汉大学图书馆的馆藏情况

《王平章传》（见图 3-7）是一部以烈士成长历程为主线，以基层革命斗争历史为基础，以宏大的苏区革命和建设为画面的传记作品。该书自出版以来，在社会上引起了广泛而强烈的反响，武汉大学、郑州大学、湖北省委党史研究室、孝感市委党校等多家党史研究及教学单位纷纷要求订阅和收藏，以作庆祝建党 100 周年教材和研究党史、革命史、地方史之用。2021 年 5 月 27 日上午，武汉大学图书馆委托向教授专程到汉川市，向《王平章传》编委会递送收藏证书，并表示："所赐典册，必妥为收藏，珍如拱璧，及时整理，治溉艺林。谨此致谢。"

图 3-7　《王平章传》

《王平章传》再现了革命先辈艰苦奋斗的历程，是一部珍贵的红色文献。红色文献跨越时空、历久弥新，承载着党的光辉历史，是对大学生进行思想政治教育的重要资源。我们要保护和利用好红色文献，深度挖掘红色文献蕴含的哲学思想、人文精神和价值观念，从红色文化中汲取追求真理、改造世界的力量，增强对党、民族、国家的认同。

下面，我们就通过访问武汉大学图书馆网站，了解《王平章传》一书的馆藏情况。

步骤 1 打开浏览器，输入网址 https://www.lib.whu.edu.cn，进入武汉大学图书馆首页。在检索框中输入书名"王平章传"，然后单击"查询"按钮，如图 3-8 所示。

图 3-8　武汉大学图书馆首页

步骤 2 进入“查看书目详细信息”页面，可以看到图书的基本信息，如图 3-9 所示。单击该页面中“全部馆藏”右侧的“所有单册（请点击此处获取索书号及藏书地点）”超链接，进入“中文文献库-馆藏”页面，可以看到《王平章传》一书的“单册状态”“应还日期/催还应还日期”“馆藏位置”“索书号”等信息，如图 3-10 所示。

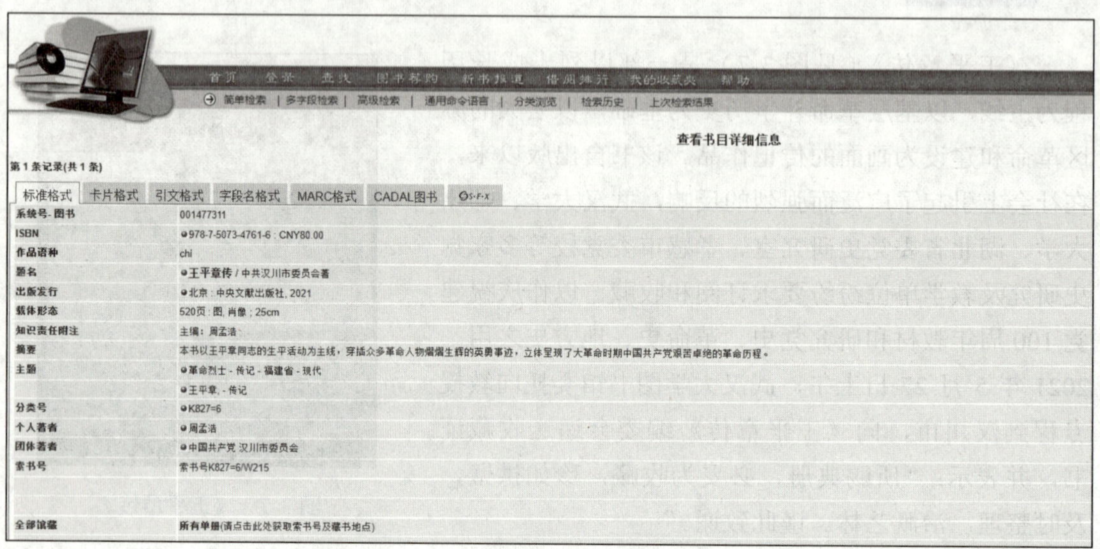

图 3-9 “查看书目详细信息”页面

中文文献库 - 馆藏

王平章传 / 中共汉川市委员会著
北京 : 中央文献出版社, 2021

点击预约链接为单册建立一个预约请求。建议优先选择为：“在架上”的“外借书”>应还日期为最近的“外借书”>“在架上”的“保存本”。

选择年份 全部 选择卷 全部 选择分馆 全部 隐藏已外借的单册

	描述	单册状态	应还日期/催还应还日期	应还时间	馆藏位置	馆藏地	索书号	请求数	架位-2	RFID定位	条码	OPAC注释	预约请求
扩展		保存本	在架上		总馆中文阅览区B2		K827=6/W215			RFID定位	101102639858	中共汉川市委捐赠	
扩展		外借书	在架上		总馆中文图书借阅A2-A5		K827=6/W215			RFID定位	101102639859	中共汉川市委捐赠	
扩展		外借书	在架上		总馆中文图书借阅A2-A5		K827=6/W215			RFID定位	101102639860	中共汉川市委捐赠	
扩展		外借书	在架上		工学馆社科图书借阅区		K827=6/W215			RFID定位	101102639861	中共汉川市委捐赠	
扩展		外借书	在架上		信息馆借阅区3楼东		K827=6/W215			RFID定位	101102639862	中共汉川市委捐赠	
扩展		外借书	在架上		医学馆中文科借阅区		K827=6/W215			RFID定位	101102639863	中共汉川市委捐赠	

图 3-10 “中文文献库-馆藏”页面

步骤 3 图 3-10 中的信息显示，《王平章传》一书的索书号为 K827=6/W215，其中，K827=6 是该书的分类号，W215 是该书的书次号，它们一起指明了图书的存放位置。

步骤 4 使用搜索引擎检索王平章的相关资料，并结合《中图法》在线查询工具（http://www.ztflh.com）简单验证该书的分类。王平章是一名革命烈士，曾担任鄂豫皖省苏维埃政府人民委员会委员长，属于历史政治人物，借助《中图法》在线查询工具，可知该书应归入“K 历史、地理”基本大类；该书是一本人物传记，因此应归入“K81 传记”/“K825 人物传记：按学科分”类；王平章是中国历史政治人物，因此该书应归入传记类目下的“K827 社会政治人物”类，具体分类信息如图 3-11 所示。

中图分类号查询 > 历史、地理

K0	史学理论
K1	世界史
K2	中国史
K3	亚洲史
K4	非洲史
K5	欧洲史
K6	大洋洲史
K7	美洲史
K81	传记
K85	文物考古
K89	风俗习惯
K9	地理

分类号	分类名称
K82-6	参考工具书
K820	人物总传：按时代分
K820.8	人物总传：按地区分
K820.9	氏族谱系
K825	人物传记：按学科分

分类号	分类名称
K825.1	哲学、社会科学
K825.19	法律
K825.2	军事
K825.3	经济
K825.4	文化、教育、体育
K825.5	语言、文字
K825.6	文学
K825.7	艺术
K825.8	历史、地理
K826.1	自然科学、工程技术
K826.2	医学、卫生
K826.3	农业、林业、畜牧业、渔业
K827	社会政治人物
K828	社会各界人物

图 3-11　验证图书的分类

3.2　检索纸质图书

3.2.1　纸质图书的基础知识

图书是人类社会实践的产物，是对某一领域的知识进行系统阐述或对已有的研究成果、技术和经验等进行归纳、概括的重要文献信息源。因此，图书是文献的重要组成部分，是人们学习知识的主要工具。

一般认为，纸质图书是以传播知识为目的，用文字或其他信息符号记录于纸张之上的著作物。纸质图书是由封面、封底、扉页、版权页、前言、正文（包括目录）等组成的一个独立整体。

图书的特征包括内容特征和外表特征两种。其中，内容特征主要是指图书所论述的主题、观点、见解和结论等，包括分类号、主题词等；外表特征主要是指图书的书名、著者、出版社、国际标准书号等。

一般来说，图书的外表特征是读者进行图书检索的主要依据，了解书目、图书版权页、国际标准书号等对提高图书检索能力十分重要。

1. 书目

书目也称文献目录、图书目录，它著录了文献的基本特征，并按照一定的顺序排列而成。书目是用于记录、报道、认识与揭示图书文献的清单，也是在文献与读者之间起媒介作用的二次文献。书目不仅包含文献的名称、作者、卷册、版本、出版年月与价格等信息，还包含文献的内容、源流和收藏情况。

书目是不可或缺的一种检索性工具书。了解某一历史时期文献的出版情况、某一图书馆的文献收藏情况，以及检索所需的图书，都离不开对书目这种检索工具的使用。具体来说，书目的主要作用如下。

（1）检索图书。通过书目，读者可以了解图书馆或个人书籍藏品所涵盖的主题范围和内容。书目通常按照分类体系或主题层级组织，使读者可以迅速找到与他们感兴趣的主题相关的书籍。例如，一个关于历史的书目可能按照年代、地理区域或主要事件来划分，读者可以根据自己的需求快速找到想要阅读的历史书籍。

（2）评估图书质量。书目可以帮助读者评估图书的质量。在书目中，一般会提供作者、出版社、出版年份等信息，这些信息可以帮助读者判断一本图书的权威性和可信度。读者可以根据这些信息决定是否选择阅读某本图书，或者将某本图书作为研究的参考资料。

（3）为学术研究和撰写论文提供便利。在进行学术研究时，书目可以帮助研究者了解当前领域的研究动态和前沿问题。通过参考书目，研究者可以检索相关的文献资料，了解已有的研究成果，从而为自己的研究提供理论基础和参考依据，并提高论文的可信度和学术权威性。

2. 图书版权页

图书版权页是指图书中载有版权说明内容的书页，它记录了一本图书的重要信息，包含书名、作者或译者姓名、出版社、发行者、印刷者名称及地点、版次、印次、开本、印张、字数、出版年月、定价、国际标准书号等内容，如图 3-12 所示。

3. 国际标准书号

通常，在每本图书的封底都有一串数字和一个条形码，如图 3-13 所示。这一串数字称为国际标准书号，英文为 international standard book number，缩写为 ISBN。ISBN 是国际通用的图书或独立出版物（除定期出版的期刊外）的代码。ISBN 与出版物是一一对应的关系。

早期的 ISBN 有 10 位，从 2007 年 1 月 1 日起，国际标准化组织规定，ISBN 升级为 13 位。这是为了与国际条形码编码 EAN • UCC 系统（物流信息标识和条码表示系统）接轨。

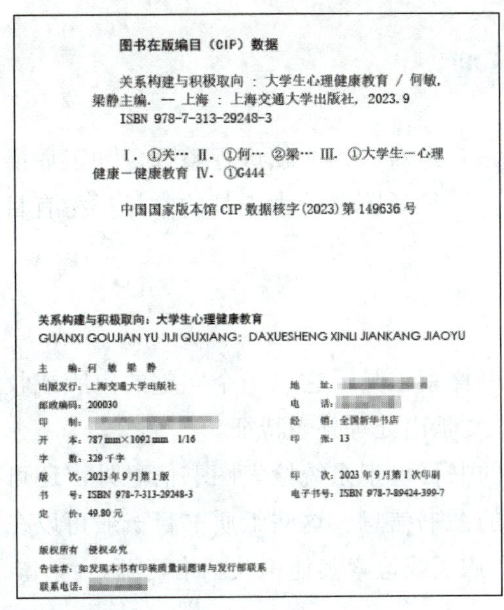

图书在版编目（CIP）数据

关系构建与积极取向 ：大学生心理健康教育 / 何敏，梁静主编. — 上海 ：上海交通大学出版社，2023.9
ISBN 978-7-313-29248-3

Ⅰ. ①关… Ⅱ. ①何… ②梁… Ⅲ. ①大学生－心理健康－健康教育 Ⅳ. ①G444

中国国家版本馆 CIP 数据核字(2023)第 149636 号

关系构建与积极取向：大学生心理健康教育
GUANXI GOUJIAN YU JIJI QUXIANG：DAXUESHENG XINLI JIANKANG JIAOYU

主　　编：何　敏　梁　静
出版发行：上海交通大学出版社　　地　　址：
邮政编码：200030　　电　　话：
印　　制：　　经　　销：全国新华书店
开　　本：787 mm×1092 mm　1/16　　印　　张：13
字　　数：329 千字
版　　次：2023 年 9 月第 1 版　　印　　次：2023 年 9 月第 1 次印刷
书　　号：ISBN 978-7-313-29248-3　　电子书号：ISBN 978-7-89424-399-7
定　　价：49.80 元

版权所有　侵权必究
告读者：如发现本书有印装质量问题请与发行部联系
联系电话：

图 3-12　图书版权页示例

图 3-13　书号及条形码

从组成上看，13 位的 ISBN 可以分成 5 个区，10 位的 ISBN 可以分成 4 个区。除了第一区以外，13 位的其他 4 个区与 10 位的相同。下面，以 13 位的 ISBN 为例介绍它的组成。

（1）第一区为 EAN · UCC 前缀，现有的出版机构可以在 10 位 ISBN 前加上一个 3 位数字的前缀“978”（代表图书），一旦现有的 10 位的 ISBN 用完了，新申请的 ISBN 就要加上前缀“979”。

（2）第二区为地区或语种号，表明这本书是哪个国家出版的。其中，0 或 1 表示英语国家，2 表示法语国家，3 表示德语国家，4 表示日本，5 表示俄语国家，6 表示伊朗等，7 表示中国，8 表示印度等，9 表示东南亚地区等。

（3）第三区为出版社代码，长度为 2～7 位，用于识别出版社，具体数字由各国出版主管机构分配。

（4）第四区为书序号，即该出版物的代码，由出版社提供。

（5）第五区为校验码，只有 1 位，范围是从 0 到 9。

例如，图 3-13 中的书号为 978-7-5165-2498-5，表示中国的一家代号为 5165 的出版社（航空工业出版社）出版的一本图书，其书序号为 2498，该书的校验码为 5。

由于书号与图书是一一对应的关系，当知道文献的书号时，可在检索项中选择“ISBN”，然后检索对应的ISBN 即可。

3.2.2 纸质图书检索工具的常见类型

最常见的纸质图书检索工具是各类书目，它是对原始文献进行整理、加工后所获得的成果，是人们用来检索图书的工具书。目前，纸质图书检索工具的常见类型有目录型图书检索工具和文摘型图书检索工具两种。

1. 目录型图书检索工具

目录型图书检索工具是世界上最早的图书检索工具，它以一个完整的出版或收藏单位为著录单元，一般著录图书的名称、著者、文献出处等外表特征。

一般来说，大学生除了可以通过图书馆的书目检索系统检索图书信息外，还可以通过各类纸质书目获取某一时代或某一主题下的图书信息。这些纸质书目一般可以在图书馆中借阅，如果图书馆没有收藏，则需要付费购买或检索其他相关网络资源。

2. 文摘型图书检索工具

文摘型图书检索工具是通过描述图书的外表特征和内容摘要来报道图书的一种检索工具。它以较少的文字反映图书的要点，包括出版目的、主要内容、结构安排、重点内容和亮点、主要观点和结论等。读者能够通过文摘判断图书是否为自己所需要的资料，从而节省阅读全文的时间，提高查全率和查准率。

文摘型图书检索工具在揭示图书的深度和检索功能方面优于目录型图书检索工具。按照摘要的详简程度，文摘可分为指示性文摘、报道性文摘和报道/指示性文摘。其中，指示性文摘一般是题目的补充说明，其篇幅一般在100字左右；报道性文摘反映了图书的主要内容和成果，其篇幅一般在500字左右，重要的可多达千字；报道/指示性文摘兼具指示性文摘与报道性文摘的特点，其篇幅一般在300～500字。

3.2.3 常用纸质书目

常用的纸质书目有《全国总书目》《全国新书目》《中国国家书目》《新华书目报》等。

1.《全国总书目》

《全国总书目》是国内唯一的年鉴性编年总目，自1949年以来逐年编纂，收录全国当年出版的各类图书，由中华书局出版。《全国总书目》是根据全国所有出版单位向中国版本图书馆缴送的、公开发行的出版物样本编辑，集全国出版物之大成，是图书馆、出版发行、科研等部门及广大图书爱好者必备的资料工具书。

《全国总书目》由分类目录、专题目录和附录3部分组成。其中，分类目录是主要

部分，收录中文出版的图书；专题目录主要收录技术标准、盲文书籍、翻译图书、丛书等；附录包括报纸和杂志目录、出版家一览表、书名索引和各类图书分类统计表等。

从 2004 年开始，《全国总书目》不再出版印刷本目录，改为光盘出版，附使用手册。光盘中含有《中图法》分类索引和全国各出版社索引，光盘中每条书目数据包含书名、著者、出版者、关键词、主题词、分类号、ISBN、内容提要等内容，用户可进行全方位的组合检索和单项检索。当前，中国知网、中国期刊网全文收录该书。

2.《全国新书目》

《全国新书目》于 1951 年创刊，由国家新闻出版署主管，由中国国家版本馆主办，是我国唯一公开发行的大型书目信息刊物。《全国新书目》收录全国各出版社和机关、团体、学校公开出版或重印的图书、画片、乐谱、地图等。款目著录书名、编著者、译者、出版者、出版年月、开本、页数、字数、定价、印刷册数，1976 年以后增加内容提要；1957 年前款目按自设类目编排，1957—1966 年改用《中小型图书馆图书分类法草案》编排，1973 年后按《中图法》编排。目前，《全国新书目》设有“书业观察”“特别推荐”“新书评介”“书评文摘”“畅销书摘”“精品书廊”“新书书目”等栏目。

3.《中国国家书目》

《中国国家书目》由国家图书馆《中国国家书目》编委会主编，由《中国国家书目》编辑组编辑，自 1990 年 9 月开始以计算机为手段编制每月两期的速报本。《中国国家书目》是揭示、报道我国出版物全貌的权威性书目工具书。目前，它有印刷版和光盘版两种类型。光盘版的数据半年更新一次，年报道量为 3 万条。

《中国国家书目》的收录范围按照“领土—语言”原则，收录普通图书（包括重印古籍）、连续出版物、地图、乐谱、博士论文、技术标准、非书资料、书目索引、少数民族文字图书、盲文读物，以及中国出版的外文文献，年报道量超过 3 万种。

《中国国家书目》的著录项目包括文献题名、著者名称、版本项、发行项、载体形态项、丛书项、附注项、内容提要、国际标准书号、分类号、主题词等详细项目，款目按《中图法》分类顺序排列。该书目还有题名、著者、主题 3 种索引，均依据汉语拼音顺序排列。

《中国国家书目》收录较全，著录标准，检索途径完备，是检索我国出版物的重要工具，为国内外文献资源共享创造了有利条件，对推动中国书目事业的发展起到了积极作用。

4.《新华书目报》

《新华书目报》创刊于 1964 年，是一份汇集了出版行业信息的工具报，具有书目征订的作用。《新华书目报》旗下包括三大子报：《科技新书目》《社科新书目》《图书馆报》。2000 年以来，《新华书目报》在原有工具报的基础上，结合细分市场，逐步衍生出《新华书店协会专刊》《教育与出版专刊》两份特色专版报道。2010 年 1 月 1 日起，《新华书目报》改为周报。

《新华书目报》以专业的视角解读出版发行行业，为业界提供了一个绝佳的交流平台。

3.3 检索纸质期刊

期刊在人们的日常生活、学习和科研工作中扮演着重要的角色，是一种必不可少的文献信息源，如图 3-14 所示。

图 3-14 期刊示例

3.3.1 纸质期刊的基础知识

1. 期刊简介

期刊是指定期或不定期的连续出版物。纸质期刊是指以纸质形式出版的期刊，内容包括学术研究论文、评论、新闻报道等。纸质期刊通常由学术机构、出版社或其他组织出版，读者可以通过订阅或购买的方式获取。纸质期刊在学术研究领域具有一定的权威性，是学术交流和传播知识的重要途径之一。随着数字化技术的发展，越来越多的期刊也开始提供电子版，使读者可以便捷地获取和阅读期刊内容。

事实上，人们常说的报刊是报纸和期刊的合称，杂志属于期刊，但与一般期刊也有细微的差别。一般情况下，将专业性较强的、用于提供学术知识的连续出版物称为期刊；将通俗的、偏向日常生活的连续出版物称为杂志。

2. 期刊的特点

期刊拥有固定的名称、统一的版式和连续的序号，每期都会发表多位作者的署名文章，这些署名文章大多是由期刊编辑围绕一个或多个主题编辑和整理的。综合而言，期刊具有以下几个特点。

（1）连续性。连续性是期刊的本质特点，也是期刊区别于其他类型文献的主要特点之一。这种连续，实际上就是"无限期连续出版"。

（2）时效性。与图书相比，期刊的出版速度快、内容新颖、知识更新及时，时效性很强。人们从期刊中往往能获得本专业的最新研究成果和最新的学术信息。

（3）复杂性。期刊的内容往往非常复杂，某一专题或某一领域的学术论文往往分别刊载在不同品种或不同学科的期刊上。数据显示，一种期刊刊载 7 种学科文献的占 7%；刊载 6 种学科文献的占 6%；刊载 5 种学科文献的占 16%；刊载 4 种学科文献的占 22%；刊载 3 种学科文献的占 16%；刊载两种以下学科文献的仅占 26%。

3. 期刊的分类

1）按照流通范围分类

按照流通范围的不同，期刊可分为非正式期刊和正式期刊。非正式期刊是指通过行政部门审核后领取"内部资料性出版物准印证"，作为内部交流的期刊，不公开发行。正式期刊是由国家新闻出版署与国家科委在商定的数额内审批，并编入"国内统一连续出版物号"的期刊，面向全国公开发行。我国大部分正式期刊不仅具有"国内统一连续出版物号"（简称"国内统一刊号"，即 CN），还具有"国际标准连续出版物编号"（简称"国际刊号"，即 ISSN）。

2）按照学科分类

按照《中国图书馆分类法：期刊分类表》的分类，期刊可分为多个基本大类，包括马克思主义、列宁主义、毛泽东思想、邓小平理论，哲学、宗教，社会科学总论，政治、法律，军事，经济，文化、科学、教育、体育，语言、文字，文学，艺术，历史、地理，自然科学总论，数理科学和化学，天文学、地球科学，生物科学，医药、卫生，农业科学，工业技术，交通运输，航空、航天，环境科学、安全科学，综合性连续出版物。

3）按照学术地位分类

按照学术地位的不同，期刊可分为核心期刊和非核心期刊两大类。其中，核心期刊是指在某一学科领域（或若干领域）中最能反映该学科学术水平的权威性期刊。核心期刊具有信息量大、利用率高、影响力强等特点。

目前，我国有七大核心期刊（或来源期刊）遴选体系，具体如下。

（1）北京大学图书馆“中文核心期刊”（PKU，又称北大核心），由北京大学图书馆联合众多学术界权威专家鉴定，目前受到学术界的广泛认同。北大核心期刊每 3 年或 4 年由北京大学图书馆评定一次，并出版《中文核心期刊要目总览》一书。

（2）南京大学“中文社会科学引文索引”（CSSCI，又称南大核心），由南京大学中国社会科学研究评价中心组织评定，两年一评。CSSCI 遵循文献计量学规律，采取定量与定性评价相结合的方法，从全国 2 700 余种中文人文社会科学学术性期刊中精选出学术性强、编辑规范的期刊作为来源期刊，收录包括法学、管理学、经济学、历史学、政治学等在内的 25 大类 500 多种学术期刊。

（3）中国科学技术信息研究所“中国科技论文统计源期刊”（CSTPCD，又称“中国科技核心期刊”），由中国科学技术信息研究所经过严格的定量和定性分析选取各个学科的重要科技期刊。该期刊是目前国内公认的科技统计源期刊目录，其学科范围主要为自然科学领域。受科学技术部委托，CSTPCD 每年进行遴选和调整，权威性名列前茅。

（4）中国科学院文献情报中心“中国科学引文数据库”（CSCD）。CSCD 每两年评选一次，每次评选均采用定量与定性相结合的方法，定量数据来自中国科学引文数据库，定性评价则通过聘请国内专家进行定性评估。

（5）中国社会科学院文献信息中心《中国人文社会科学核心期刊要览》（CASS，又称社科院核心），另建有《中国人文社会科学引文数据库》（CHSSCD）。

（6）武汉大学《中国学术期刊评价研究报告》（RCCSE）。RCCSE 是邱均平教授团队创立的四大科教评价报告之一，于 2009 年 3 月正式推出第 1 版，至 2021 年已发布第 6 版。经过十多年的努力，该团队在评价方法、评价指标、评价系统的理论研究和实践应用方面均取得了重要突破，并形成了相对成熟的科学评价体系。

（7）《中国学术期刊综合引证报告》，是以中国知网“中国知识资源总库”中最大的文献信息资源“中国期刊全文数据库”所收录的各类学术期刊的引文数据为基础编制而成的一部大型综合性科学文献计量年报，该报告每年发布，建有《中国引文数据库》（CCD）。

如果某期刊同时被两种核心期刊遴选体系认定为核心，那么该期刊就是双核心期刊。例如，《中国医学影像学杂志》既入选“中文核心期刊”，又入选“中国科技核心期刊”，同时还是“中国科学引文数据库”。

国际上被国内普遍认可的核心期刊（或来源期刊）遴选体系主要有 4 个：美国“科学引文索引”（science citation index, SCI），美国“社会科学引文索引”（social sciences citation index, SSCI），美国“工程索引”（the engineering index, EI），美国“科技会议录索引”（conference proceedings citation index, CPCI）。

拓展阅读

中国科学技术信息研究所发布的《2023 中国科技论文统计报告》（以下简称《报告》）显示，2022 年，中国在各学科最具影响力期刊上发表的论文数为 16 349 篇，占世界总量的 30.3%，世界排名第一位；热点论文数量世界排名继续保持第一位，高被引论文数量世界排名继续保持第二位。

《报告》指出，随着我国继续加大高水平对外开放力度，高被引论文中以我国为主的国际合著论文占到了近三分之一。2022 年中国发表的国际论文中，国际合著论文为 15.92 万篇，占我国发表论文总数的 21.6%，中国作者为第一作者的国际合著论文占中国全部国际合著论文的 73.3%。与此同时，2022 年中国发表的被引频次进入学科前 1%的论文中，以我国为主发表的国际合著论文为 3 099 篇，占比 31.9%。

“中国国际科技论文受到国外关注，四成以上引用来自国际论文。”《报告》显示，2018—2022 年，在中国当年发表即被引用的科技论文中，四成以上是国际引用，2020 年甚至超过五成。国际引用 2022 年中国 SCI 论文的分析表明，美国引用中国论文的数量最多，能源、化学、材料、环境科学 4 个学科引用中国论文的比例较高。

在中国科技论文交出亮眼成绩单的同时，中国国际科技期刊的影响力进一步提高。2022 年总被引频次进入本学科排名前四分之一（Q1 区）的中国期刊共有 35 种，比 2021 年增加 14 种；影响因子进入 Q1 区的期刊有 137 种，比 2021 年增加 29 种。

不仅如此，中国科技核心期刊影响力持续提升，面向国家重大需求吸引高水平论文的能力不断加强。2022 年，中国科技期刊发表了 4.19 万篇国家重大专项、重点研发计划产出的科研成果，论文主要分布在临床医学，农学，计算技术，环境科学，电子、通信与自动控制、地学等学科。

（资料来源：刘根，《我国各学科最具影响力期刊论文数首次位列世界第一》，中国科技网，2023 年 9 月 20 日）

4．期刊的出版周期

期刊的出版周期是指不同种类的期刊根据各自的内容、编辑制作能力、发行市场，以及资金状况而设计规定的出刊时段。一般来说，期刊的出版周期有如下几种。

（1）周刊：出版周期为 7 天。

（2）旬刊：出版周期为 10 天。

（3）半月刊：出版周期为 15 天。

（4）月刊：出版周期为 1 个月。

（5）双月刊：出版周期为 2 个月。

（6）季刊：出版周期为一个季度，即 3 个月。

（7）半年刊：出版周期为 6 个月。

（8）年刊：出版周期为 1 年。

5. 期刊的著录信息特征

期刊的著录信息特征主要包括以下几个方面。

（1）刊名：期刊的标题，是读者检索期刊的主要依据。

（2）出版年份、卷号、期号：这些信息可以帮助读者确定期刊的出版时间和期刊的版本。

（3）出版者：期刊的出版机构或出版人，反映了期刊的出版背景和权威性。

（4）数据库收录情况：如被哪些数据库收录，这反映了期刊的影响力和学术价值。

3.3.2 纸质期刊检索

1. 中文期刊检索工具书

1）《全国报刊索引》

《全国报刊索引》由上海图书馆出版，它是国内出版的以题录形式报道国内报纸、期刊论文的大型检索刊物。1980 年起，《全国报刊索引》分为哲学社会科学版（简称社科版）和自然科学技术版（简称科技版），两版同时出版，均为月刊。

《全国报刊索引》（社科版）收录了国内公开和内部发行的中文期刊 2 000 多种、中文报纸 160 多种；《全国报刊索引》（科技版）收录了国内公开和内部发行的中文期刊 3 000 多种。两种版本每年 1 月刊和 7 月刊均附有引用期刊一览表。

2）《中文科技资料目录》

《中文科技资料目录》简称《中目》，是在 1977 年石家庄“全国科技情报检索刊物协作会议”的推动下，由一些专业情报所联合编辑出版的、报道国内科技文献的一套题录型检索刊物。该目录取材于国内出版的期刊论文、会议记录等，是报道国内科技文献的主要出版物。

《中文科技资料目录》共 31 个分册，内容涉及医药卫生、中草药、船舶工程、铁路、农林等多个方面。

3）《中文核心期刊要目总览》

《中文核心期刊要目总览》由北京大学图书馆和北京高校图书馆期刊工作研究会共同编撰，北京大学出版社出版，收编社会科学和自然科学等各种学科类别的中文期刊。2023 年 12 月，北京大学图书馆发布公告称，《中文核心期刊要目总览》（2023 版）仍然由北京大学出版社以印刷型图书形式出版。

《中文核心期刊要目总览》由各学科核心期刊表、核心期刊简介、专业期刊一览表等几部分组成，不仅可以检索学科核心期刊，还可以检索正在出版的学科专业期刊，是科研单位和科研人员不可或缺的文献检索工具书。

4)《中国期刊文献检索工具大全》

《中国期刊文献检索工具大全》(1949—1989年)由吴嘉敏主编，全国15所高校和上海图书馆等单位合编。该书收集了1949年以来40年间国内正式发行的以期刊论文为主体的检索性书刊1 500种。

2. 外文期刊检索工具书

1)《乌利希期刊指南》

《乌利希期刊指南》由美国Bowker公司出版，它是全球权威性的期刊书目，一共收录了来自200多个国家15万家出版商的期刊资料，包括33万种期刊的详细书目数据。并且,《乌利希期刊指南》还提供了40多个检索项，使用户能够准确地找到所需文献。

2)《化学文摘》

《化学文摘》(CA)是当今世界上公认的大型化学文摘检索工具，也是目前世界上应用最广泛、最为重要的化学、化工及相关学科的检索工具。

《化学文摘》由美国化学文摘社编辑出版，现每年出版两卷，每卷26期，全年共出版52期。《化学文摘》的内容几乎涉及了化学家感兴趣的所有领域，不仅包括无机化学、有机化学、分析化学、物理化学、高分子化学，还包括冶金学、地球化学、药物学、毒物学、环境化学、生物学及物理学等诸多学科领域。

3)《工程索引》

《工程索引》(EI)是检索工程技术领域文献的主要工具，为世界上著名的三大检索工具之一。《工程索引》由美国工程信息公司编辑出版，1919年，美国机械工程师协会购买了《工程索引》的所有权，以工程科学图书馆定期收到的工程技术出版物作为收录报道的来源文献。

《工程索引》收录文献范围广泛，它收录了工程技术类期刊、会议记录、技术报告、科技图书等5 100多种出版物；专业覆盖了应用物理、光学技术、航空航天、土木、机械、电工、电子、计算机、控制、石油化工、动力能源、汽车船舶、采矿冶金、材料等领域。

4)《科学引文索引》

《科学引文索引》(SCI)由美国科学信息研究所在美国费城创办。SCI、EI、CPCI(旧称ISTP，科技会议录索引)是世界著名的三大科技文献检索系统，是国际公认的进行科学统计与科学评价的主要检索工具。其中,《科学引文索引》的地位最高。

《科学引文索引》所收录的期刊内容主要涉及数、理、化、农、林、医、生物等基础科学研究领域，所选用的刊物来源于40多个国家。

提 示

除了纸质图书、期刊，纸质文献还包括专利文献、标准文献、会议文献、学位论文、科技报告等纸质特种文献。由于人们对上述文献的使用主要偏向于网络检索，本项目不再详细介绍其相关知识。上述纸质特种文献的检索工具书主要如下。

（1）专利文献：《中国专利公报》《中国专利索引》。

（2）标准文献：《中国国家标准分类汇编》《中华人民共和国国家标准目录及信息总汇》。

（3）会议文献：《中国学术会议文献通报》《科技会议录索引》。

（4）学位论文：《中国学位论文通报》《国际学位论文文摘》。

（5）科技报告：《科学技术研究成果公报》。

实操2 检索纸质期刊的收藏地点

1. 检索课题

以武汉大学图书馆为例，检索与“网络诗歌”有关的期刊或论文，并找到期刊的收藏地点。

检索纸质期刊的收藏地点

2. 课题分析

网络诗歌内容虽多，但主题单一，可直接采用主题检索。如果直接查询结果过少，则需要借助一些期刊检索工具查找相关期刊信息线索，然后再回到图书馆查询该期刊的馆藏信息。

3. 检索步骤

步骤1 在浏览器中打开武汉大学图书馆首页，单击搜索框下方的“馆藏书刊”超链接，进入“武汉大学图书馆馆藏书刊检索”页面。在检索框左侧的下拉列表中选择“全面检索”选项，在检索框中输入“网络诗歌”，单击“确定”按钮，跳转进入检索结果列表页面，可以发现只有3个检索结果且都是图书，如图3-15所示。

步骤2 使用期刊检索工具获取更多期刊信息。进入《全国报刊索引》官网（https://www.cnbksy.cn/home）检索相关期刊信息，如图3-16所示。将检索范围限定于现代期刊，然后检索关键词“网络诗歌”。在检索结果列表左侧设置检索主题词为“网络”，然后通过倒查法寻找相关的期刊文章，如“网络体诗：四大‘症候’剖析”（可自由选择文章）。

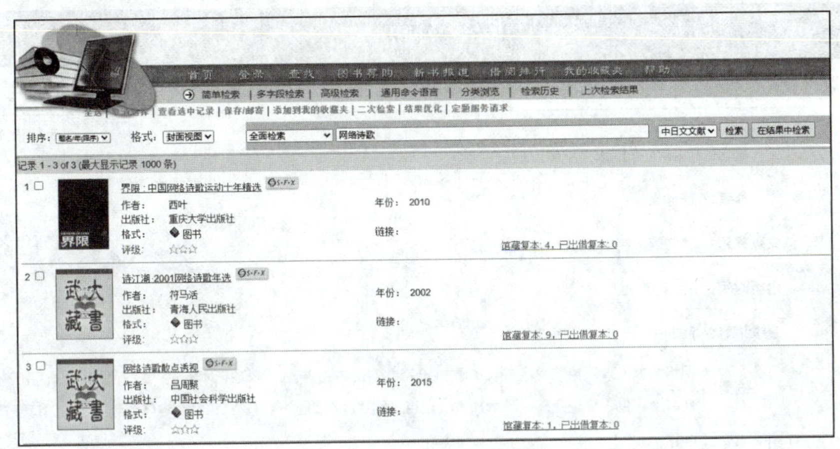

图 3-15　检索结果列表页面

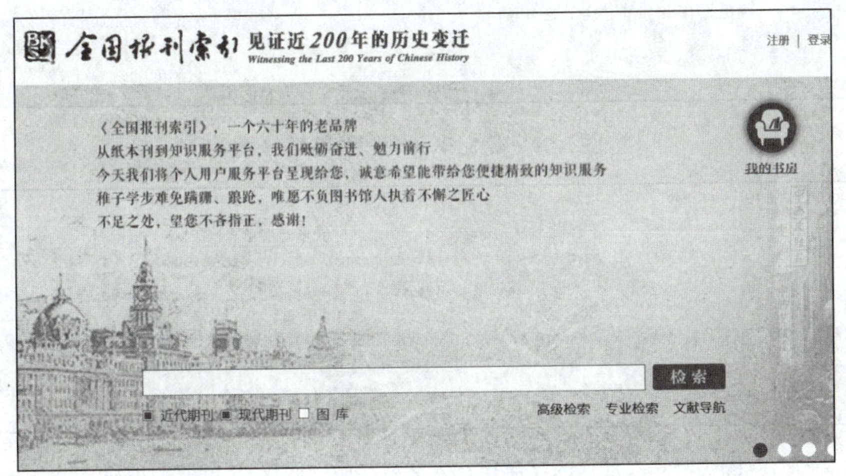

图 3-16　《全国报刊索引》官网

步骤 3 查看文章的来源期刊，《全国报刊索引》的检索结果显示，该论文出自《江汉大学学报：人文科学版（武汉）》，如图 3-17 所示。

步骤 4 回到武汉大学图书馆书目检索系统，以题名检索的方式检索期刊《江汉大学学报：人文科学版（武汉）》，关键词可输入“江汉大学学报”，然后在结果列表中即可找到该期刊。最后获得该期刊的收藏地点：总馆报刊阅览区 E2 和信息馆密集书库 1 楼，如图 3-18 所示。

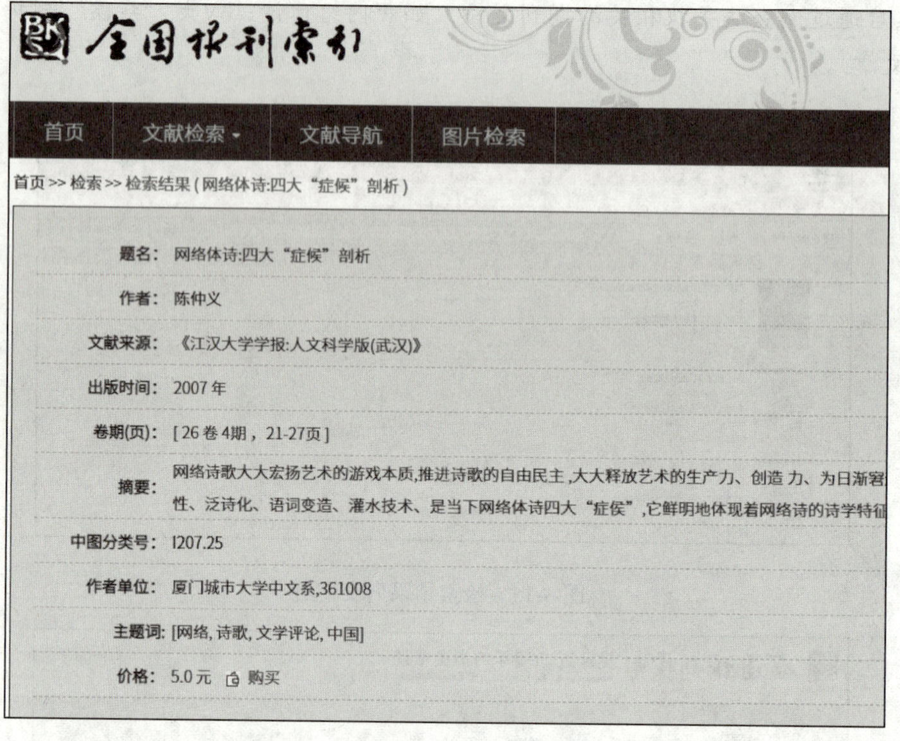

图 3-17　论文来源期刊的基础信息

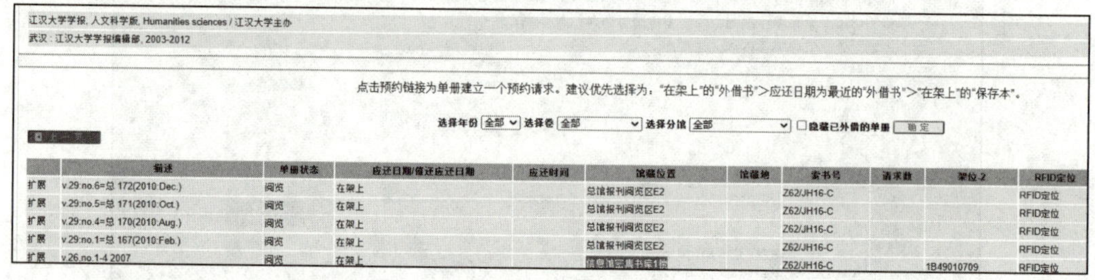

江汉大学学报. 人文科学版. Humanities sciences / 江汉大学主办
武汉：江汉大学学报编辑部, 2003-2012

点击预约链接为单册建立一个预约请求。建议优先选择为："在架上"的"外借书">应还日期为最近的"外借书">"在架上"的"保存本"。

选择年份 全部　选择卷 全部　选择分馆 全部　□隐藏已外借的单册　确定

	描述	单册状态	应还日期/借还应还日期	应还时间	馆藏位置	馆藏地	索书号	请求数	架位 2	RFID定位
扩展	v.29:no.6=总 172(2010:Dec.)	阅览	在架上		总馆报刊阅览区E2		Z62/JH16-C			RFID定位
扩展	v.29:no.5=总 171(2010:Oct.)	阅览	在架上		总馆报刊阅览区E2		Z62/JH16-C			RFID定位
扩展	v.29:no.4=总 170(2010:Aug.)	阅览	在架上		总馆报刊阅览区E2		Z62/JH16-C			RFID定位
扩展	v.29:no.1=总 167(2010:Feb.)	阅览	在架上		总馆报刊阅览区E2		Z62/JH16-C			RFID定位
扩展	v.26.no.1-4 2007	阅览	在架上		[illegible]		Z62/JH16-C		1B49010709	RFID定位

图 3-18　《江汉大学学报：人文科学版（武汉）》的收藏地点

项目实训　利用图书馆书目检索系统检索与"量子计算机"相关的纸质文献

1. 实训背景

2021 年 5 月，中国科学院量子信息与量子科技创新研究院潘建伟、朱晓波、彭承志等组成的研究团队，成功研制出 62 比特可编程超导量子计算原型机"祖冲之号"（见图 3-19），并在此基础上实现了可编程的二维量子行走。相关研究成果在线发表在国际学术期刊《科学》杂志上。

站在第二次量子革命兴起的起点上，中国已跻身第一梯队，这将是中国第一次有基础、有能力全面介入和参与的一次技术革命。

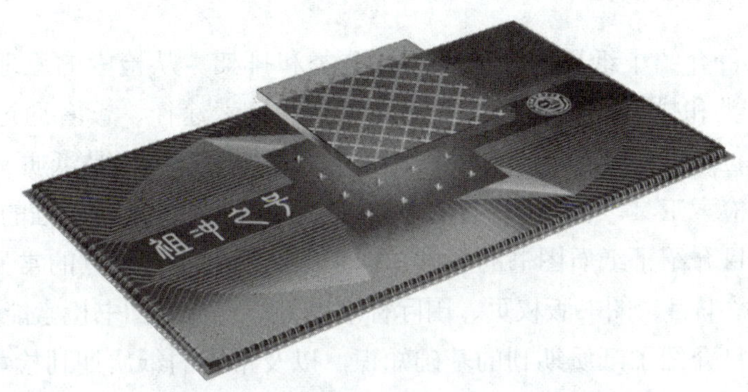

图 3-19　“祖冲之号”器件示意图

2. 实训目的

使用本校的图书馆书目检索系统，检索量子计算机或计算机相关的图书和期刊，熟悉图书馆书目检索系统的功能和使用方法，掌握检索所需纸质文献的技能。

3. 实训步骤

（1）检索以下图书或论文的索书号及馆藏册数。（如检索到的图书有多种，选择其中一种，列出其索书号及馆藏册数即可。）

① 《量子计算机简史》。

② 《The Age of Entanglement》。

③ 《大学计算机基础实践教程》。

④ 《大学物理学（第五册）量子物理（第二版）》。

（2）列出图书馆藏书中，作者为潘建伟（上文中提到的人物）的图书或论文。

（3）检索题名中包含“量子计算机”的图书共有多少种（一条记录计一种）。

（4）利用分类检索，查询本校图书馆“计算机软件”类目下的图书有多少种。列出你的学号次序对应的图书书名及索书号（如你的学号次序是 20，则列出浏览到的第 20 种图书的书名及索书号）。

（5）检索《量子电子学报》期刊目前收藏在架的共有几本或几期。

项目总结

首先，本项目介绍了纸质文献的特点、分类和排架。从检索的原理来看，图书馆对纸质文献进行分类和排架，就是为读者建立相应的检索途径，读者通过检索词与检索点的匹配可快速定位纸质文献。因此，《中国图书馆分类法》不仅是纸质文献的分类工具，也是读者必备的检索工具。《中国图书馆分类法》应用广泛，具有较强的实用价值。

然后，本项目介绍了纸质图书的基础知识和纸质图书检索工具的常见类型，以及常用的纸质书目。熟悉书目、图书版权页、国际标准书号等对提高图书检索能力十分重要。

最后，本项目介绍了纸质期刊的基础知识，以及常用的纸质期刊检索工具书。

项目考核

1. 选择题

（1）下列选项中，不属于纸质文献缺点的是（　　）。

A. 信息容量有限　　B. 文献检索不便

C. 信息复制不便　　D. 权威性差

（2）我国图书馆对图书进行分类的主要工具是（　　）。

A.《中国图书馆分类法》　　B.《杜威十进分类法》

C.《冒号图书分类法》　　D.《四部分类法》

（3）一般来说，索书号的第一部分为（　　）。

A. 书次号　　B. 分类号

C. 出版时间　　D. 作者代号

（4）ISBN 的第三区是（　　）。

A. 地区号　　B. 语种号

C. 出版社代码　　D. 书序号

（5）（　　）是期刊的本质特点。

A. 时效性　　B. 复杂性

C. 连续性　　D. 权威性

2. 填空题

（1）《中国图书馆分类法》的类目划分包含________大部类，________个基本大类，它们依次向下层层展开，形成一个主系分明的____________。

（2）索书号通常贴在每本书刊的____________或____________上，并且必须是“____________”，不能出现“同书异号”或“异书同号”。

（3）图书的特征包括_________和_________两种。其中，前者主要是指图书所论述的主题、观点、见解和结论等，包括____________、____________等；后者主要是指图书的____________、____________、____________、____________等。

（4）目录型图书检索工具是世界上最早的图书检索工具，它以一个完整的________________为著录单元，一般著录图书的____________、______________、____________。

3. 简答题

（1）简述纸质文献的特点。

（2）以《中国图书馆分类法》为依据，确定图书《C 语言程序设计》的分类号。

（3）简述书目的主要作用。

（4）什么是图书版权页和国际标准书号？

（5）简述期刊的分类。

（6）我国的核心期刊遴选体系有哪些？

项目评价

学生自由组成学习小组，结合课前、课中和课后的学习情况，按照表 3-2 中的评价标准对本项目的学习效果进行自评和互评（组内成员互相打分），然后由教师进行总体评价，学生根据评价结果进行总结。

表 3-2　学习效果评价表

评价项目	评价内容	评价分数			
		分值	自评	互评	师评
知识（50%）	纸质文献的特点、分类和排架	15 分			
	纸质图书的基础知识，包括书目、图书版权页和国际标准书号	15 分			
	纸质图书检索工具的常见类型和常用的纸质书目	5 分			
	纸质期刊的基础知识，包括期刊的概念、特点、分类、出版周期和著录信息特征	10 分			
	纸质期刊检索的工具书	5 分			
技能（30%）	使用《中国图书馆分类法》对纸质文献进行分类，通过分类号、索书号或国际标准号检索图书	15 分			
	使用纸质期刊检索工具书检索期刊	15 分			
素养（20%）	遵守课堂纪律，上课精神饱满	5 分			
	具有自主学习意识，课前做好准备	5 分			
	积极参与教学活动，善于思考提问，勇于探索创新	5 分			
	具有团队合作精神，出色完成实践任务	5 分			
总评	综合得分：________	100 分			
	综合等级：________	教师签字：________			
总结	最突出的表现（创新或进步）： 还需改进的地方（不足或缺点）：				

注：综合得分=自评（25%）+互评（25%）+师评（50%）；综合等级可以“优”（综合得分≥90）、“良”（80≤综合得分<90）、“中”（60≤综合得分<80）、“差”（综合得分<60）为标准进行评价。

项目 4　学习网络信息资源检索

项目导读

在信息爆炸的时代，网络信息资源检索已经变得至关重要，无论是学习研究、工作汇报，还是日常生活中的知识查询，都需要有效地从网络资源中检索所需信息。而搜索引擎是人们从网络资源中检索信息时不可或缺的工具，它能帮助我们快速从海量的网络资源中筛选出有价值的信息，使知识的获取变得更加便捷。

本项目首先介绍计算机检索的基础知识，然后介绍搜索引擎的基本概念和分类，搜索引擎的工作原理和使用技巧，以及常用的综合搜索引擎和学术搜索引擎，最后介绍其他网络信息资源检索工具。

学习目标

知识目标

- 熟悉计算机检索的概念、工具和方法。
- 了解搜索引擎的概念、分类、工作原理和使用技巧。
- 熟悉常用的综合搜索引擎和学术搜索引擎。
- 熟悉其他网络信息资源检索工具，如开放存取平台、数字图书馆、网络工具书等。

能力目标

- 能够在互联网上检索所需信息。
- 能够使用搜索引擎检索学术资源。

素质目标

- 正确、规范使用搜索引擎，维护良好网络生态。
- 夯实网络信息资源检索技能，提升自身信息素养。

引导案例　借助信息网络推进文物资源数字化

2023 年 7 月 9 日，“盛世中华 何以中国”网上主题宣传活动在陕西省西安市启动。在“担负新时代文化使命 激活中华文明新活力”主题分享会上，陕西历史博物馆侯馆长表示，将借助信息网络推进文物资源的数字化，用老百姓喜闻乐见的方式激发民众尤其是青少年对历史文化的兴趣和热爱。

2017 年，陕西省文物局面向全国启动了“动漫游戏”大赛，侯馆长介绍，该大赛旨在通过政府主导、行业引导、社会参与、市场调节的方式，形成围绕博物馆、企业、社会等上下游发展需求，从创意、生产到传播、推广的完整产业链，以增强博物馆的文化传播功能。该活动倡导调动社会力量，鼓励参赛者发挥各自优势，利用陕西省丰富的文物资源创作动漫、游戏、表情等时尚产品，运用新理念、新技术讲述文物背后的故事。

“如阳光自信的秦风小将，以兵马俑坑出土的将军俑为设计原型；温文尔雅的姗姗，以汉阳陵出土的塑衣式彩绘拱手跽坐女俑为设计原型；热情奔放的唐妞，以陕西历史博物馆馆藏‘唐粉彩仕女俑’为设计原型……”侯馆长介绍道。

图 4-1　文物的数字化虚拟展示

此外，陕西历史博物馆还对斑驳脆弱的壁画进行了揭取搬迁和保护修复，并通过高清影像及数据采集，以数字化虚拟展示方式，为观众营造身临其境观赏唐代韩休墓壁画的全新体验。通过手机扫码，观众就可以“近距离、全方位”观赏、感知唐代壁画的精彩，如图 4-1 所示。

侯馆长表示，陕西省是天然的历史博物馆，其丰富的文化遗存、深厚的文化积淀，形成了独特的历史文化风貌。深入挖掘文物的历史价值、文化价值、审美价值、科技价值、时代价值，实现文化遗产保护成果的大众化传播，是博物馆人应有的使命担当。

（资料来源：王连香、高雷，《陕西历史博物馆馆长：借助信息网络推进文物资源数字化》，人民网，2023 年 7 月 11 日）

请思考：目前，数字化浪潮席卷全球，博物馆、学校、企业等积极借助互联网等信息网络，推进各类资源的数字化，你对此有何看法？在日常学习和生活中，你从互联网上获取过哪些信息？

4.1 认识计算机检索

课堂讨论

大家在使用计算机上网时，是如何获取各类信息和知识的？请将自己获取信息和知识的途径与大家分享一下，然后根据自己的实际情况在表 4-1 中所列的项目后画“√”。

表 4-1 网络信息资源获取途径调查表

获取信息和知识的途径	常用	不常用
通过浏览其他人发来的网址或链接		
通过搜索引擎检索		
通过文献数据库检索		
通过百度百科检索		
通过观看网上视频或慕课		
通过微博、兴趣论坛、问答社区（如知乎）向别人提问		

4.1.1 计算机检索简介

1. 计算机检索的概念

计算机检索是相对于手工检索而言的概念。手工检索又称手检，它是一种传统的检索方法，其检索对象是纸质文献，即以手工翻检的方式，利用检索工具书来检索纸质文献的信息。随着计算机技术、远程通信技术和信息存储技术的飞速发展，以及信息数量的激增，现代信息检索已由手工检索过渡到计算机检索。计算机检索是指人们在计算机检索工具上，使用特定的检索指令、检索词和检索策略，从网络数据库中检索出所需要的信息，然后再由终端设备显示、下载和打印的过程。

计算机检索的成功应用，使人们能够更及时、准确、全面地继承、利用和发展人类的科研成果。

2. 计算机检索工具

检索工具是人们用来报道、存储和检索各类信息的工具。传统的检索工具是各类检索工具书，而计算机检索工具是在互联网上提供信息检索服务的计算机系统。例如，搜索引擎、数据库、数字图书馆、网络工具书等都属于计算机检索工具。其中，大家最常用的是搜索引擎和文献数据库。

计算机检索工具一般由信息采集系统、信息数据库和信息检索接口 3 个子系统构成。

1）信息采集系统

顾名思义，信息采集系统的主要任务是在互联网上采集信息。它分为人工采集和自动采集两种：① 人工采集就是由专门的信息人员采集有价值的网络信息资源；② 自动采集就是由信息抓取程序（如网络爬虫）自动跟踪和采集信息。

人工采集具有一定的专业性，查准率相对较高，保证了资源的采集质量和标引质量。自动采集能够自动检索、采集和标引网络中的众多网站和网页，信息检索量大，查全率相对较高，保证了对网络信息资源检索和利用的有效性与及时性。目前，许多计算机检索工具都采取自动采集和人工采集相结合的信息采集方式。

2）信息数据库

经过信息系统的整理，信息资源被分门别类地存入各类信息数据库。例如，文献资源存入文献数据库；事实信息资源存入事实型信息数据库；图片、音乐或视频资源存入多媒体信息数据库。

3）信息检索接口

信息检索接口主要为用户提供检索服务，它以 Web 页面或应用程序的形式向用户提供检索服务。信息检索接口大多有一个检索框，它能够将用户的检索提问转化为计算机可识别的检索指令，代替用户去数据库中检索信息资源。

一个信息检索接口可以拥有或对接多个数据库，数据库的质量和规模直接影响检索的效果。

4.1.2 计算机检索方法

网络信息资源虽然数量巨大、形态多样，但其检索过程仍然遵循基本的检索原理，即将检索词与网络信息资源标引进行匹配。为了提升检索词与网络信息资源标引的匹配度，用户就要使用更加高效的检索方法。

1. 布尔逻辑检索

布尔逻辑检索就是用布尔逻辑运算符将检索词（关键词、主题词）、短语或代码进行逻辑组配，凡符合逻辑组配所规定条件的为命中信息或文献，计算机检索工具就会将其展示到检索结果页面。目前，大多数的计算机检索工具都支持布尔逻辑检索。

布尔逻辑运算符有“与”“或”“非”3 种，分别用“AND”“OR”“NOT”表示，有时也用“*”“+”“-”表示。在同一个检索提问中，这 3 种逻辑运算符既可以单独使用，

也可以配合使用。

1）逻辑“与”运算符

逻辑“与”运算符用来连接交叉（或交集）关系的检索词。用 AND 连接检索词 A 和检索词 B，则检索式为 A AND B（或 A*B），表示检索同时包含检索词 A 和检索词 B 的信息集合，如图 4-2 所示。逻辑“与”运算符能增强检索的专指性，使检索范围缩小，有助于提高检索的查准率。

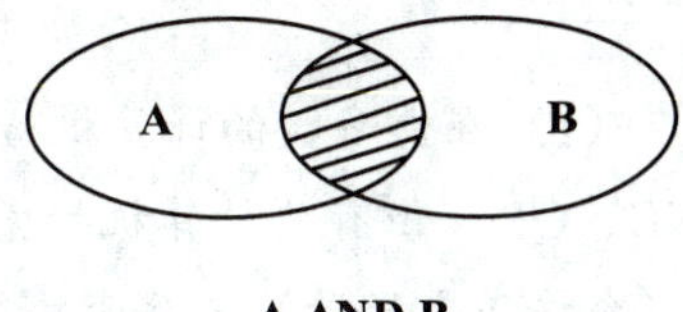

A AND B

图 4-2　逻辑“与”运算符

例如，当用户检索“李明义*花鸟画”时，表示所要检索的信息资源必须同时出现“李明义”和“花鸟画”这两个关键词才满足检索要求，只出现其中一个关键词的信息资源将不会作为检索结果提供给用户。

2）逻辑“或”运算符

逻辑“或”运算符用来连接并列关系的检索词。用 OR 连接检索词 A 和检索词 B，则检索式为 A OR B（或 A+B），表示检索结果中只要含有 A 或 B 中的任何一个即算命中，如图 4-3 所示。逻辑“或”运算符适合连接有同义关系或相关关系的词，它可以扩大检索范围，增加检索结果数量，有利于提高查全率。

例如，当用户检索“儿童玩具+积木”时，表示所要检索的信息资源只要出现“儿童玩具”和“积木”中的任何一个关键词即可。

3）逻辑“非”运算符

逻辑“非”运算符用来连接排除关系的检索词。用 NOT 连接检索词 A 和检索词 B，则检索式为 A NOT B（或 A-B），表示检索含有检索词 A 而不含检索词 B 的信息，即将含有检索词 A 的检索结果中包含检索词 B 的信息集合排除掉，如图 4-4 所示。逻辑“非”运算符能排除某些不需要的信息，或者排除影响检索结果的信息，起到缩小检索范围的作用，有助于增加检索结果的准确性。

A OR B

图 4-3　逻辑“或”运算符

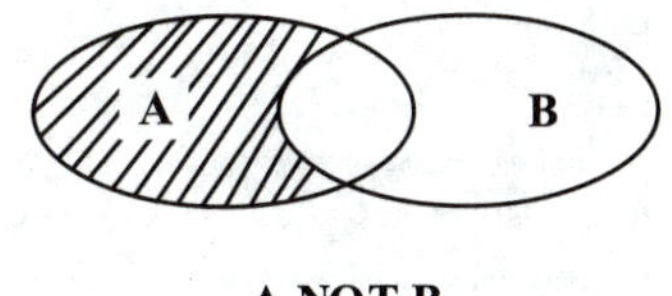

A NOT B

图 4-4　逻辑“非”运算符

例如，当用户检索“预算收入 NOT 税收收入”时，表示想要获取论述国家预算收入但不涉及税收收入的文献或信息。

提 示

（1）在大多数的计算机检索工具中，逻辑运算符的优先级（从高到低）为 NOT、AND、OR，但有些计算机检索工具是以从左到右的顺序执行逻辑运算，检索时可用括号（允许多重括号）来改变执行顺序，而且逻辑运算符的两侧必须各有一个空格。

（2）中文数据库组配关键词时常用符号；西文数据库组配关键词时常用字母。

（3）由于不同的计算机检索工具采用的规则不同，在使用逻辑运算符之前，最好查看一下该计算机检索工具的帮助文档。

2. 字段检索

字段检索是指将检索词限定在某个或某些字段中，用以检索某个或某些字段含有该检索词的记录。计算机检索工具提供的可供检索的字段分为基本索引字段和辅助索引字段两大类。基本索引字段表示文献内容特征，如题名、文摘、全文等；辅助索引字段表示文献外表特征，如作者、语种、被引频次等。在计算机检索工具中限定检索字段，一般有如下两种方式。

（1）通过搜索框的下拉列表选择检索字段。此时，字段名一般显示全称，用户在搜索框中输入关键词和逻辑运算符即可。

（2）通过输入检索字段符限定检索字段，如图 4-5 所示。此时，字段名一般用字段的简称来表示，标准的检索表达式为“字段”“匹配运算符”“检索词”。例如，在中国知网的专业检索中输入检索式：SU=“北京”*“奥运”AND FT=“环境保护”，可以检索到主题包括“北京”及“奥运”且全文中包括“环境保护”的所有文献。

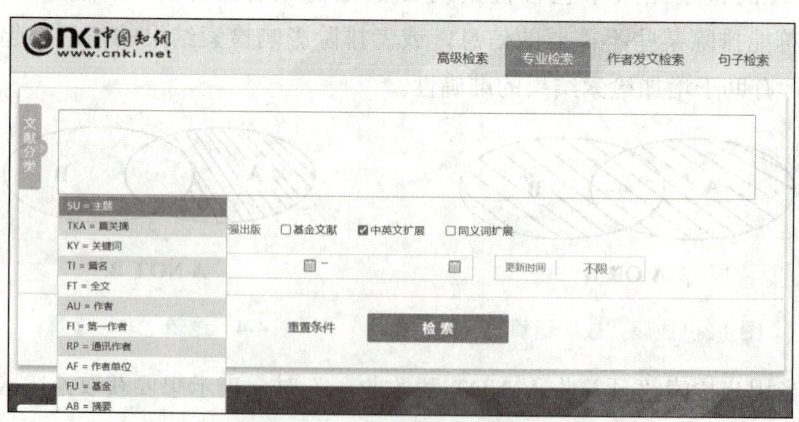

图 4-5 中国知网的字段检索

字段检索可以缩小检索范围，提高查准率，经常用于检索结果的调整。中文数据库

和西文数据库常用的字段名称及字段符如表 4-2 所示。

表 4-2　中文数据库和西文数据库常用的字段名称及字段符

西文数据库常用字段		中文数据库常用字段名称
字段名称	字段符	
Abstracts	AB	摘要
Author	AU	作者
Corporate Source、Organization、Company	CS	机构名称
Descriptor、Subject	DE	主题词
Document Type	DT	文献类型
Full-text	FT	全文
ISBN	ISBN	国际标准书号
ISSN	ISSN	国际标准期刊编号
Journal Name、Publication Title	JN	期刊名称
Keyword、Topic	KY	关键词
Language	LA	使用语言
Publication Year	PY	出版年份
Title	TI	题名

当用户利用搜索引擎检索信息时，也可以通过高级搜索功能把检索范围限定在“网页任何地方”“仅网页标题中”“仅 URL 中”等，这也相当于字段检索。

提　示

在数据库中，一般情况下表的“列”称为“字段”，每个字段包含某一专题的信息。就像在“通讯录”数据库中，“姓名”“联系电话”这些都是表中所有行共有的属性，所以把这些列称为“姓名”字段和“联系电话”字段。

使用关键词检索文献信息时，选择的字段不同，往往得到的检索结果也会大不一样。例如，检索关于研究王小波的论文，输入“王小波”时必须将字段设置为“标题”或“关键词”，不能选择“作者”，因为在当前课题下，王小波是被研究的对象，而不是论文的作者。

3. 截词检索

截词检索是指在构造检索式时，使用词的一个局部（某些位置上的字符被截去）进行检索匹配，并认为凡满足这个词局部中的所有字符要求的记录，都为检索命中结果。截词检索可以起到扩大检索范围、提高查全率、减少检索词的输入量、节省检索时间等作用。

检索信息时，当遇到名词的单复数形式、词的不同拼写法、词的前缀或后缀变化时，均可采用截词检索。截词检索的检索式需要使用专门的截词符号，以指定截词的具体位置和截断字符的数量。不同的计算机检索工具所采用的截词符号各不相同，主要有“*”“?”“$”“%”等。一般而言，“?”表示截断一个字符，“*”表示截断无限个字符。截词检索的方法有很多种，常用的有以下3种。

1）右截词检索

右截词检索又称“前方一致检索”，允许检索词尾部有一定的变化。例如，检索式“brows*”将会检索出包含“browse”“browser”“browsers”“browsing”等关键词的结果。一般来说，右截词检索在技术上最容易实现，在计算机检索工具中应用得比较多。

2）左截词检索

左截词检索又称“后方一致检索”，允许检索词的前端有若干变化。例如，检索式“*magnetic”能够检索出含有“electromagnetic”“paramagnetic”“thermomagnetic”等关键词的结果。

3）中间截词检索

中间截词检索又称“屏蔽”，允许检索词中间某个字符位置有变化（如有关单词拼写差异或单复数的不同等）。例如，检索式“organi?ation”可检索到含有“organization”和“organisation”关键词的结果，这里的“?”表示一个字符的截断。

4. 原文检索

原文检索是一种可以不依赖主题词而直接使用自由词的检索方法。所谓原文，是指数据库中的原始记录。原文检索即以原始记录为检索对象，抓取跟检索词与检索词间特定位置关系相匹配的内容。

原文检索的运算符通常称为位置运算符，因为原文检索运算就是文献原始记录中检索词的位置运算。因此，原文检索也称位置检索。一般来说，原文检索有以下3个级别。

1）词位置检索

词位置运算符有“(W)”和“(N)”，用于限定检索词的相互位置以满足某些条件。

（1）“(W)”运算符。W是“with”（释义：和……在一起）的缩写，表示运算符两侧的检索词必须按前后顺序出现在记录中，且两词之间不允许插入其他词，只可能有空格或一个标点符号。其可扩展为（*n*W），*n*为自然数，表示其两侧的检索词之间最多可插入*n*个词。

例如，检索式“light（W）rail”，它表示“rail”必须紧跟在“light”之后，中间不允许插入其他词，且位置不能颠倒。而“light（4W）rail”则表示两个词之间最多可以插入4个词，但首尾两个词的位置不能颠倒。

（2）“(N)”运算符。N是“near”（释义：在……附近）的缩写，表示在此运算符

两侧的检索词必须紧密相连，所连接的词间不允许插入任何其他单词或字母，但词序可以颠倒。（*n*N）运算符则表示在两个检索词之间最多可以插入 *n* 个单词，且这两个检索词的次序可变。

2）同句检索

在某些情况下，对查全率有较高要求时，可以放松对词位置的检索要求，改用同句检索。所谓同句检索，是指要求参加检索运算的两个词必须在同一自然句中出现，其先后顺序不受限制。同句检索中用到的位置运算符主要是“（S）”，S 是“sentence”（释义：句子）一词的缩写。

例如，检索式“electronic（S）optical”，可以检索出命题为“cutting and polishing optical and electronic materials”的文献。

3）同字段检索

在同句检索的基础上进一步放宽检索限制，可以使用同字段检索。同字段检索的位置运算符有“（F）”和“（L）”两种。

（1）“（F）”运算符。F 是“field”（释义：领域、字段）的缩写，表示在此运算符两侧的检索词必须同时出现在数据库记录的同一个字段中，次序可变。字段类型可用后缀符限定。

（2）“（L）”运算符。L 是“link”（释义：联系）的缩写，它要求检索词同在主题词字段中出现，并且具有词表规定的等级关系。因此该运算符只适用于有正式词表，且词表中的词具有从属关系的数据库（或文档）。

除了以上介绍的层级外，还有一级原文检索叫同记录检索，它所用的位置运算符为“（C）”。这一级原文检索要求它两侧的检索词同在一条数据库记录中出现，这与布尔逻辑运算符“AND”完全等价。

中文数据库中的位置运算符一般通过“精确”或“模糊”来实现。其中，“精确”表示检索词以完整形式出现；“模糊”表示检索词中间可以插入其他词。

5. 加权检索

某些计算机检索工具还提供一种定量检索方法，即在检索时赋予每个检索词一个表示其重要程度的数值，即所谓的“权值”。在检索过程中，对含有这些检索词的文献进行加权计算，权值之和在规定的数值（称为阈值）之上者才会作为检索结果输出，权值的大小可以反映出被检出文献的切题程度。

加权检索是对布尔逻辑检索的改进，可在既保障查全率，又保障查准率的前提下，用一定的权值来表示检索结果的重要性并按相关性输出结果。加权检索使检索更具有针对性。但是，目前加权检索在计算机检索工具中的普及程度还不高。

例如，rader（30），laser（30），communication（40），指定权值为 70。检索的结果是包含上述三词、包含 rader 及 communication、包含 laser 及 communication 的文献才会命中。

实操 1 检索人工智能相关的课程及专业信息

检索人工智能课程及专业信息

人工智能（AI）正像电力一般赋能各个产业，深刻地改变着人类社会。中国正处于全球人工智能发展第三次浪潮的时代潮头。在人工智能研究上，中国是当前热度最高的国家。我国的人工智能热不仅反映在学术领域，也体现在教育领域。近几年，不少高校纷纷开设了与人工智能相关的课程或专业。2020 年 2 月，在教育部网站公布的《2019 年度普通高等学校本科专业备案和审批结果》中，新增人工智能专业的高校达到 180 所。下面，我们就通过计算机检索来初步了解人工智能的课程及专业信息。

1. 检索课题

在互联网上检索普通高等教育阶段的人工智能相关的课程及专业信息。（也可以选择自己感兴趣的专业或课程作为检索课题。）

2. 课题分析

想要了解人工智能相关的课程及专业信息，可以在权威网站中检索，如中华人民共和国教育部（简称教育部）网站（http://www.moe.gov.cn）和中国高等教育学生信息网（简称学信网）的高考频道——阳光高考；也可以在大型综合类信息网站的教育频道检索，如新浪教育频道的院校库。同时，一些教育行业的行业信息网站也会建立相关的专业数据库，如中国教育在线的掌上高考的院校和专业信息库。

3. 检索步骤

步骤 1 在浏览器中打开教育部网站。在网站首页右上角的搜索框中输入关键词“人工智能课程”，然后单击“搜索”按钮。通过检索结果可以看到，仅依靠“人工智能课程”关键词并不能很好地命中结果，且有“人工智能教育”“中小学”等干扰检索结果的内容（见图 4-6），此时就需要使用高级搜索创建检索式，将检索范围扩大或缩小。

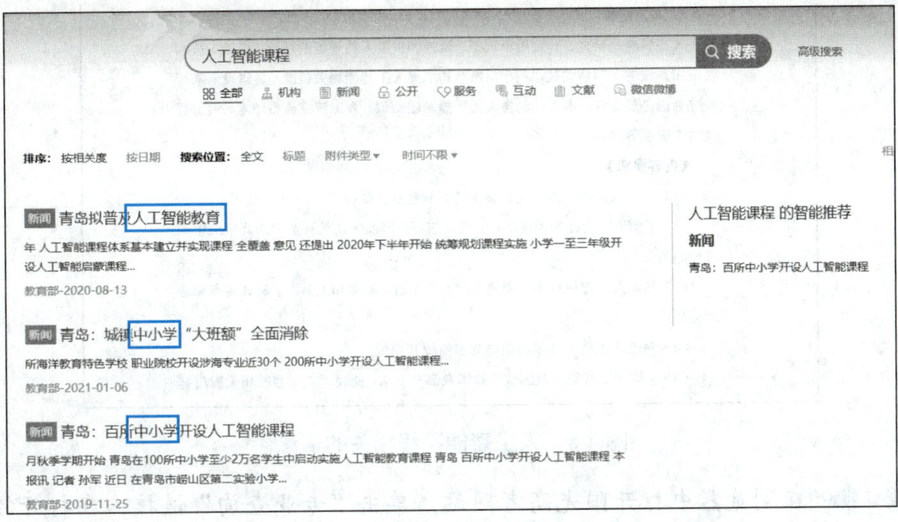

图 4-6　检索结果中的干扰项

步骤 2 人工智能在学科上属于电子信息类。因此，在构建检索式时，可以通过添加“电子信息”等关键词扩大检索范围，采用逻辑“或”运算符，也就是单击“高级检索”链接后在“包含以下任意一个关键词”右侧的编辑框中输入“人工智能 电子信息 普通高等教育 课程标准”。此外，为了排除第一次检索结果中的干扰项，还可以采用逻辑“非”运算符，也就是在“不包含以下关键词”右侧的编辑框中输入“中小学”，最后单击“开始搜索”按钮，如图 4-7 所示。

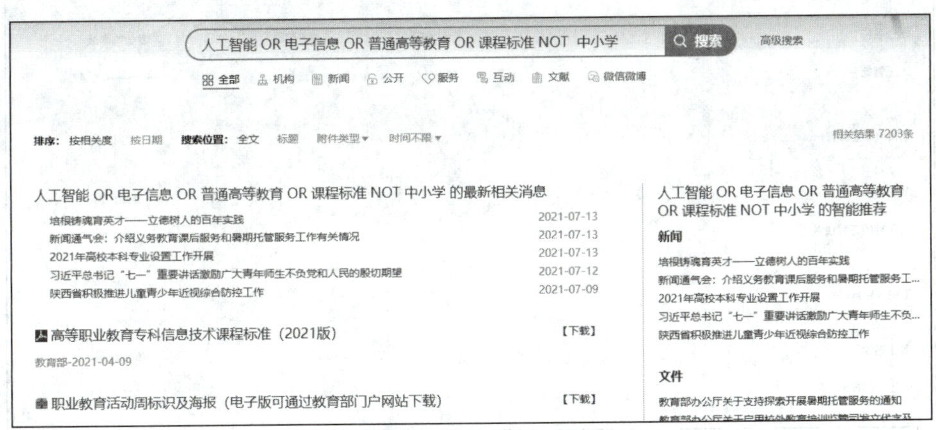

图 4-7　检索结果列表

步骤 3 可以看到，此时搜索框中已经完整地列出了检索式。在检索结果列表中，单击“高等职业教育专科信息技术课程标准（2021 版）”链接。在打开的页面中，单击附件“高等职业教育专科信息技术课程标准（2021 版）”的链接，自动下载并打开文件。在文件中，我们可以看到有关人工智能的课程信息，如图 4-8 所示。

6. 人工智能

人工智能是研究、开发用于模拟、延伸和扩展人的智能的理论、方法、技术及应用系统的一门新的技术科学。熟悉和掌握人工智能相关技能，是建设未来智能社会的必要条件。本主题包含人工智能基础知识、人工智能核心技术、人工智能技术应用等内容。

【内容要求】

（1）了解人工智能的定义、基本特征和社会价值；

（2）了解人工智能的发展历程，及其在互联网及各传统行业中的典型应用和发展趋势；

（3）熟悉人工智能技术应用的常用开发平台、框架和工具，了解其特点和适用范围；

（4）熟悉人工智能技术应用的基本流程和步骤；

（5）了解人工智能涉及的核心技术及部分算法，能使用人工智能相关应用解

图 4-8　人工智能课程相关的信息

步骤 4 在浏览器中打开阳光高考网站，单击“专业查询”链接，在打开的“专业知识库”页面的搜索框中输入“人工智能”，然后单击“搜索”按钮，此时即可在检索结果列表中查看人工智能相关专业的信息，如图 4-9 所示。

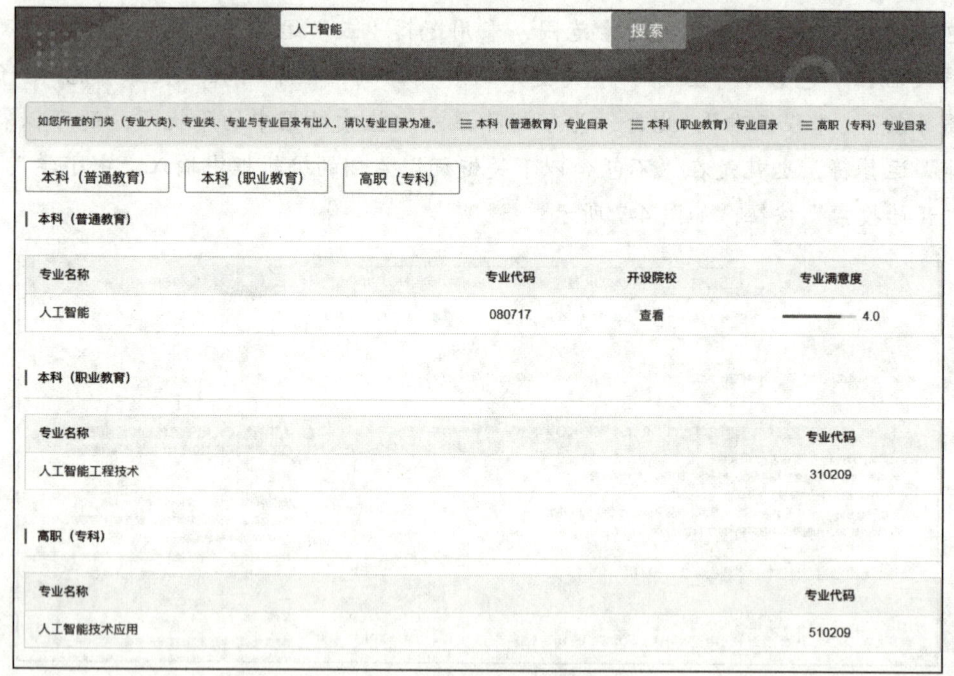

图 4-9　人工智能相关专业的信息

步骤 5 此处选择查看本科（普通教育）层次下“人工智能”专业的相关信息。单击该专业对应的“开设院校”下方的“查看”链接，跳转至“人工智能”信息页面。选择“专业解读”选项以查看专业概况；选择“开设院校”选项以查看有哪些院校开设了人工智能专业，如图 4-10 所示。

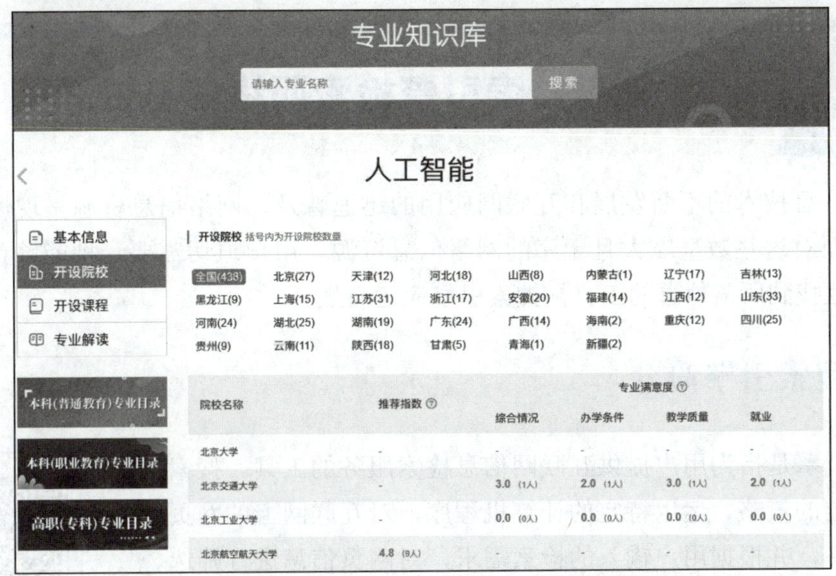

图 4-10　查看专业概况和开设院校

步骤 6 了解某所大学开设有人工智能专业后，就可以去该学校的官方网站了解更多专业信息。以浙江大学为例，访问浙江大学官网，检索“人工智能专业”或“人工智能课程”相关的信息，如图 4-11 所示。可使用高级检索创建检索式，具体检索过程此处不再赘述。

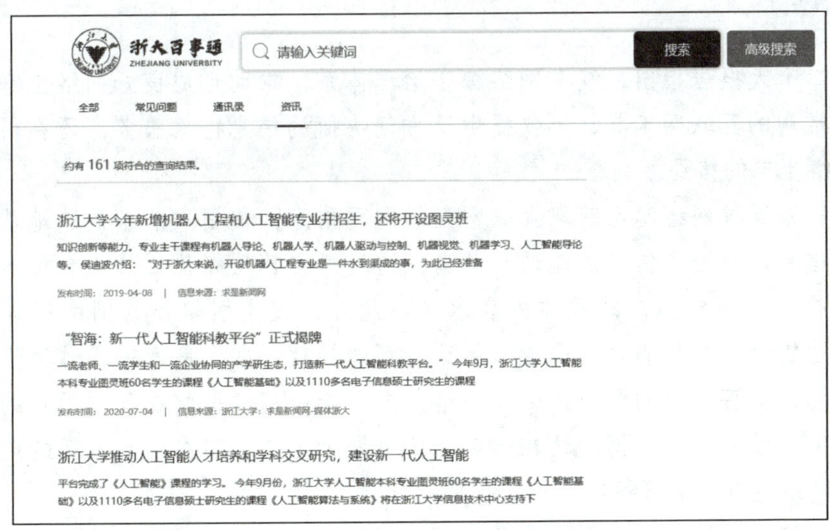

图 4-11　浙江大学人工智能专业的相关信息

4.2 使用搜索引擎检索网络信息资源

随着信息技术的不断发展和互联网应用的迅速普及，网络信息资源呈现爆炸式增长的态势。面对这些数量庞大且无序的网络信息资源，用户迫切需要一种能够帮助他们快速、准确地找到所需信息的工具，搜索引擎应运而生。

4.2.1 搜索引擎简介

搜索引擎是指为用户提供互联网信息检索服务的工具。搜索引擎根据一定的策略、运用特定的计算机程序，对互联网上的网页信息进行搜集，并根据用户输入的检索需求，对网页信息进行筛选、排名等处理后，将检索出的相关信息反馈给用户。

搜索引擎的特点

从用户的角度来看，搜索引擎提供了一个包含搜索框的搜索页面。在页面的搜索框内输入关键词，然后提交给搜索引擎，搜索引擎就会检索出与用户输入内容相关的网页信息，并在结果页面中按顺序展示出来，以便查阅。

拓展阅读

党的二十大报告指出，健全网络综合治理体系，推动形成良好网络生态。搜索引擎作为最常用的互联网工具，不仅提供了方便快捷的信息检索服务，还在很大程度上塑造了网络生态的格局。

搜索引擎通过网络爬虫获取互联网上的网页信息，使用户能够快速地从互联网上找到所需信息，促进了信息的流通和共享；通过排名算法将优质的、有价值的内容排在前面，提升了网络生态的整体内容水平。此外，搜索引擎作为网络广告的重要平台，为企业提供了有效的推广渠道，但这也可能导致一些不良商家通过欺诈手段提高广告位排名，损害用户的利益，破坏网络生态平衡；搜索引擎在处理用户的检索请求时，会收集大量的用户数据，这在一定程度上增加了个人隐私信息泄露的风险，甚至会威胁到网络生态安全与稳定。

搜索引擎对网络生态的影响是多方面的，为了规范互联网信息搜索服务，促进互联网信息搜索行业健康有序发展，保护公民、法人和其他组织的合法权益，维护国家安全和公共利益，国家互联网信息办公室于 2016 年 6 月 25 日发布了《互联网信息搜索服务管理规定》。

4.2.2 搜索引擎的分类

按照不同的划分标准，搜索引擎可以分为多种类型。

1. 按照工作原理划分

按照搜索引擎的工作原理，可以将搜索引擎分为全文搜索引擎、目录搜索引擎和元搜索引擎。

（1）全文搜索引擎是名副其实的搜索引擎，它从互联网抓取各个网站的信息（以网页文字为主），并建立数据库。全文搜索引擎在接收用户的检索请求后，便在数据库中搜集与用户检索请求匹配的相关记录，并按一定的排列顺序将结果返回给用户。常用的百度、搜狗搜索、谷歌等都是全文搜索引擎，如图 4-12 所示。

图 4-12 全文搜索引擎示例

（2）目录搜索引擎是以人工方式或半人工方式搜集信息，由编辑员查看信息之后，人工形成信息摘要，并将信息置于事先确定的分类框架中，信息大多面向网站，提供目录浏览服务和直接检索服务。

目录搜索引擎虽然具有检索功能，但在严格意义上并不是真正的搜索引擎，它只是将网站链接分门别类地存在相应的目录中，用户可以按照分类目录检索所需信息。目录搜索引擎中最具代表性的是新浪（见图 4-13）和雅虎。

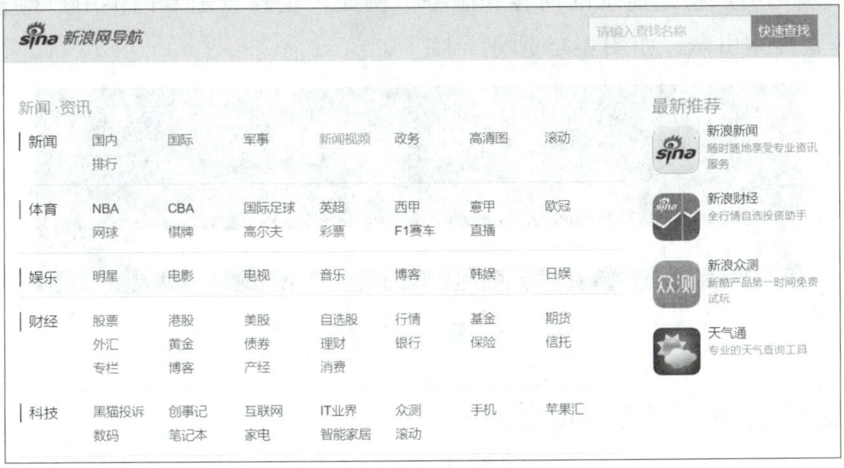

图 4-13 目录搜索引擎示例

（3）元搜索引擎也可以称为多搜索引擎，它在接收用户的检索请求时，会在多个搜索引擎上进行检索，并将检索结果返回给用户。InfoSpace、Dogpile、虫部落快搜、Fuyeor 简明搜索导航（见图 4-14）等都是元搜索引擎。

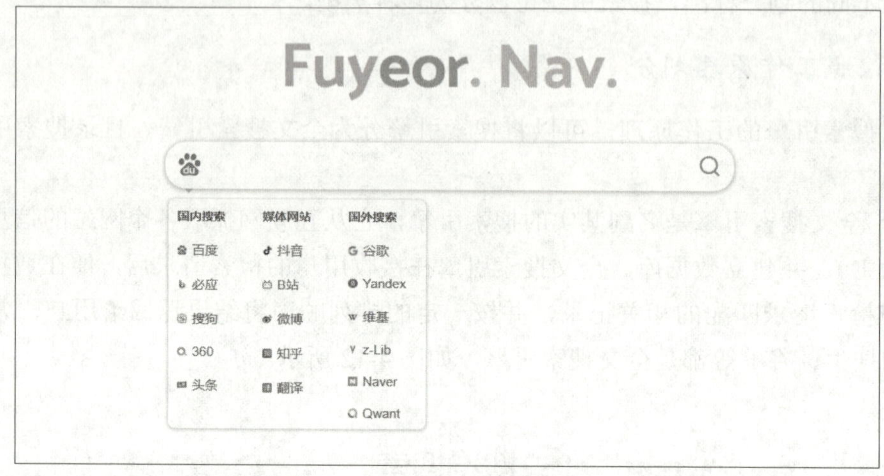

图 4-14　元搜索引擎示例

2. 按照目标用户划分

按照搜索引擎的目标用户，可以将搜索引擎分为综合搜索引擎和垂直搜索引擎。

（1）综合搜索引擎是一种可以检索多学科、多类型信息的搜索引擎，具有检索信息多、涉及领域广、网站功能强等特点，其目标用户是全体网民。百度、搜狗搜索、360 搜索、谷歌等都是综合搜索引擎。

（2）垂直搜索引擎是针对某一特定行业或领域的专业搜索引擎，能够提供更加具有针对性的、满足用户特定需求的内容和服务。例如，企查查是专门供用户检索企业信用等信息的垂直搜索引擎，如图 4-15 所示。

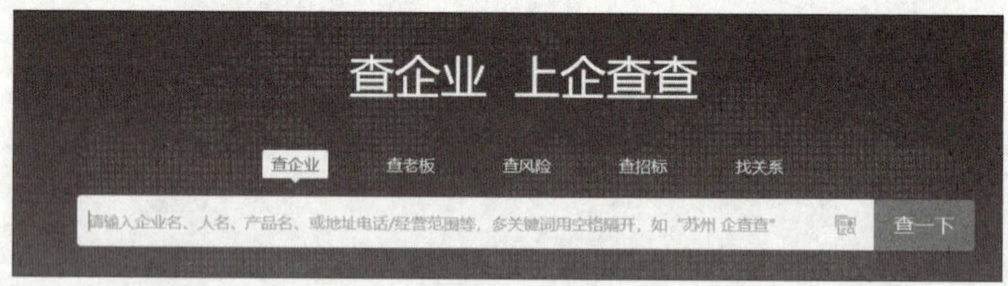

图 4-15　垂直搜索引擎示例

4.2.3　搜索引擎的工作原理

搜索引擎的工作原理可以分为 3 个步骤：抓取网页、创建索引和检索排序。

（1）抓取网页。每个搜索引擎都有一个被称为网络爬虫的网页抓取程序，网络爬虫顺着网页中的超链接，连续地抓取网页。被抓取的网页称为网页快照。由于互联网中超链接的应用很普遍，理论上，从一定范围的网页出发，就能抓取到绝大多数的网页。

（2）创建索引。搜索引擎抓取网页并将其存入网页数据库后，还要做大量的预处理工作才能提供检索服务。预处理工作包括提取关键词、创建索引数据库、去除重复网页、分析超链接、计算网页的重要度等。

（3）检索排序。网络用户输入关键词进行检索，搜索引擎从索引数据库中找到与关键词匹配的网页，并根据排名算法计算网页与关键词的相关度，将网页按照相关度从高到低排序，然后按照一定格式将检索结果呈现给用户。

其中，抓取网页和创建索引这两个步骤主要是为搜索引擎提供信息来源。

搜索引擎工作原理的具体流程如图 4-16 所示。

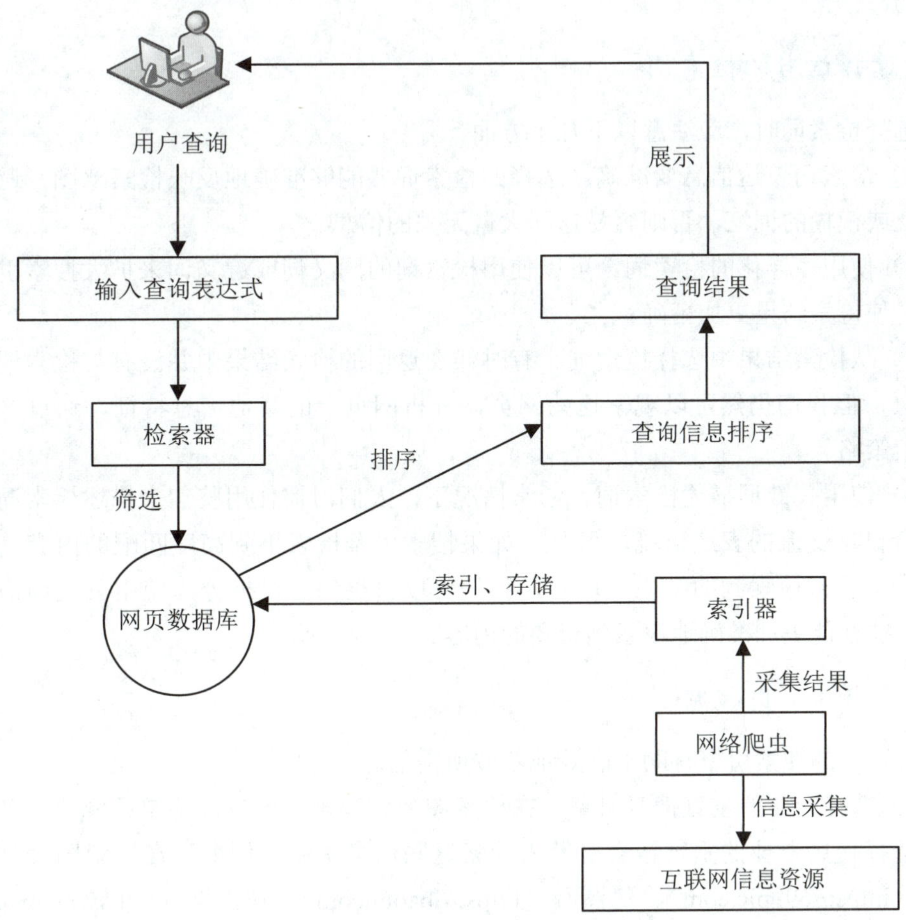

图 4-16　搜索引擎工作原理的具体流程

提 示

网络爬虫是通过网页的链接地址来寻找网页的，其原理是从网站的某一个页面（一般为首页）开始，读取网页的内容，找到网页中的其他链接地址，然后通过这些链接地址寻找下一个网页，如此循环下去，直到把这个网站所有的网页都抓取完。

4.2.4 搜索引擎的使用技巧

在利用搜索引擎检索信息时，检索结果中往往会包含大量无关或低质量的信息。为了获取更加精确的检索结果，并尽量减少无用信息的干扰，可以学习和掌握一些常用的检索技巧。

1. 选择适当的检索词

在选择检索词时，应注意以下几个方面。

（1）检索词表达信息要准确。选择的检索词要能够准确地反映检索意图，避免使用过于宽泛或模糊的词汇，否则容易返回大量无关的信息。

（2）使用多样化的检索词。可以使用检索词的同义词或近义词来扩大搜索引擎的检索范围，使检索结果更加精确。

（3）从检索结果中选择检索词。有时候在返回的检索结果中并没有与检索词特别匹配的网页，但我们仍然可以观察这些网页，分析网页上的其他信息特征，通过这些特征修正检索策略。

（4）使用关键词描述检索词。通常情况下，人们习惯使用整句来描述检索词，因为这更符合日常交流的表达语境，但是，如果搜索引擎检索不到高度匹配的内容，很有可能会错失本该被检索到的结果。这时，我们可以将整句进行拆分，使用关键词描述检索词，这样往往能更加准确地检索到想要的内容。

2. 选择适当的搜索引擎

选择适当的搜索引擎有助于高效地获取所需信息。

（1）选择专业的垂直搜索引擎。在检索图片、音乐、视频等特定领域的信息时，我们可以选择使用专业的垂直搜索引擎去检索这些信息资源。例如，在检索图片时可以到摄图网（https://699pic.com）、包图网（https://ibaotu.com）、花瓣网（https://huaban.com）等网站进行检索。

（2）选择适当的目录搜索引擎。当不明确检索内容时，我们可以使用目录搜索引擎，按照搜索引擎设置的分类目录检索信息。

（3）尝试使用多个搜索引擎。对于同一检索内容，不同的搜索引擎可能会检索出不同的结果，尝试使用多个搜索引擎有助于我们找到想要的信息。

3. 熟练掌握检索指令

目前，几乎所有的搜索引擎都提供了检索指令，熟练掌握检索指令能够帮助我们更加清晰地表达检索意图，显著提高检索效率。例如，使用百度检索某个网站中的信息时，可以使用“site”指令将检索范围限定在某个网站中。

若是不了解某个搜索引擎的检索指令，可以先到搜索引擎提供的帮助中心学习一番。例如，在搜狗搜索的帮助中心（https://help.sogou.com）可以找到其检索指令的语法说明，如图 4-17 所示。

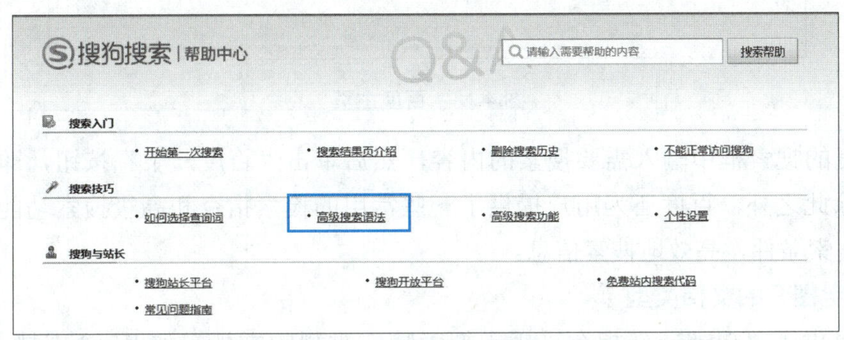

图 4-17　搜狗搜索的帮助中心

4. 善于使用高级搜索

一般来说，综合搜索引擎都提供了高级搜索功能，可以让用户非常方便地通过检索式缩小或扩大搜索的范围，提高查准率或查全率。

4.2.5　常用综合搜索引擎

综合搜索引擎覆盖面广、信息量大，能够满足用户不同层次的需求。目前，国内常用的综合搜索引擎有百度、搜狗搜索等；国外常用的综合搜索引擎有谷歌、微软必应等。

1. 百度

百度（https://www.baidu.com）是全球领先的中文搜索引擎，2000 年 1 月由李彦宏、徐勇两人于北京中关村创立，致力于向人们提供“简单、可依赖”的信息获取方式。百度拥有全球最大的中文网页库，目前收录的中文网页已超过 12 亿个，并且网页规模每天都在以千万级的数量增长。用户通过百度可以搜索到最新、最全的中文信息。同时，百度在全国各地部署了大量的服务器，能够将搜索信息直接从距离最近的服务器返回给用户，使用户获得快速高效的搜索体验。

百度目前提供网页搜索、图片搜索、新闻搜索、百度贴吧等主要服务，同时还提供了地图搜索、文档搜索、视频搜索等更加细分的搜索服务，基本覆盖了用户的所有搜索需求。百度主页如图 4-18 所示。

图 4-18　百度主页

在百度的搜索框中输入需要搜索的内容，然后单击“百度一下”按钮，即可完成基本搜索。除此之外，百度还为用户提供了一些常用的检索指令和高级搜索功能，以帮助用户限定搜索条件，高效地搜索信息。

1）限定搜索的文档类型

百度提供了“filetype”指令，用于搜索特定类型的文档，如 Word 文档、Excel 文档、PowerPoint 文档、PDF 文档等。其搜索语法：检索词+空格+filetype:+格式。其中，“filetype”后面的冒号采用中英文符号皆可；“格式”不区分大小写，可以是 doc、xls、ppt、pdf、all 等。例如，在百度的搜索框中输入“工匠精神 filetype:ppt”，表示搜索关于“工匠精神”的演示文稿类型的文档，搜索结果如图 4-19 所示。

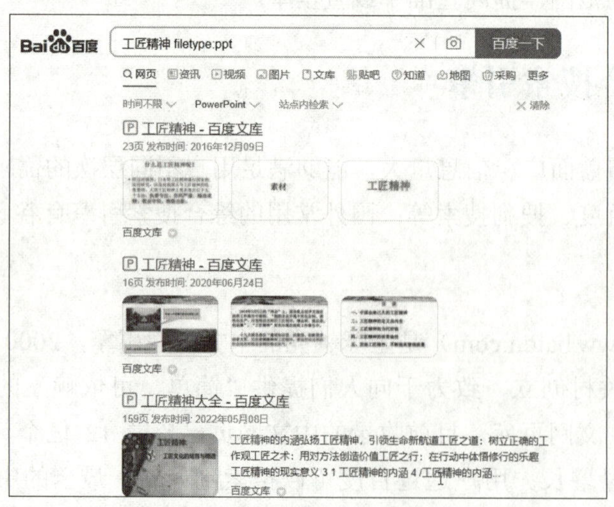

图 4-19　限定文档类型的搜索结果

2）将搜索范围限定在网页标题中

一般情况下，当网页任何位置的内容与检索词匹配时，该网页都会被搜索出来，这样搜索出的结果就可能与主题的相关性不大。网页标题一般是整个网页的主题，百度提供了“intitle”指令，用于将搜索范围限定在网页标题中。其搜索语法：检索词+空格+intitle:+网页标题所含关键词。其中，“检索词”可以出现在网页的任何位置，“网页标题所含关键词”必须出现在网页标题中。例如，在百度的搜索框中输入“C++ intitle:多线程”，表示搜索主题为“多线程”并与“C++”相关的内容，搜索结果如图 4-20 所示。

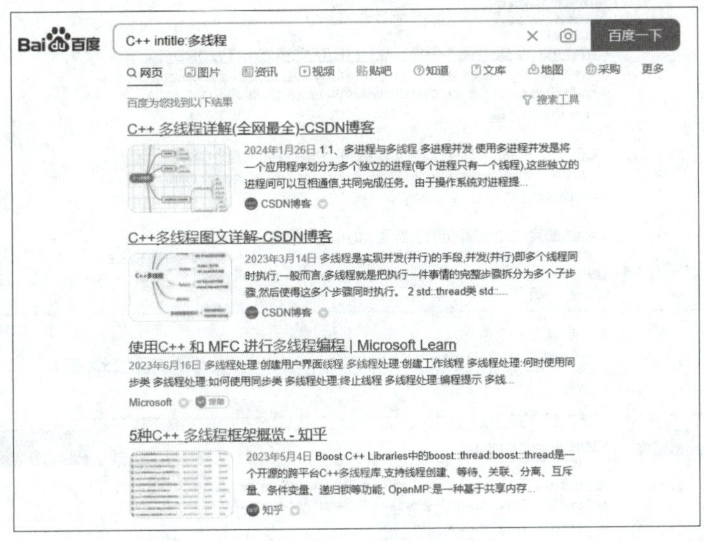

图 4-20　将搜索范围限定在网页标题中的搜索结果

3）将搜索范围限定在特定站点中

百度提供了“site”指令，用于将搜索范围限定在特定站点中，帮助用户在某个网站中搜索自己需要的信息。其搜索语法：检索词+空格+site:+站点域名。例如，在百度的搜索框中输入“HTML site:www.csdn.net”，表示在 CSDN 社区中搜索与 HTML 相关的内容，搜索结果如图 4-21 所示。

4）将搜索范围限定在 URL 链接中

百度提供了“inurl”指令，用于将搜索范围限定在 URL 链接中，帮助用户对搜索结果网页的 URL 做出某种限定。其搜索语法：检索词+空格+inurl:+URL 中的关键词。例如，在百度的搜索框中输入“知恩图报 inurl:chengyu”，表示在 URL 链接中含有“chengyu”的网页中搜索成语“知恩图报”，搜索结果如图 4-22 所示。

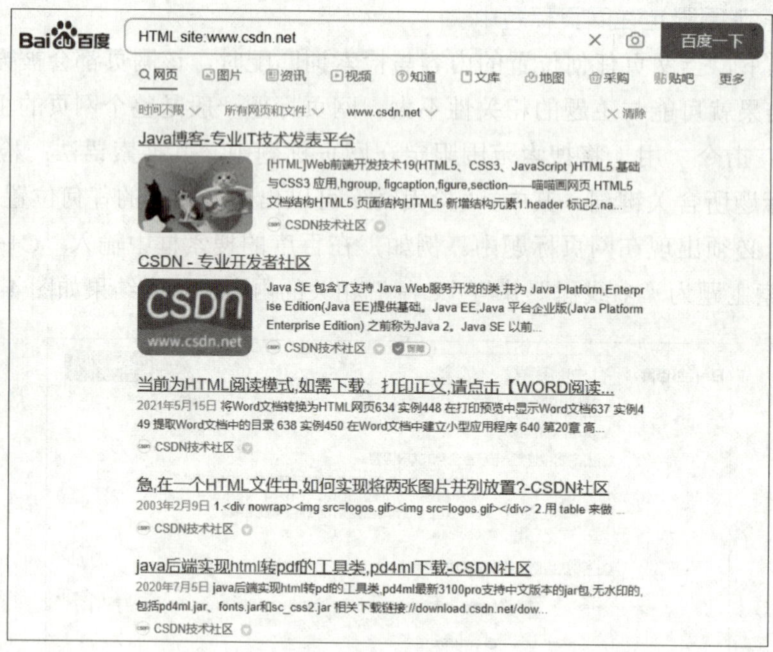

图 4-21　将搜索范围限定在特定站点中的搜索结果

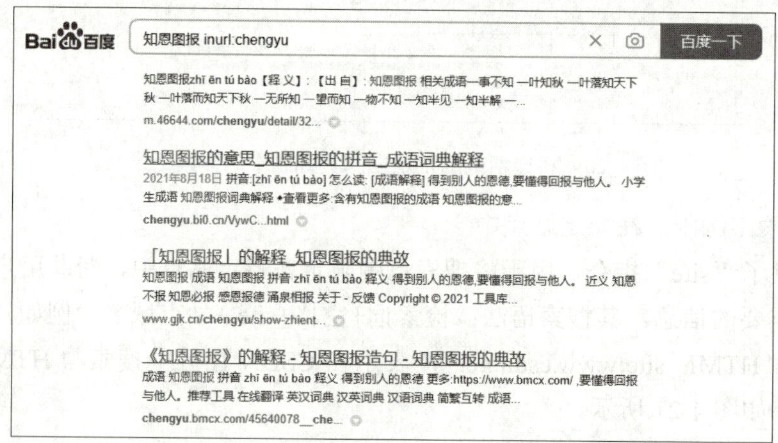

图 4-22　将搜索范围限定在 URL 链接中的搜索结果

5）要求搜索结果中必须包含或不包含特定内容

百度提供了加号（+）指令，用于确保某个特定词出现在搜索结果中。其搜索语法：检索词+空格+加号+包含的特定词。例如，在百度的搜索框中输入“知恩图报+成语”，表示搜索出的网页中必须包含特定词“成语”，搜索结果如图 4-23 所示。

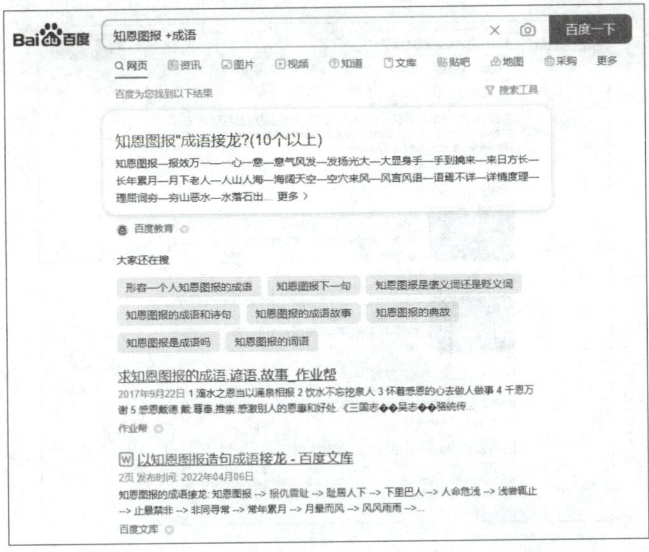

图 4-23　包含特定词的搜索结果

百度还提供了减号（-）指令，用于确保某个特定词不出现在搜索结果中。其搜索语法：检索词+空格+减号+不包含的特定词。例如，在百度的搜索框中输入“云南美食 -过桥米线”，表示搜索出的网页中不包含特定词“过桥米线”，搜索结果如图 4-24 所示。

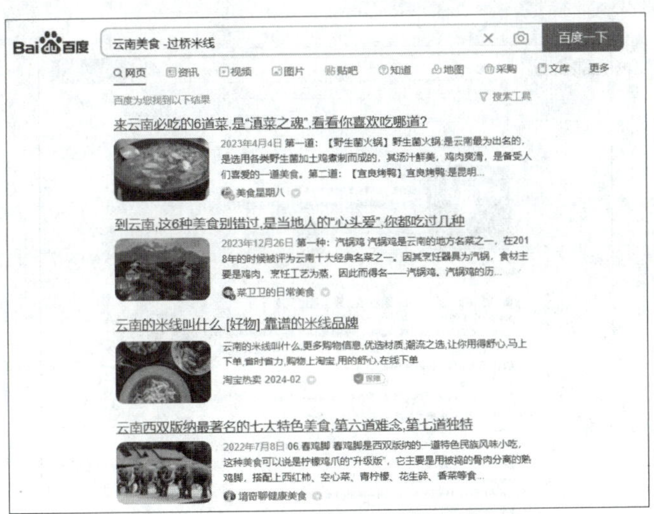

图 4-24　不包含特定词的搜索结果

6）精确匹配

如果用户输入的检索词很长，搜索引擎给出的搜索结果中的检索词可能是拆分出现的，这就可能导致用户对搜索结果不满意。在使用百度时，若不希望搜索结果中的检索词被拆分，可以为检索词添加双引号。例如，在百度的搜索框中输入“机器学习和深度学习的关系”并添加双引号，搜索结果如图 4-25 所示。

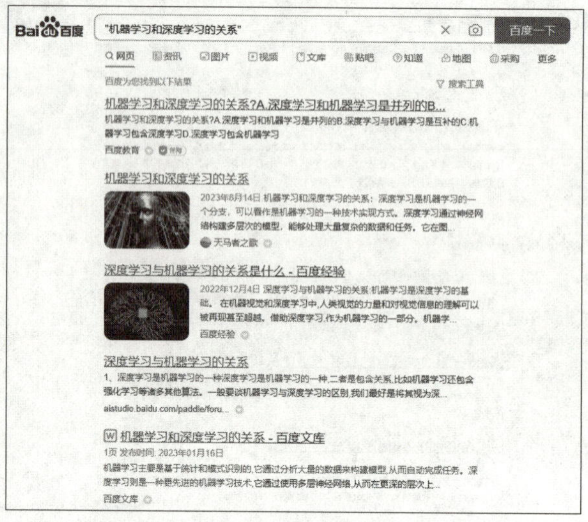

图 4-25　为检索词添加双引号的搜索结果

为检索词添加书名号也可以实现不拆分检索词，除此之外，还可以让书名号出现在搜索结果中。在某些情况下，为检索词添加书名号在检索电影或书籍时很有效。例如，在百度的搜索框中输入“《彷徨》”，搜索出的就是鲁迅的小说《彷徨》的相关内容了，搜索结果如图 4-26 所示。

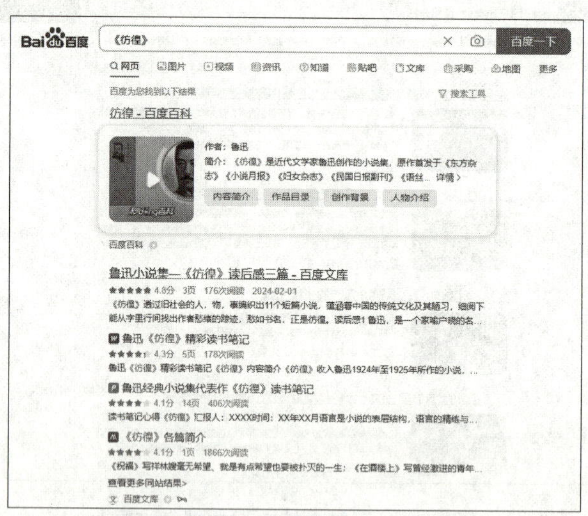

图 4-26　为检索词添加书名号的搜索结果

7）使用高级搜索

百度还提供了高级搜索功能，能够让用户免去在搜索框中输入限定条件的麻烦。将鼠标指针移至百度主页右上角的“设置”按钮上，在展开的下拉列表中选择“高级搜索”选项，即可打开“高级搜索”对话框，如图 4-27 所示。

图 4-27　百度的高级搜索界面

在高级搜索界面中，可以使用如下检索方法。

（1）布尔逻辑检索。如果在“包含全部关键词”编辑框中输入关键词，表示这些关键词以逻辑“与”运算符相连，搜索结果必须同时出现所有关键词；如果在“包含完整关键词”编辑框中输入关键词，表示这些关键词不能拆分；如果在“包含任意关键词”编辑框中输入关键词，表示这些关键词以逻辑“或”运算符相连，只要出现其中之一即可；如果在“不包括关键词”编辑框中输入关键词，表示这些关键词以逻辑“非”运算符相连，凡有此关键词的网页将被排除。

（2）限定时间范围。关于某些主题信息，网页的发布时间往往决定了信息的质量，如果要检索尽可能新的信息，就可以通过“时间”设定把陈旧的网页排除掉。

（3）字段检索。限定网页的文档格式、关键词位置，或者只搜索指定的网站，这些都属于字段检索。字段检索可以有效缩小检索范围，提高查准率。

百度还提供了搜索设置功能，用户可以设置“搜索框提示”“搜索语言范围”“搜索结果显示条数”等，以满足自己的多样化需求，如图 4-28 所示。

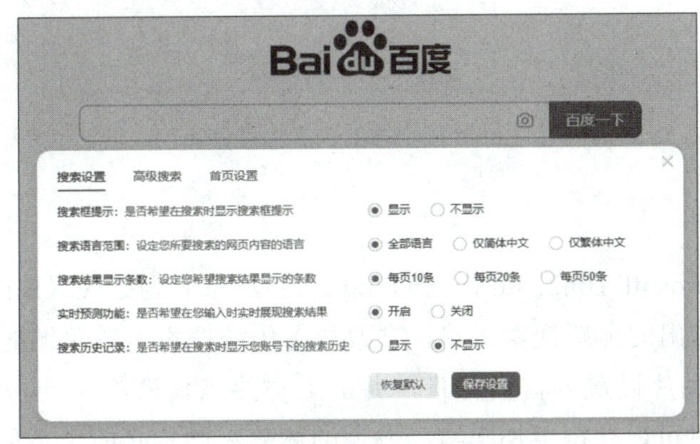

图 4-28　百度的搜索设置界面

2. 搜狗搜索

搜狗搜索（https://www.sogou.com）是搜狐公司于 2004 年 8 月 3 日推出的第三代互动式中文搜索引擎。搜狗搜索以搜索技术为核心，致力于中文互联网信息的深度挖掘，帮助中国网民加快信息获取速度，为用户创造价值。搜狗搜索主页如图 4-29 所示。

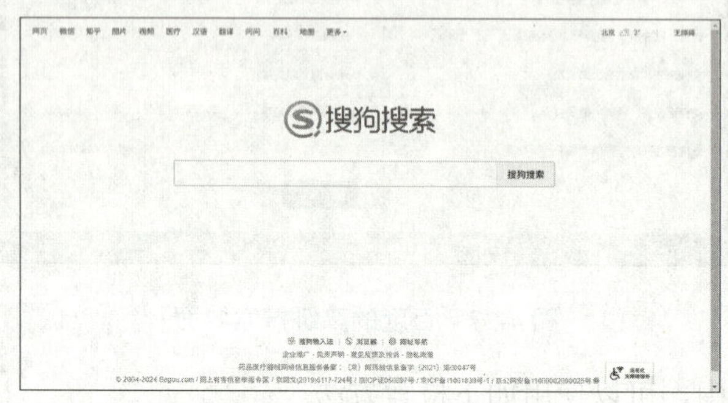

图 4-29 搜狗搜索主页

除了基本的搜索功能之外，搜狗搜索同样提供了一些常用的检索指令（如 filetype、intitle、site、inurl 等），以帮助用户限定搜索条件，高效地搜索信息。

若是不熟悉检索指令的语法格式，同样可以使用搜狗搜索的高级搜索功能（https://www.sogou.com/advanced/advanced.html）进行检索，如图 4-30 所示。

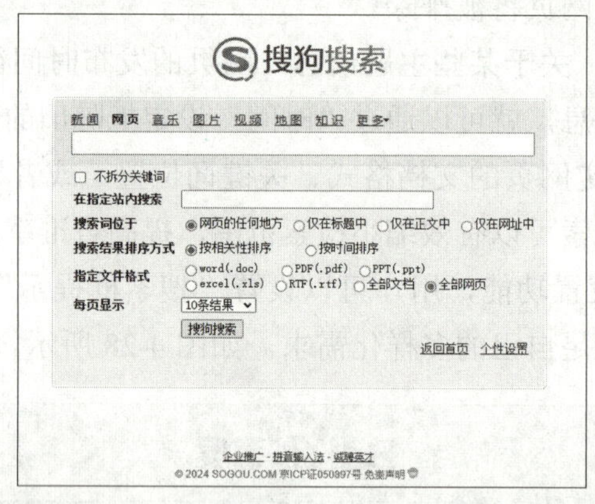

图 4-30 搜狗搜索的高级搜索页面

3. 微软必应

微软必应（Microsoft Bing，https://cn.bing.com），原名为必应（Bing），是微软公司于 2009 年 5 月 28 日推出的全新搜索引擎。它改变了传统搜索引擎单调的首页风格，将来自世界各地的高质量图片设置为首页背景，并加上与热点紧密相关的搜索提示，使用户在访问搜索引擎的同时可以获得更加丰富、愉悦的体验。微软必应主页如图 4-31 所示。

图 4-31　微软必应主页

微软必应提供的常用检索指令如下。

（1）contains：确保搜索的网页中包含指定的文件类型链接。例如，在搜索框中输入“毕业论文模板 contains:doc”，表示搜索包含 doc 文件链接的网页。

（2）filetype：仅搜索特定格式的文件。例如，在搜索框中输入“通告 filetype:pdf”，表示搜索 PDF 格式的通告。

（3）inanchor、inbody、intitle：搜索指定条件下的网页，其中，inanchor 表示搜索导入链接锚文本中包含指定内容的网页；inbody 表示搜索正文中包含指定内容的网页；intitle 表示搜索标题中包含指定内容的网页。

（4）ip：搜索特定 IP 地址的网页，IP 地址必须是 IPv4 地址，即 IP 地址由英文句号（.）分隔为 4 部分。例如，在搜索框中输入“ip:192.168.3.145”，表示搜索 IP 地址为 192.168.3.145 的网页。

（5）language：搜索指定语言的网页。例如，在搜索框中输入“antique language:en”，表示搜索关于 antique（古董）的英文网页。

（6）loc、location：搜索特定国家或地区的网页。例如，在搜索框中输入“旅游景点 loc:cn”，表示搜索有关旅游景点的中国网页。

（7）prefer：为检索词添加重点内容。例如，在搜索框中输入“炸酱面 prefer:北京”，表示搜索炸酱面的相关网页，但主要搜索有关北京的炸酱面。

（8）site：搜索属于指定站点的网页。例如，在搜索框中输入“炸酱面 site:jianshu.com”，表示在简书社区中搜索关于炸酱面的网页。

4.2.6　常用学术搜索引擎

学术搜索引擎是专门用来搜索学术资源的搜索引擎，具有信息涵盖广、重复率低、相关性高、学术性强等特点。目前，国内常用的学术搜索引擎是百度学术；国外常用的学术搜索引擎是 BASE、谷歌学术、微软学术等。

1. 百度学术

百度学术（https://xueshu.baidu.com）于 2014 年 6 月初上线，是百度旗下提供海量中英文文献检索的学术资源搜索平台，用户通过它可以搜索到各种领域的期刊、论文、技术报告等。百度学术收录的国内外学术站点超过 120 万个，包含大量商业学术数据库，如中国知网、万方数据知识服务平台、维普网、ScienceDirect、Wiley Online Library、SpringerLink 等，以及百度文库、道客巴巴和豆丁网等提供大量全文链接的网站。百度学术主页如图 4-32 所示。

图 4-32　百度学术主页

百度学术的检索方式可分为基本搜索和高级搜索两种。

（1）基本搜索。用户在百度学术的搜索框中输入检索词或检索式，然后单击“百度一下”按钮，即可完成一次搜索。

其中，检索词可以是关键词、标题、DOI（数字对象唯一标识符）、参考文献等内容；检索式中所涉及的常用的逻辑运算符和检索指令有空格、双引号、author、journal、conference、title、inurl 等。

检索词是能够概括要检索内容的相关词汇，是表达信息需求和检索课题内容的基本单元。检索词选择得恰当与否，直接影响检索效果。根据词的性质，检索词可以分为表示主题的检索词、表示作者的检索词、表示分类的检索词和表示特殊意义的检索词等。

检索式是用户向检索工具发出的指令，它表达了用户的检索意图。检索式通常由检索词、逻辑运算符、检索语法（检索指令）等组成。其中，检索词是检索式的主体，逻辑运算符和检索语法根据具体的检索要求从不同的角度对关键词进行限定。

① 空格：多个关键词直接使用空格连接，实现“与”逻辑检索，即多个关键词都必须出现在检索结果中。

② 双引号：使检索词在检索结果中必须作为一个整体出现，实现检索词的精确检索。

③ author：检索出的文献的作者字段中必须包含输入的作者姓名，检索式为“关键词 author:(作者姓名)”。

④ journal：检索出的文献必须为某一期刊的文献，检索式为“关键词 journal:(期刊名称)”。

⑤ conference：检索出的文献必须为某一会议的文献，检索式为“关键词 conference:(会议名称)”。

⑥ title：检索出的文献的标题中必须包含输入的题名字段，检索式为“关键词 title:(题名字段)”。

⑦ inurl：检索出的文献的链接地址中必须包含输入的链接关键词，检索式为“关键词 inurl:(链接关键词)”。

（2）高级搜索。单击百度学术搜索框左侧的“高级搜索”按钮，即可弹出高级搜索界面，如图 4-33 所示。

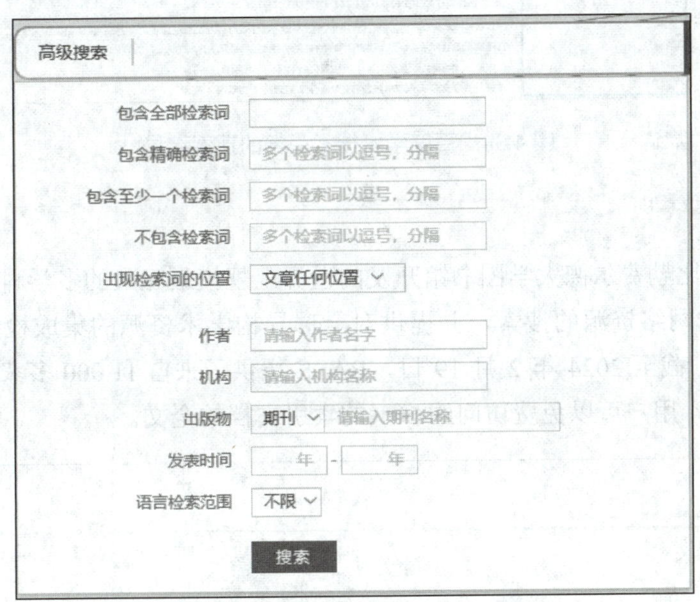

图 4-33　百度学术的高级搜索界面

百度学术的高级搜索功能与百度的高级搜索大同小异，主要区别在于字段检索。百度学术的字段检索以作者、机构、出版物、发表时间和语言检索范围为主。

在搜索结果中，百度学术搜索引擎支持相关性、被引量、时间 3 种排序方式，也可以用发表时间、所属研究领域等缩小搜索范围，提取出与所检索文献最相关的多个研究点，如图 4-34 所示。

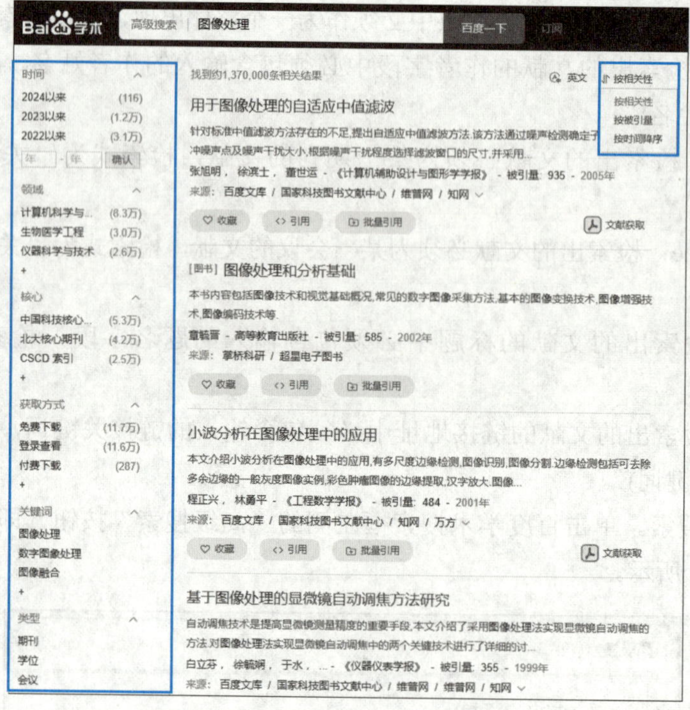

图 4-34 百度学术搜索引擎的搜索结果

2. BASE

BASE 是由比勒费尔德大学图书馆开发的世界上规模最庞大的多学科搜索引擎之一，尤其适用于学术网络资源的搜索，并提供对全球异构学术资源的集成检索服务，其主页如图 4-35 所示。截至 2024 年 2 月 19 日，BASE 提供了来自 11 000 多家内容提供商的超过 3.5 亿份文档，用户可以免费访问约 60%的索引文档的全文。

图 4-35 BASE 主页

BASE 同样提供了基本搜索和高级搜索两种检索方式。

（1）基本搜索。在 BASE 主页的搜索框中直接输入检索词或检索式，然后按“Enter”键，即可检索相关资料。检索词可以是关键词、DOI、标题等；检索式中的检索指令主要有 tit、aut、subj、doi、url、doctype 等。

（2）高级搜索。在主页中选择“高级搜索”选项卡即可进入高级搜索页面，如图 4-36 所示。在该页面中，可以根据文献全文、题名、作者、ORCID iD、关键词组、DOI、（部分）URL、出版者、是否为 OA、文献类型、出版年份和文献来源地区等进行搜索。

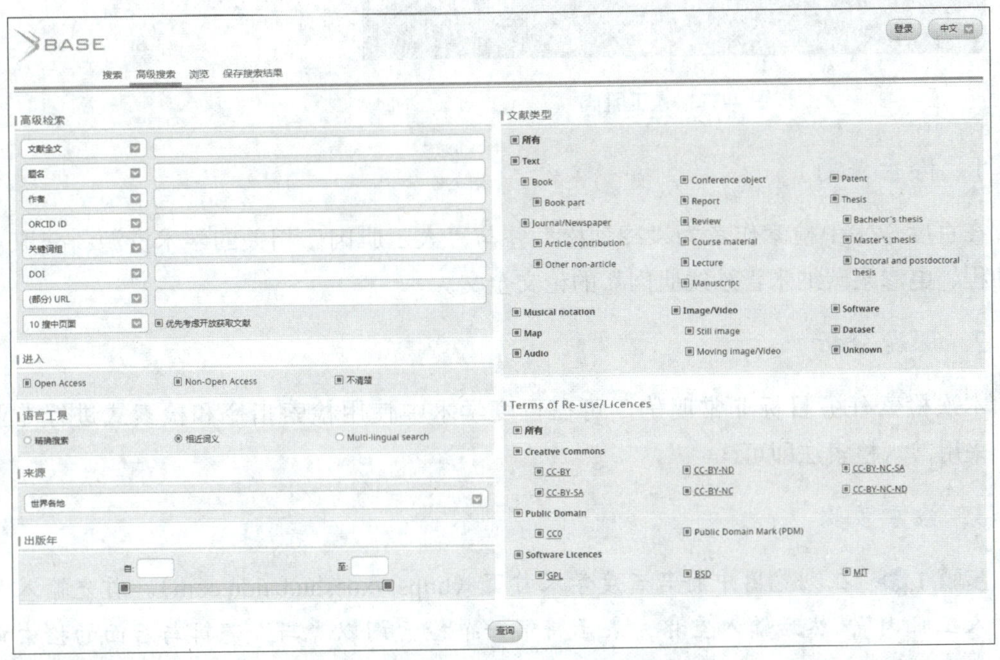

图 4-36　BASE 的高级搜索页面

实操 2　使用百度学术检索学术资源

2021 年 2 月 1 日，媒体记者从哈尔滨工业大学获悉，该校冷劲松教授团队联合国内外科研伙伴，在智能材料之一人工肌肉（见图 4-37）领域取得重大突破，解决了人工肌肉驱动性能的电容依赖性问题，为后续设计具有无毒、低驱动电压、高能量密度的高性能驱动器提供了新的理论基础。相关研究成果以“单极冲程、电渗泵碳纳米管纱线肌肉”为题，在线发表于学术期刊《科学》。

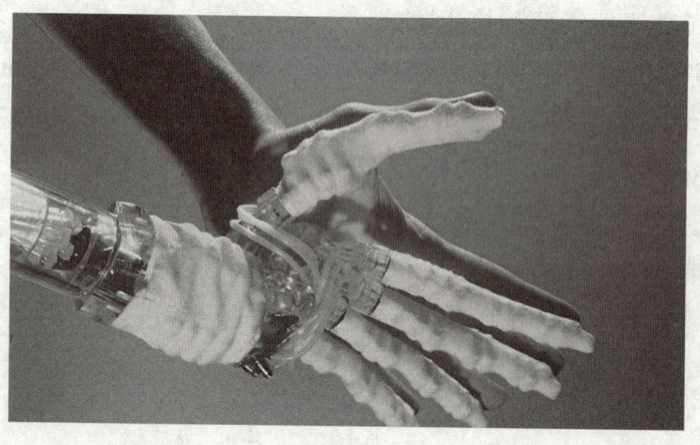

使用百度学术检索学术资源

图 4-37　人工肌肉

1．检索课题

在百度学术中检索作者为“冷劲松”并与“人工肌肉”相关的学术资源；获取“单极冲程、电渗泵碳纳米管纱线肌肉”的论文全文。

2．课题分析

本次检索任务目标非常明确，可在百度学术中使用检索指令和检索式进行专业检索，采用常规检索法即可。

3．检索步骤

步骤 1 在浏览器中打开百度学术首页（https://xueshu.baidu.com）。首先输入关键词“人工肌肉”，然后输入空格，表示将第一个检索词以“与”逻辑与后面的检索词相连，再在空格后输入检索式“author：冷劲松”，最后单击“百度一下”按钮，如图 4-38 所示。

图 4-38　输入检索式

步骤 2 此时可以看到返回了 86 条相关学术论文结果，这些论文以相关性为序排列，如图 4-39 所示。将标题中含有“人工肌肉”的学术论文收录到参考文献库中。例如，收录第 4 篇论文。（第 1 篇论文为专利文献，第 2 篇和第 3 篇标题未含关键词。）

Bai学术
高级搜索
人工肌肉 author:冷劲松
百度一下
订阅
时间
2021以来 (0)
2020以来 (0)
2019以来 (2)
确认
领域
物理学 (2)
计算机科学与... (2)
力学 (2)
核心
北大核心期刊 (0)
SCI索引 (0)
EI索引 (0)
获取方式
免费下载 (1)
登录查看 (1)
付费下载 (0)
关键词
机器人
气动人工肌肉
复旦大学
类型
期刊
会议
专利
作者
找到86条相关结果
按相关性
[专利] 基于液压驱动人工肌肉的深海柔性抓取装置
一种基于液压驱动人工肌肉的深海柔性抓取装置,属于柔性抓取装置技术领域.方案一包括第一人工肌肉,第二人工肌肉,抓取部件连杆一,抓取部件连杆二,抓取部件一和抓取部件二,所述第一人工肌肉或第二人工肌肉由弹性水囊,端部配件一,纤维编织层和端部配件二组...
... 孙健， 张力谨， 冷劲松 - 被引量: 0 - 2019年
来源: cprs.patentstar.co... / 掌桥科研
收藏
引用
批量引用
介电弹性体薄膜驱动器的本构关系及机电稳定性
介电弹性体(Dielectric elastomers,DE)是制造智能主动驱动器最有潜力的电致活性聚合物材料,也称电致活性聚合物人工肌肉(Electroactive polymer muscle,EPAM).它在...
刘立武， 刘彦菊， 冷劲松 - 全国青年材料科学技术研讨会 - 被引量: 0 - 2009年
来源: 万方 / 掌桥科研
电活性介电弹性体的本构理论和稳定性研究进展
介电弹性体是制造驱动器、传感器、振动器和能量收集器等转换器的最有潜力电活性聚合物材料之一,在人工肌肉、智能仿生、航空航天、机械、生物等领域都有广泛的应用...
... 李丰丰， 刘彦菊， 冷劲松 - 《中国科学:技术科学》 - 被引量: 4 - 2015年
来源: 爱学术 / 知网 / 维普期刊专业版 / 万方 / smart.hit.edu.cn
仿象鼻肌肉组织的高灵活性柔性气动人工肌肉
编织型气动柔性驱动器具有制作简单、稳定可靠、成本低的优势,具有较高的科研和商业应用价值。但是以往的大多数研究大多基于轴向收缩或者伸长类驱动器,这大大限制它...
... 孙健， 刘彦菊， 冷劲松 - 全国固体力学学术会议 - 被引量: 0 - 2018年
来源: 爱学术 / 知网 / kns.cnki.net

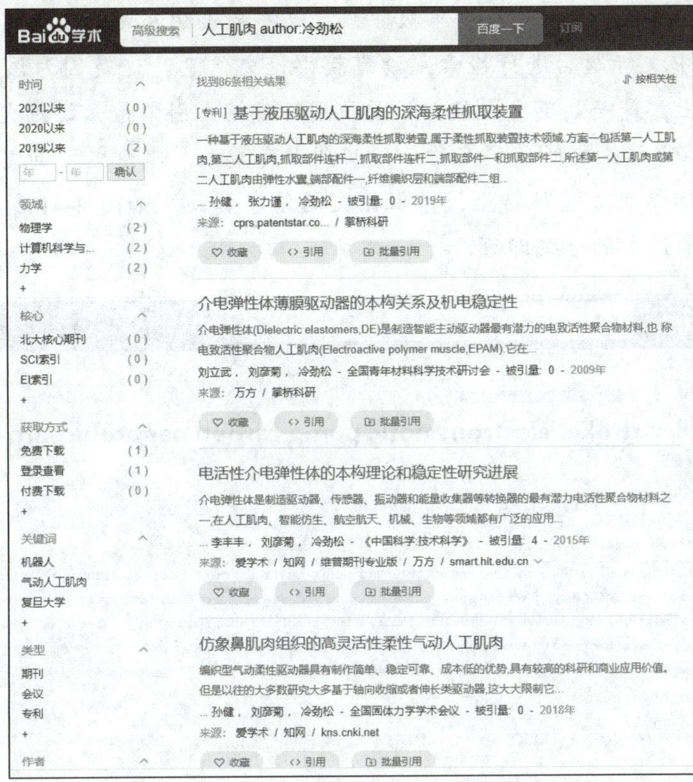

图 4-39　检索结果

步骤 3 单击需收录论文的链接，查看其文献来源，如图 4-40 所示。可以看到，该学术论文的来源信息中有可以免费下载的渠道。直接单击相关链接，跳转到来源网站进行下载即可。

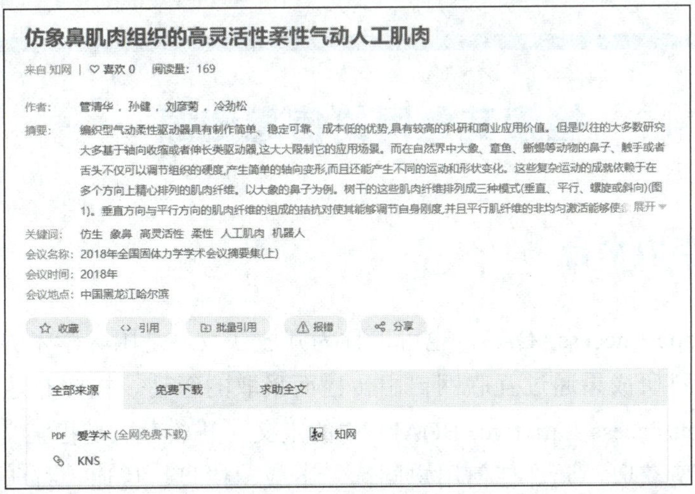

仿象鼻肌肉组织的高灵活性柔性气动人工肌肉
来自 知网 | 喜欢 0 阅读量: 169
作者: 管清华 , 孙健 , 刘彦菊 , 冷劲松
摘要: 编织型气动柔性驱动器具有制作简单、稳定可靠、成本低的优势,具有较高的科研和商业应用价值。但是以往的大多数研究大多基于轴向收缩或者伸长类驱动器,这大大限制它的应用场景。而在自然界中大象、章鱼、蜥蜴等动物的鼻子、触手或者舌头不仅可以调节组织的硬度,产生简单的轴向变形,而且还能产生不同的运动和形状变化。这些复杂运动的成就依赖于在多个方向上精心排列的肌肉纤维。以大象的鼻子为例。树干的这些肌肉纤维排列成三种模式(垂直、平行、螺旋或斜向)(图1)。垂直方向与平行方向的肌肉纤维的组成的拮抗对使其能够调节自身刚度,并且平行肌纤维的非均匀激活能够使... 展开
关键词: 仿生 象鼻 高灵活性 柔性 人工肌肉 机器人
会议名称: 2018年全国固体力学学术会议摘要集(上)
会议时间: 2018年
会议地点: 中国黑龙江哈尔滨
收藏
引用
批量引用
报错
分享
全部来源
免费下载
求助全文
PDF 爱学术 (全网免费下载)
知网
KNS

图 4-40　查看文献来源

步骤 4 继续检索学术论文"单极冲程、电渗泵碳纳米管纱线肌肉"全文。在百度学术中直接输入中文标题后进行检索，没有获得论文信息。这是因为该学术论文发表在国外的科技期刊上，是一篇英文文献。于是使用百度搜索引擎检索该论文的英文名称。

步骤 5 获得该论文的英文名称后，回到百度学术，以论文的英文名称为检索词再次进行检索，返回结果直接跳转至该学术论文的信息页面，如图 4-41 所示。然后根据来源网站获取该学术论文的全文即可。

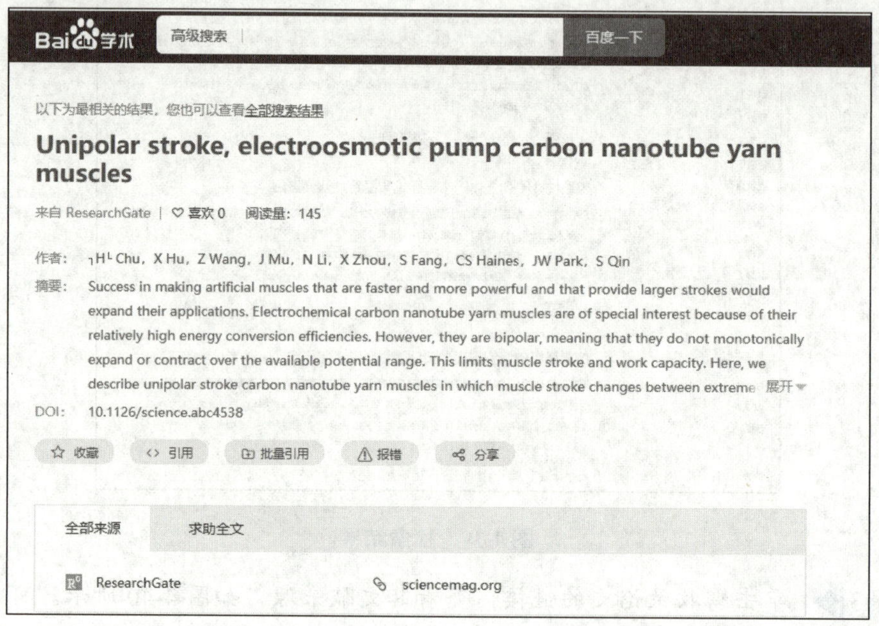

图 4-41 获得学术论文信息

4.3 检索其他网络信息资源

4.3.1 开放存取平台

开放存取（open access, OA），也可以称为开放获取，是国际学术界、出版界、图书情报界为了推动科研成果通过互联网自由传播而采取的行动。按照布达佩斯开放存取倡议（budapest open access initiative, BOAI）中的定义，开放存取是指某文献在互联网公共领域里可以被免费获取，允许任何用户阅读、下载、拷贝、传递、打印、检索、超链接该文献，并为之建立索引，用作软件的输入数据或其他任何合法用途。

开放存取的目的是促进科学及人文信息的广泛交流，促进利用互联网进行科学交流与出版，提升科学研究的公共利用程度，保障科学信息的保存，提高科学研究的效率。用户在使用开放存取资源时不受财力、法律或技术的限制，而只需在存取时保持文献的完整性，这是对其进行复制和传递的唯一限制。

目前，常用的开放存取平台有 OALib、中国科技论文在线、国家科技图书文献中心、GoOA 等。

1. OALib

OALib 是 open access library 的简称，即开放存取资源图书馆（https://www.oalib.com），是一个公益性网站。OALib 致力于为学术研究者提供全面、及时、优质、免费阅读的学术论文，同时也作为一个开源论文发布平台，为更多的优质论文提供第一时间发布的机会，如图 4-42 所示。截至 2024 年 2 月 19 日，OALib 已经提供了 5 748 331 篇开源论文，几乎涵盖所有学科，并且所有文章均可免费下载。

图 4-42　OALib 网站主页

2. 中国科技论文在线

中国科技论文在线（http://www.paper.edu.cn）于 2003 年 10 月 15 日正式开通运行，是经教育部批准，由教育部科技发展中心主办的科技论文网站，也是中国首个开放存取网络平台。该网站提供国内优秀学者论文、在线发表论文、各种科技期刊论文的全文，具有快速发表、版权保护、形式灵活、投稿快捷、查阅方便、学术监督等特点，为科研人员提供了一个高效发表、获取、交流科研成果的平台。

3. 国家科技图书文献中心

国家科技图书文献中心（national science and technology library, NSTL）是经国务院领导批准，由科学技术部联合财政部等 6 部门于 2000 年 6 月 12 日成立的一个基于网络环境的科技文献信息资源服务体系，由中国科学院文献情报中心、中国科学技术信息研究所、机械工业信息研究院、冶金工业信息标准研究院、中国化工信息中心、中国农业科学院农业信息研究所、中国医学科学院医学信息研究所、中国标准化研究院国家标准馆和中国计量科学研究院文献馆 9 个文献信息机构组成。国家科技图书文献中心以构建数字时代的国家科技文献资源战略保障服务体系为宗旨，按照“统一采购、规范加工、联合上网、资源共享”的机制，采集、收藏和开发理、工、农、医各学科领域的科技文献资源，面向全国提供公益的、普惠的科技文献信息服务。

国家科技图书文献中心作为国家战略科技资源保存和服务基地，一直致力于为科研人员提供学术文献保障服务。通过对开放资源的遴选、采集、加工、组织与揭示，将不同平台、不同文献类型的资源集成整合，构建了 OA 集成整合系统（http://oar.nstl.gov.cn），如图 4-43 所示。目前，OA 集成整合系统包含期刊 13 000 多种，会议 5 300 多个，科技报告 9 600 多篇，学位论文 91 000 多篇，课件 36 000 多个，图书 38 000 多册。

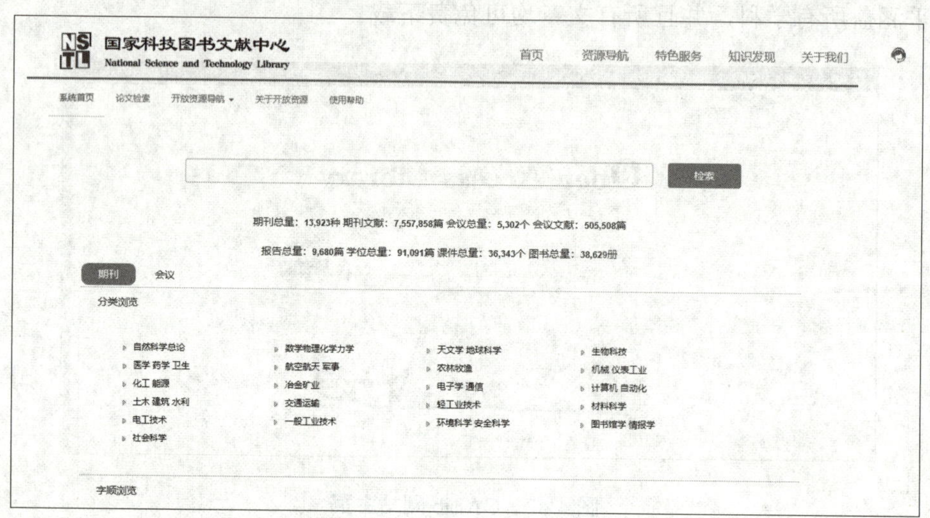

图 4-43　OA 集成整合系统主页

4. GoOA

GoOA（http://gooa.las.ac.cn）是中国科学院立项启动、中国科学院文献情报中心于 2013 年创建的开放存取期刊和论文的一站式发现和获取平台，如图 4-44 所示。该平台坚持开放论文的公益性和创新力原则，以组织开展全球高价值开放论文的开放交流为目标，集成了全球来自自然科学与技术领域的 17 000 多种期刊，并提供 OA 期刊和论文免费下载、OA 期刊投稿分析、用户分享等特色功能。

图 4-44　GoOA 网站主页

4.3.2　数字图书馆

数字图书馆又称电子图书馆，是一种利用计算机技术、网络通信技术、多媒体技术等现代信息技术处理和存储各种文献的数字空间。它将各种不同载体、不同地理位置的信息资源以数据的形式存储在互联网上，并建立相应的数据库和检索系统，以此为基础，高效、便捷地为用户提供图书借阅及信息交流服务。

目前，常用的数字图书馆有中国国家数字图书馆、超星数字图书馆、书生之家数字图书馆、中华数字书苑等。

1. 中国国家数字图书馆

中国国家数字图书馆是依托中国国家图书馆丰富的馆藏资源和国家数字图书馆工程资源建设联盟成员的特色资源，借助遍布全国的信息组织与服务网络而建立起来的大型数字图书馆。

为了帮助读者快速、准确、方便地获取所需信息，中国国家图书馆推出了文津搜索系统（http://find.nlc.cn），如图 4-45 所示。文津搜索系统有效整合了国家图书馆自建数据和部分已购买服务的各类数字资源，实现了资源的一站式发现与获取，使图书馆内的封闭资源能够对网络用户开放。

文津搜索系统集成了海量文献信息，包括图书、古文献、论文、期刊报纸、多媒体、文档、词条等覆盖全国图书馆的资源。文津搜索系统还为不同类型的用户开放了不同的权限：匿名用户只能使用该系统进行检索；注册并通过实名认证的用户可在线阅读包括馆藏资源、龙源电子期刊等在内的文献资源；使用国家图书馆读者卡登录的用户可在线阅读所有已提供全文服务的文献资源。

图 4-45 文津搜索系统主页

2. 超星数字图书馆

超星数字图书馆（https://www.chaoxing.com）由北京世纪超星信息技术发展有限责任公司投资建立，是全球最大的中文数字图书馆之一，也是国家高技术研究发展计划（863 计划）的中国数字图书馆示范工程项目。超星公司是国内专业的数字图书馆解决方案提供商和数字资源供应商。

超星数字图书馆于 2000 年 1 月在互联网上正式开通，收录了我国出版的绝大多数书籍，涵盖经济学、哲学、文学、计算机等各个学科门类。其中不仅包括数百万册数字图书，还包括 7 000 余种期刊，并且相关资源每天仍在不断增加与更新。

单击超星数字图书馆网站主页的“超星读书卡会员”按钮，即可进入“超星读书”主页，在该页面中可检索并在线阅读图书，如图 4-46 所示。若需要下载后阅读图书，则需要下载超星阅读器。超星阅读器是目前国内技术最为成熟、创新点最多的专业数字图书阅读器之一，具有数字图书阅读、资源整理、网页采集、数字图书制作等一系列功能。

3. 书生之家数字图书馆

书生之家数字图书馆是书生公司于 2000 年上线的综合性的全文数字图书数据库，主要包括文学艺术、计算机技术、经济金融与工商管理、社会科学、历史地理、科普知识、知识信息传媒、自然科学和电子、电信与自动化等 31 大类。

目前，书生之家数字图书馆以镜像服务为主，如图 4-47 所示。一般情况下，高校会提供书生之家数字图书馆的镜像地址，学生需要使用指定用户名和密码登录网站，并安装“书生阅读器”，然后才能检索并在线阅读图书全文。

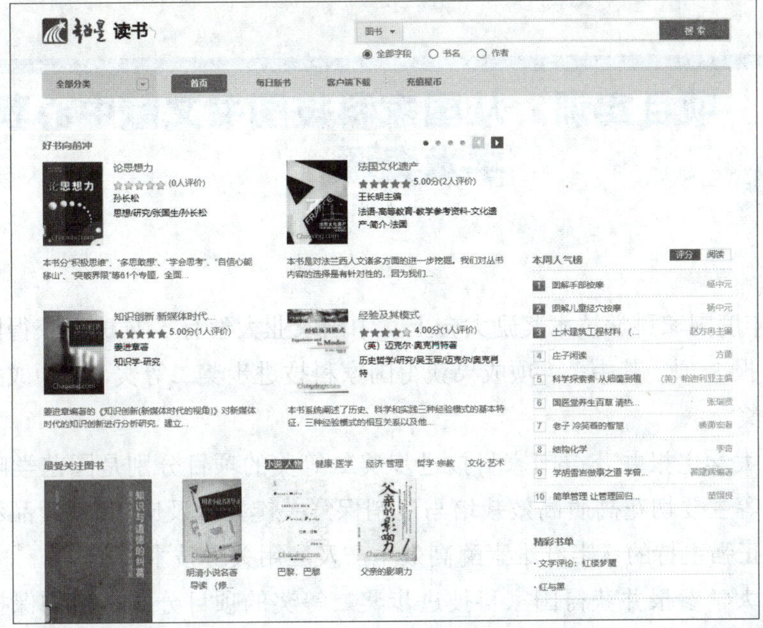

图 4-46　“超星读书”主页

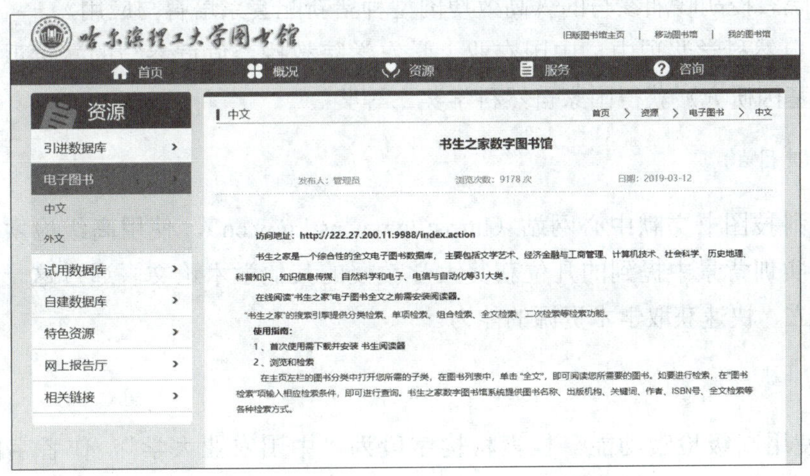

图 4-47　哈尔滨理工大学图书馆的书生之家数字图书馆入口

4.3.3　网络工具书

网络工具书是指将传统纸质工具书数字化，并以互联网为平台进行传播或编辑加工的电子书或网站等。网络工具书具有操作便捷、更新迅速、交互性强等特点，为人们获取知识内容提供了极大的便利。网络工具书按照自身用途可分为在线词典、网络百科全书、网络年鉴等。

项目实训　从国家科技图书文献中心获取学术资源

1. 实训背景

在 2018 年度国家科学技术奖励大会上，中国农业大学有 5 项成果获得国家科技奖，主报 2 项，参报 3 项。其中，4 项成果获得国家科技进步奖二等奖，1 项成果获得国家自然科学奖二等奖。

中国农业大学主报并获得国家科技进步奖二等奖的项目分别是园艺学院教授高俊平主持的《月季等主要切花高质高效栽培与运销保鲜关键技术及应用》；食品科学与营养工程学院教授江正强主持的《半纤维素酶高效生产及应用关键技术》。

中国农业大学参报并获得国家科技进步奖二等奖的项目分别是植物保护学院教授刘西莉参与的《主要蔬菜卵菌病害关键防控技术研究与应用》；动物科学技术学院教授王爱国、生物学院教授胡晓湘参与的《高效瘦肉型种猪新配套系培育与应用》。

在国家自然科学奖项中，中国农业大学农学院教授金危危参与的《黄瓜基因组和重要农艺性状基因研究》获得国家自然科学奖二等奖。

2. 实训目的

在国家科技图书文献中心网站（https://www.nstl.gov.cn），使用高级检索和专业检索功能，检索实训背景中提到的几位获奖大学教授的其他学术论文。通过这一实践活动，锻炼大家独立、快速获取学术资源的能力。

3. 实训步骤

（1）使用高级检索功能，检索机构字段为“中国农业大学”，作者字段为“高俊平”，关键词字段为“运销保鲜技术”的学术资源。

（2）使用专业检索功能，检索院校为“中国农业大学”，作者中包含刘西莉教授或王爱国教授的学术资源。

（3）检索一本自己感兴趣或与自己专业相关的图书，并根据自己的学号次序打开相应的页码，然后截图。

（4）检索一篇与“农艺性状基因研究”相关的外文文献。

项目总结

互联网上的海量信息资源既为人们带来了丰富的知识，也增加了信息检索的难度。为了提高检索效率，必须对检索词进行技术处理。

首先，本项目介绍了计算机检索的概念、工具，以及布尔逻辑检索、字段检索、截词检索、原文检索、加权检索等检索方法，这些检索方法在大部分计算机检索工具（系统）中都是通用的。

然后，本项目介绍了搜索引擎的概念、分类、工作原理和使用技巧，以及常用的综合搜索引擎和学术搜索引擎，目的是让大家能够更加有效地使用搜索引擎。其中，学术搜索引擎也是非常有用的，其对学习和科研工作都有较大的帮助。

最后，本项目介绍了开放存取平台、数字图书馆和网络工具书等其他网络信息资源检索工具，供大家在有需要的时候参考。

项目考核

1. 选择题

（1）（　　）和文献数据库是大家最常用的计算机检索工具。

A．搜索引擎　　B．网络百科全书
C．数字图书馆　　D．网络工具书

（2）能起到缩小检索范围作用的布尔逻辑运算符是（　　）。

A．OR　　B．NOT
C．%　　D．以上答案都不对

（3）下列选项中，属于基本索引字段的是（　　）。

A．题名　　B．作者
C．语种　　D．被引频次

（4）原文检索是一种可以不依赖主题词而直接使用（　　）的检索方法。

A．关键词　　B．自由词　　C．敏感词　　D．形容词

（5）学术搜索引擎属于（　　）。

A．目录搜索引擎　　B．内部搜索引擎
C．垂直搜索引擎　　D．以上都不是

（6）全球最大的中文数字图书馆是（　　）。

A．超星数字图书馆　　　　B．书生之家数字图书馆

C．中华数字书苑　　　　D．中国国家数字图书馆

2．填空题

（1）信息采集系统分为________和________两种：前者由__________采集有价值的网络信息资源；后者由________自动跟踪和采集信息。

（2）布尔逻辑运算符有"________""________""________"3 种，分别用"________""________""________"表示，有时也用"________""________""________"表示。

（3）全文搜索引擎依靠________从互联网上抓取各个________的信息，并按一定的规则分析、整理，形成________供用户查询。百度、________、________就属于全文搜索引擎。

（4）目前，常用的学术搜索引擎有________、________、________和________等。

（5）目前，常用的开放存取平台有____________、____________、____________和____________等。

3．简答题

（1）计算机检索工具由哪几部分构成？它们的作用分别是什么？

（2）搜索引擎的工作原理是什么？

（3）简述搜索引擎的使用技巧。

（4）开放存取是什么？

（5）主流的数字图书馆有哪些？

项目评价

学生自由组成学习小组，结合课前、课中和课后的学习情况，按照表 4-3 中的评价标准对本项目的学习效果进行自评和互评（组内成员互相打分），然后由教师进行总体评价，学生根据评价结果进行总结。

表 4-3　学习效果评价表

评价项目	评价内容	评价分数			
		分值	自评	互评	师评
知识（50%）	计算机检索的概念、工具和方法	15 分			
	搜索引擎的概念、分类、工作原理和使用技巧	15 分			
	常用的综合搜索引擎和学术搜索引擎	15 分			
	其他网络信息资源检索工具，如开放存取平台、数字图书馆、网络工具书等	5 分			
技能（30%）	在互联网上检索所需信息	15 分			
	使用搜索引擎检索学术资源	15 分			
素养（20%）	遵守课堂纪律，上课精神饱满	5 分			
	具有自主学习意识，课前做好准备	5 分			
	积极参与教学活动，善于思考提问，勇于探索创新	5 分			
	具有团队合作精神，出色完成实践任务	5 分			
总评	综合得分：________	100 分			
	综合等级：________	教师签字：________			
总结	最突出的表现（创新或进步）： 还需改进的地方（不足或缺点）：				

注：综合得分=自评（25%）+互评（25%）+师评（50%）；综合等级可以“优”（综合得分≥90）、“良”（80≤综合得分＜90）、“中”（60≤综合得分＜80）、“差”（综合得分＜60）为标准进行评价。

项目 5　学习文献数据库检索

项目导读

文献数据库是信息社会人类各种知识创新成果的集中体现。当人们想要熟悉某个研究领域时，可以通过各种文献数据库检索相关的研究成果，从而了解最新的研究方向或课题，以及当前存在的关键问题。可以说，掌握文献数据库的使用方法，是人们提升学习能力和创新能力的有效途径。

本项目首先介绍文献数据库的基础知识，然后介绍常用的国内文献数据库，如中国知网、万方数据知识服务平台、维普网的主要文献资源和使用方法，最后简单介绍常用的国外文献数据库。

学习目标

知识目标

- 了解文献数据库的基础知识，包括文献数据库的定义、分类、存放与接入等。
- 熟悉常用的国内文献数据库的基本信息、文献资源和使用方法。
- 熟悉常用的国外文献数据库的基本信息和使用方法。

能力目标

- 能够使用国内主流文献数据库检索所需学术论文。
- 能够使用 Web of Science 数据库进行引文检索。

素质目标

- 感受我国在国家知识基础设施工程建设方面取得的成就，增强民族自信心和自豪感。
- 体会文献数据库在学习和研究中的重要性，将各类数据库视为自己的“外脑”，积极、勇敢地探索未知的学术领域。

引导案例　要让用户像使用空气一样使用中国知网

“最珍贵的往往是免费的，比如空气，而知识是现代社会的空气，知识获取成本越低，越有利于创新型国家的建设。”有人曾建议把目前世界上中文文献数据规模最大的中国知网（CNKI，中国知识基础设施工程）纳入政府购买服务，在国内供用户免费使用。

在暂时做不到免费的情况下，他认为中国知网应对青少年学生群体开设“绿色通道”，让他们免费获取专业文献，以促进教育公平，鼓励学生利用文献学习，激发学生的创造性。“尤其是对于中西部地区的青少年学生和低收入群体，应采取国家购买知识服务的方式，让他们和发达地区的学生有同样的学习和创造机会。”他还呼吁政府采购知识服务，应该合理确定成本，在杂志社和中国知网之间进行合理分配。据他介绍，CNKI 是以实现全社会知识资源传播共享与增值利用为目标的信息化建设项目，其目的是降低公众获取知识的时间成本和经济成本。

中国知网始建于 1999 年，目前通过与期刊界、出版界及各内容提供商达成合作，已发展成为集报纸期刊、博士论文、硕士论文、会议论文、工具书、年鉴、专利文献、标准文献、国学资料、海外文献资源为一体的具有国际领先水平的网络文献信息服务平台，日更新文献量达 5 万篇以上。

他还建议，中国知网要向免费使用转型，其一般的论文浏览和下载功能应纳入国家购买服务，国内用户可以免费使用。但对单位和研究人员的深度服务，依然用市场化方式运作，可以收费，如论文查重、论文引用检索与大数据服务等。他说：“这对广大用户来说是一个极大的福音，而对中国知网来说，也是一次重生，能从简单的知识搬运工转化为知识使用的数据整合者和开发者。”

（资料来源：赵爽，《让知识像“空气”：免费而珍贵》，人民政协网，2020 年 6 月 8 日）

请思考：常用的文献数据库包含哪些内容？这些文献数据库对我们的学习和工作有哪些帮助？

5.1 认识文献数据库

5.1.1 文献数据库简介

随着信息技术的快速发展，人们越来越依赖于使用计算机加工、存储和获取信息资源。在这一趋势下，文献数据库获得了普遍重视并蓬勃发展起来。目前，众多图书，以及绝大多数的报刊、论文、标准、专利等文献都已实现了数字化，文献信息服务提供商将这些数字化文献集成为文献数据库，并对外提供有偿或免费的文献信息检索与阅读服务。这些文献数据库种类繁多、文献数量庞大、覆盖领域广泛、内容更新快，已成为人们开展学习和科研活动时的主要信息检索对象。

课堂讨论

为了满足师生的信息检索需求，大学图书馆一般都会购买很多不同种类的文献数据库，并且在学校图书馆的官网主页上可以查看和使用这些文献数据库。例如，四川大学图书馆的官网主页就提供了数字资源导航服务，进入数字资源导航页面后，选择“类型导航”选项卡，可以看到该图书馆提供的各种文献数据库，如图 5-1 所示。

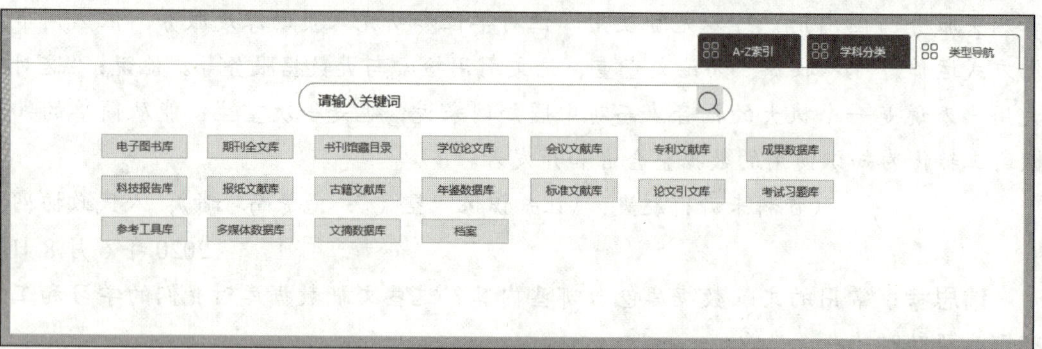

图 5-1　四川大学图书馆的数字资源导航页面

请大家在课前访问本校图书馆的网站，查看本校图书馆提供了哪些文献数据库，然后和周围的人讨论一下，一起找出其中与本专业相关的文献数据库。

本校图书馆提供的文献数据库数量：________________

与自己专业相关的文献数据库：________________

1．文献数据库的定义

简单来说，文献数据库就是计算机可读的、有组织的文献信息的集合。在文献数据库中，文献信息以二进制编码的形式按一定的数据结构存放在计算机中，从而方便使用计算机进行快速检索。

2．文献数据库的结构

与纸质文献的排架相似，数字化文献在文献数据库中同样需要按照一定的数据结构进行存放。一般来说，文献数据库主要由文献记录、字段、记录文档和索引文档组成。

1）文献记录

一般来说，文献数据库收录的文献信息与其纸质文献具有一一对应的关系，文献记录即文献数据库中与一篇文献相对应的记录，它以简短的文字和图形揭示原文的基本信息，这些基本信息包括文献的内容特征和外表特征。文献记录是文献数据库的基本单元。在全文数据库中，一条文献记录相当于一篇文章；而在书目型数据库中，一条文献记录相当于一条题录。

2）字段

一条文献记录往往由题名、著者、出版年、主题词、文摘、ISBN 等著录项目组成，它们的作用是描述文献的某一特征属性。这些著录项目在文献数据库中被称为字段，字段是构成文献记录的基本单元，如图 5-2 所示。字段由字段名和字段内容构成，如果有些字段内容较多，还可以进一步划分出若干子字段。

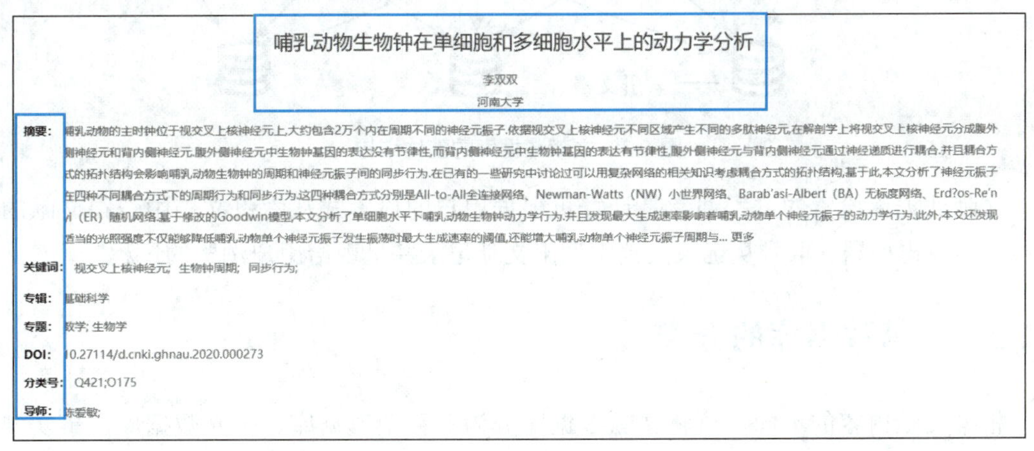

图 5-2　中国知网某篇学位论文的字段内容

3）记录文档

记录文档是文献记录的集合。记录文档按文献记录存入文献数据库的时间顺序对其进行编号。一条文献记录对应一个存取号，文献记录存入文献数据库的时间越晚，这条文献记录的存取号就越大。记录文档存储着文献的全部信息，如果在记录文档中检索文献信息，计算机就会按照检索式的要求逐一扫描每一条文献记录。

4）索引文档

文献数据库往往包含数百万条文献记录，如果按照逐一浏览的方式进行检索，那么计算机的检索任务将会非常繁重。因此，每个文献数据库除了必须具有记录文档外，还需要具有索引文档。索引文档就是抽取文献记录中相同字段的特征标识，并将其按照一定顺序排列在一起的文档，如题名索引文档、著者索引文档、主题词索引文档等。

在文献数据库中，建立索引文档的字段越多，相应的检索途径就越丰富，检索效率就越高。由于索引文档只抽取字段的文献特征标识、文献篇数及文献存取号，在检索时，索引文档必须和记录文档配合使用。文献数据库的整体结构如图 5-3 所示。

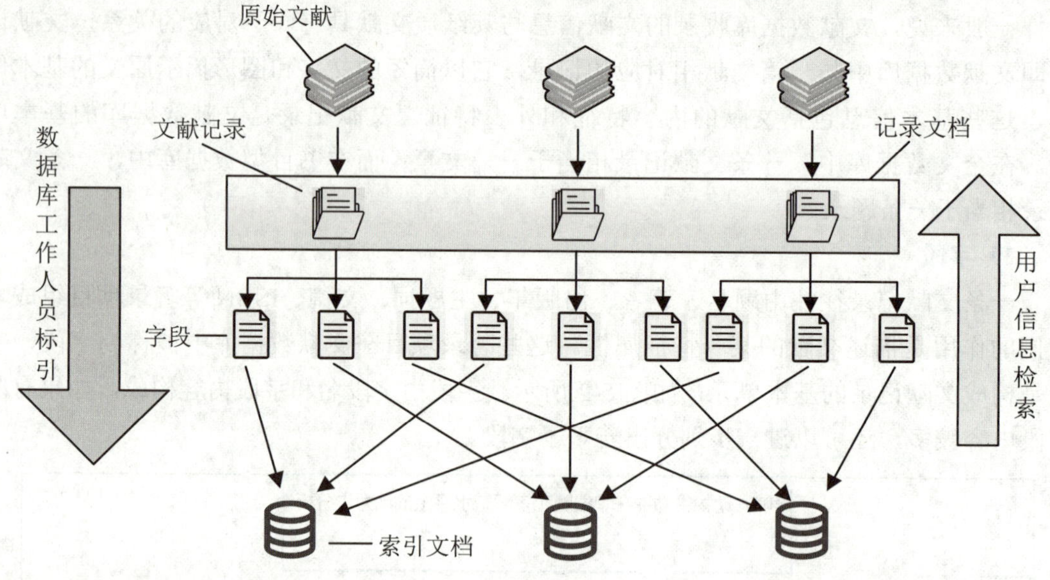

图 5-3 文献数据库的整体结构

文献数据库检索的过程通常是计算机根据用户的检索式从索引文档中查得文献的存取号，然后再根据存取号从记录文档中调出文献记录并呈现给用户浏览的过程。

5.1.2 文献数据库的分类

根据文献内容的不同，可将文献数据库分为书目型数据库、全文数据库、事实型数据库、数值型数据库和多媒体数据库。

1. 书目型数据库

书目型数据库收录的文献信息主要是文献的简要特征，如篇名、著者、文献来源（出处）、摘要、出版单位等。书目型数据库的检索结果仅仅是文献线索，查得线索后还要再转查原文。因此，书目型数据库又被称为二次文献数据库。根据文献信息组织方式的不同，书目型数据库又可细分为以下三类。

1）目录型数据库

目录型数据库以一个完整的出版单元（如一种图书、一种期刊）为基本收录单位。目录型数据库对文献的著录比较简单，主要是书名或刊名、著者、文献来源等外表特征，无内容摘要。将图书或报刊按顺序排列，就形成了一个“书目”。常见的目录型数据库有《中国历史文献总库》《乌利希期刊指南》（UPD）等。

目录型数据库的检索字段较少，加工深度较浅，其检索功能不及文摘型数据库。

2）文摘型数据库

文摘型数据库以单篇文献为基本记录单位，主要著录一次文献（如期刊论文、会议论文、技术报告等）的外表特征（如题名、著者、文献来源等）和内容特征（如主题词、内容摘要等）。文摘型数据库是一种典型的二次文献数据库，用户通过检索文摘型数据库可以判断是否需要查阅或下载文献的全文，从而有效节约检索时间。

常见的文摘型数据库有《全国报刊索引》《CALIS 高校学位论文文摘库》（见图 5-4）、《剑桥科学文摘》（CSA）等。

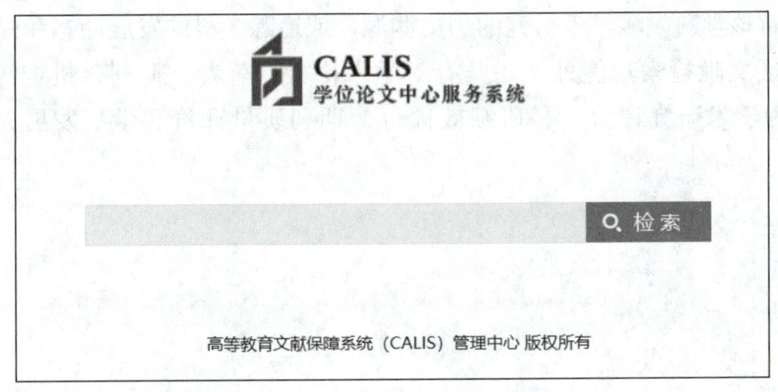

图 5-4　CALIS 高校学位论文文摘库网站

3）引文数据库

引文就是人们常说的参考文献，它通常附在论文、著作正文的后面。所谓引文数据库，就是将文献数据库收录的论文、著作后所附的参考文献记录下来，然后按照文献的引用和被引关系建立索引文档。

实际上，引文数据库就是一种具有特殊索引方式的文摘型数据库。它不是从文献本身提取检索点，而是从论文、著作后所附的参考文献中提取检索点（如参考文献的题名、著者、关键词、机构等），从而满足论文被引、著者论著被引、专题文献被引、机构论著被引等方面的检索需求。常用的引文数据库有《中国科学引文数据库》（CSCD）、《中文社会科学引文索引》（CSSCI，见图 5-5）、《科学引文索引》（SCI）等。

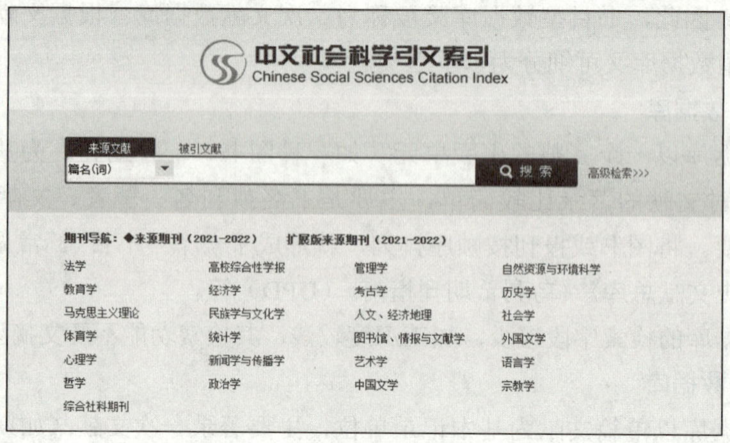

图 5-5　中文社会科学引文索引网站

引文数据库的主要功能如下。

（1）获取与现有文献紧密相关的同类文献。

（2）了解某一学科领域中研究人员对论文、著作的利用情况，查知某一学科领域最具代表性的文献。

（3）了解该学科领域学术研究的历史渊源，或追踪学科的发展动态和最新进展。

（4）除了文献检索功能外，还具有对学术论文、著者、期刊、机构等方面的分析评价功能，为学术研究评价、科研绩效评价、期刊质量评价和学科发展评价等提供定量依据。

引文数据库相关的“名词解释”

引文是指论文或著作所引用的文献，即参考文献。一篇论文被列入另一篇论文的参考文献称为“被引”。因此，引文也称“被引文献”。参考文献是论文的研究基础，其术语关系如下：

参考文献=引文=被引文献

就单篇文献而言，引用别的文献作为自己的参考文献称为“施引”。因此，列有参考文献的文献称为“施引文献”或“引用文献”“引证文献”“来源文献”。施引文献揭示了论文的后续研究进展，其术语关系如下：

施引文献=引用文献=引证文献=来源文献

例如，文献 A 的参考文献有 J、K、L；文献 B 的参考文献有 J、M、N。那么，文献 J 就是文献 A 和文献 B 的参考文献或被引文献；文献 A 和文献 B 为文献 J 的施引文献、引用文献、引证文献或来源文献。

> 由于同时引用了文献 J，文献 A 和文献 B 之间的关系称为“引文耦合”。两篇文献的耦合强度取决于共同参考文献的数量，共同参考文献的数量愈多，说明文献 A 和文献 B 的相关性愈强。

2. 全文数据库

全文数据库是指收录有原始文献全文的文献数据库，其收录对象主要包括期刊论文、会议论文、政府出版物、研究报告、法律条文等。全文数据库免去了文献著录及标引等加工环节，减少了数据组织中的人为因素干扰，因此文献数据更新速度更快，检索结果查准率更高，最重要的是使用户省去了获取实体出版物的麻烦，故深受用户喜爱。

常见的全文数据库有从属于中国知网的《中国学术辑刊全文数据库》和《中国优秀硕士学位论文全文数据库》，从属于维普网的《中文科技期刊数据库》，从属于万方数据知识服务平台的《中国学位论文全文数据库》，以及超星数字图书馆等。

3. 事实型数据库

事实型数据库又称指南型数据库，是指包含大量数据、事实，直接提供原始资料的文献数据库。事实型数据库相当于纸质文献的参考工具书。

很多大学的图书馆都收录了事实型数据库。例如，进入清华大学数据库导航系统（https://ecollection.lib.tsinghua.edu.cn/databasenav/entrance/databaseNav）后，单击“按文献类型浏览：”右侧列出的“数据事实”按钮，在跳转的检索结果页面中，可以看到许多不同种类的事实型数据库，如图 5-6 所示。

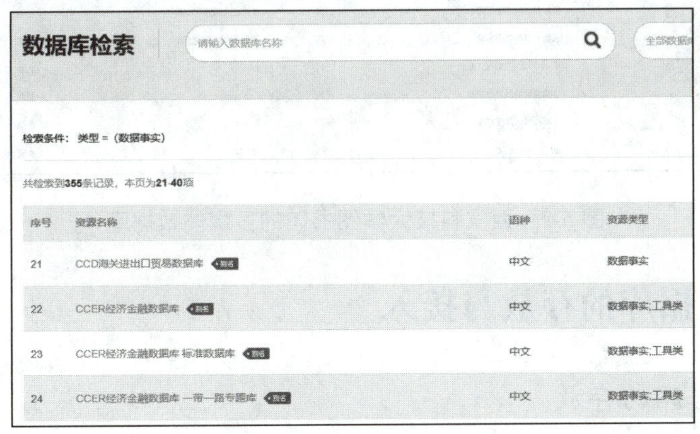

图 5-6　事实型数据库示例

4. 数值型数据库

数值型数据库是指含有数值数据的一种源数据库（即能直接提供原始资料或具体数据的自足性数据库，用户不必再查阅其他信息源），其主要存储的是数字或用数字与某些特殊字符表示的数值信息。

数值型数据库包含的内容很丰富，与自然科学有关的是科学研究中的试验、计算、分析及比较结果数据；与商业经营有关的是市场行情、供需关系、价格倾向、经济分析、税务、利润、投资等相关数据；与产业和公司有关的是财政信息、工程设计、材料性能、调查统计、产品销售、成本核算、产业产值、投资、股份等相关数据；与社会科学有关的是社会调查、人口统计、犯罪比例、收入水平、失业与就业、社会保障等相关数据；与人们生活紧密相关的是城建规划、食品供应、服装设计、交通运输、商品价格、失业率、纳税、公共建设、医疗设备、服务与旅游等相关数据。

5. 多媒体数据库

多媒体数据库是指供人们存储和检索图像或图形信息、音频信息、视频信息及其文字说明的一种源数据库。以西安科技大学图书馆为例，其多媒体数据库有《新东方多媒体学习库》《云图有声数字图书馆》等，如图 5-7 所示。

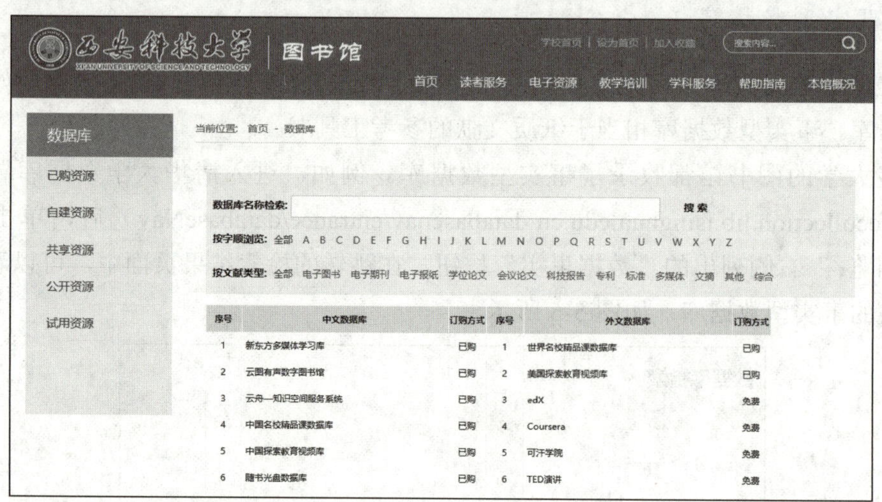

图 5-7 西安科技大学图书馆的多媒体数据库

5.1.3 文献数据库的存放与接入

1. 文献数据库的存放

文献数据库的存放主要分为主站和镜像站两种模式。经常使用文献数据库的大学图书馆或科研单位一般采用镜像站模式；只有少量检索需求的个人或集体通常采用主站模式。

（1）主站模式：文献信息服务提供商自建网站平台，文献资源存放在商家管理的服务器上，用户通过互联网访问网站以获取文献资源，需要注册用户账号。

（2）镜像站模式：文献信息服务提供商将数据库管理系统和文献数据库存放在机构用户（高校图书馆或科研单位）的内部服务器上。在限定 IP 地址范围内，机构用户的读者可以使用文献数据库资源。机构用户按所购数据库产品及其并发用户数支付文献数据库的使用费。

提 示

并发用户数是指允许在同一时间使用文献数据库的最大用户数量。有的文献数据库在并发用户数已满的状态下，超出的用户仍然可以进行文献信息检索，查看内容文摘，但不能下载文献全文。

2．文献数据库的接入

对于机构用户采购的文献数据库而言，当机构用户的读者接入文献数据库时，往往还需要下载安装文献阅读插件或软件，并使用相应的检索系统账号。此外，在校外使用付费数据库时，大多数情况下必须通过登录校外访问控制系统，或者设置代理服务器才能正常接入文献数据库。

5.2　熟悉常用的国内文献数据库

中国知网、万方数据知识服务平台和维普网是国内常用的文献数据库，并称为我国“三大权威文献数据库”，它们同时也是大多数高校图书馆、公共图书馆和科研机构文献信息保障系统的重要组成部分。

5.2.1　中国知网

1．中国知网简介

中国知网，又称“中国知识基础设施工程”（CNKI），其首页如图 5-8 所示。“国家知识基础建设”（NKI）的概念最早由世界银行于 1998 年提出。一年后，清华大学、清华同方股份有限公司（现更名为同方股份有限公司）等单位共同发起了 CNKI 项目。

建设 CNKI 项目的目的是使信息以最有效、最便捷的方式服务社会，推动我国知识生产过程及知识信息传播过程的网络化，从而在短时期内使我国知识仓库的建设与应用水平、知识信息服务和教育信息服务的内容质量，以及知识信息服务的基础设施水平赶上并超过发达国家。

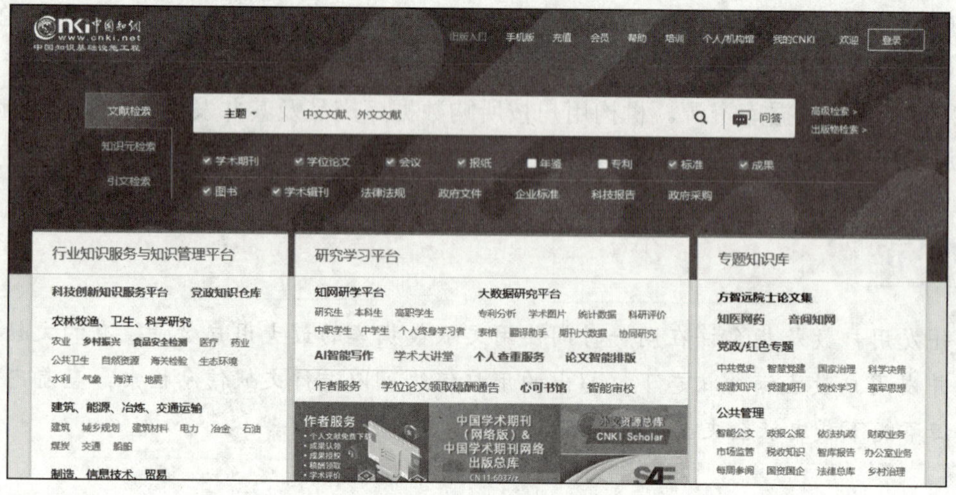

图 5-8　中国知网首页

经过二十多年的努力，中国知网已经成为世界上全文信息量规模最大的“数字图书馆”，其收录了 95%以上正式出版的中文学术资源，是目前国内使用频次最高的文献检索及文献全文下载网站。

普通用户可以不受限制地使用中国知网的检索功能，并自由查阅文献的内容摘要，但如果想要进一步获取文献全文，就需要付费。中国知网中的文献全文以 CAJ 和 PDF 两种格式为主，其中 CAJ 格式是中国学术期刊专属文件格式，需要安装 CAJ 阅读器软件才能打开。

中国知网是一个大型的综合文献数据库，拥有多个期刊数据库。其中，《中国学术期刊（网络版）》是以全文数据库形式大规模集成出版学术期刊文献的电子期刊。它是世界上最大的连续动态更新的中国学术期刊全文数据库，也是国家知识资源数据库出版工程的重要组成部分。该期刊覆盖所有学科的内容，包括基础科学、工程科技、农业科技、医学卫生科技、哲学与人文科学等多个学科。截至 2024 年 2 月 24 日，《中国学术期刊（网络版）》全文数据库收录了国内学术期刊 8 440 余种，全文文献总量 6 220 余万篇。

2. 期刊文献检索入口和检索方式

中国知网的用户既可以使用统一的检索入口进行跨库检索，也可以在一个文献数据库内进行单库检索。此外，中国知网还为用户提供了多种检索方式，以帮助用户快速、准确地获取文献信息或文献全文。下面以典型的期刊文献检索为例，介绍中国知网的使用方法。

在中国知网上检索期刊论文

1）期刊文献检索入口

登录中国知网的官网首页，取消系统默认选中的“学位论文”“会议”“报纸”“标

准”“成果”“图书”“学术辑刊”文献数据库，只选中“学术期刊”文献数据库，即可将当前检索框作为期刊文献检索入口，如图 5-9 所示。此外，单击中国知网首页中的“学术期刊”文献数据库名称，可进入期刊文献检索页面，如图 5-10 所示。

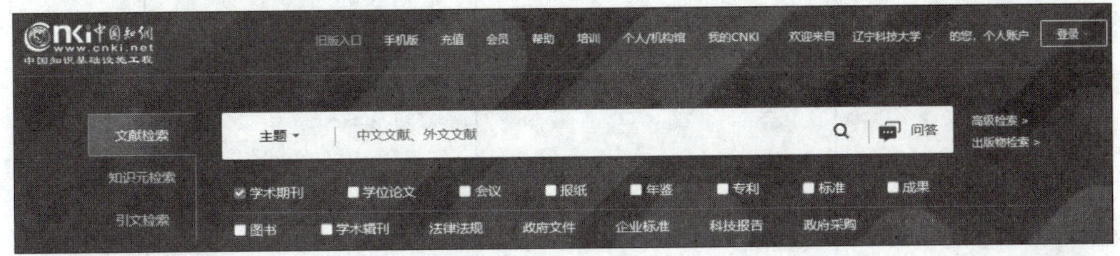

图 5-9　中国知网首页中期刊文献的检索入口

图 5-10　中国知网期刊文献检索页面

2）期刊文献检索方式

中国知网提供的期刊文献检索方式有一框式检索、高级检索、专业检索、作者发文检索和句子检索。

（1）一框式检索。一框式检索又称“快速检索”，它将复杂的检索功能精简成一个检索框，使得检索操作更加便捷。

一框式检索的方法：首先在中国知网期刊文献检索页面（见图 5-11）中单击检索框左侧的“主题”按钮，在展开的下拉列表中选择检索项（检索字段），然后在检索框中输入检索词或检索式，最后单击检索按钮 Q 。

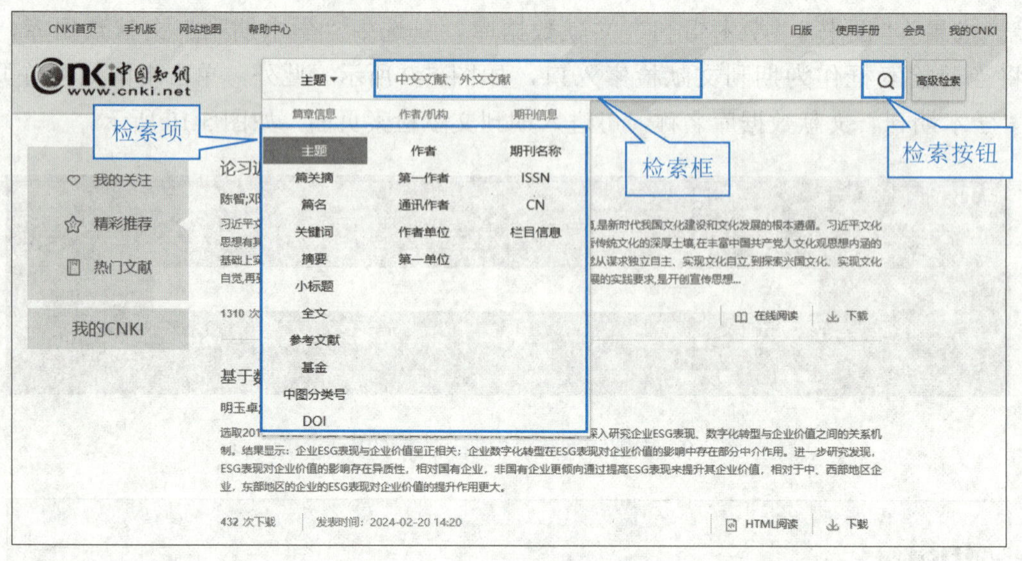

图 5-11　一框式检索页面

一框式检索支持使用运算符在同一检索项内进行多个检索词的组合运算，检索框内输入的内容不得超过 120 个字符。

输入运算符*（与）、+（或）、-（非）时，前后要输入一个空格，优先级用英文半角括号确定；当检索词本身含有空格、*、+、-、()、/、=、%等特殊符号，并进行多个检索词的组合运算时，为避免歧义，需要用英文半角单引号或英文半角双引号将检索词引起来。

例如，选择“篇名”检索项后，在检索框中输入“人工智能 * 自然语言处理”，表示检索篇名包含“人工智能”和“自然语言处理”的文献；选择“主题”检索项后，在检索框中输入“(锻造+自由锻) * 裂纹”，表示检索主题为“锻造”或“自由锻”，并且有关“裂纹”的文献；选择“篇名”检索项后，在检索框中输入“'digital library' * 'information service'”，表示检索篇名包含“digital library”和“information service”的文献。

此外，中国知网还提供了检索词的智能推荐和引导功能，系统会根据输入的检索词自动进行关键词提示，用户可以选择推荐的关键词，以便得到更加精准的检索结果。

使用智能检索和引导功能后，不建议在检索框中进行修改，否则可能得到错误检索结果或得不到检索结果。

一框式检索根据检索项的特点，采用不同的匹配方式。

① 相关度匹配。采用相关度匹配的检索项为主题、篇关摘、篇名、全文、摘要、小标题、参考文献。根据检索词在该字段的匹配度，得到相关度较高的结果。

② 精确匹配。采用精确匹配的检索项为关键词、作者、第一作者、通讯作者。

③ 模糊匹配。采用模糊匹配的检索项为作者单位、基金、中图分类号、DOI。

（2）高级检索。单击中国知网期刊文献检索页面中检索框右侧的“高级检索”按钮，即可进入高级检索页面。与一框式检索只能选择一个检索项不同，高级检索支持多个检索项的逻辑组合，并且允许用户选择匹配方式、设置检索控制等，以完成较复杂的检索，从而得到符合需求的检索结果。

高级检索的方法：首先在检索条件输入区输入每个检索项的检索词，并设置检索项之间的逻辑运算规则及检索词的匹配方式；然后在检索控制区设置筛选条件对检索结果进行范围控制；最后单击“检索”按钮，如图 5-12 所示。若需要缩小和明确检索的期刊文献类别范围，可以展开页面左侧的文献分类导航并选中所需类别。

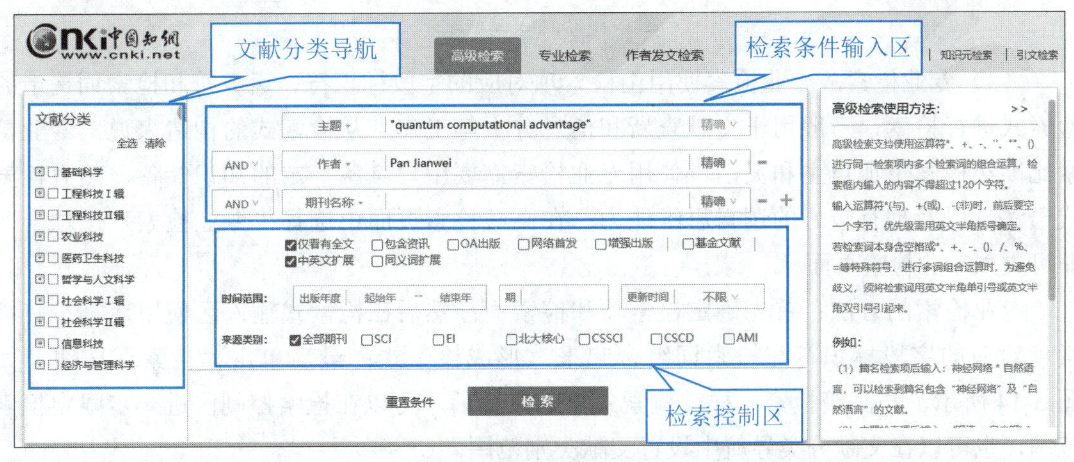

图 5-12　高级检索页面

提　示

检索条件输入区默认显示“主题”“作者”“期刊名称”3 个检索项，最多支持 10 个检索项的组合检索。用户可以单击检索框右侧的＋或－按钮添加或删除检索项。组合检索按从上到下的顺序依次执行。

在匹配方式方面，高级检索为检索项“主题”只提供了相关度匹配方式，为其他检索项均提供了精确、模糊两种匹配方式。

例如，检索潘建伟、陆朝阳等人发表的关于“quantum computational advantage”（量子计算的优越性）的期刊文献，检索结果如图 5-13 所示。从图中可以看出，检索出的期刊文献中，有一篇是发表在《Science》（《科学》）上的文献，单击篇名“Quantum computational advantage using photons.”超链接，即可查看该文献的详细内容。

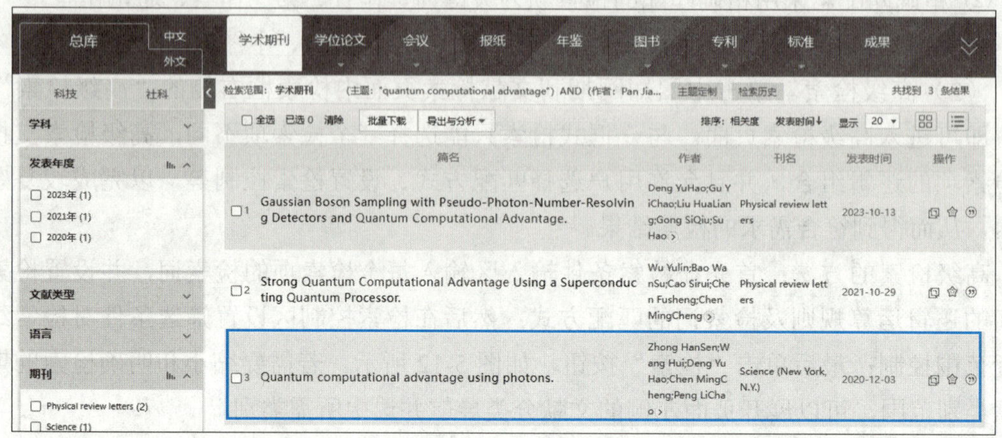

图 5-13　高级检索结果

（3）专业检索。专业检索使用由检索项对应的字段标识符、运算符和检索词构造的检索式进行检索，一般用于文献查新和信息分析等工作。从检索式的构造来说，专业检索比高级检索更加自主和灵活，使用专业检索需要用户具备一定的知识储备、熟悉检索式语法，以及拥有较好的逻辑思维能力。在高级检索页面中选择“专业检索”选项卡，即可进入专业检索页面。

专业检索的方法：首先确定检索项和检索词；然后在检索式输入区使用运算符将检索项对应的字段标识符与检索词组合起来，形成检索式；最后单击“检索”按钮，如图 5-14 所示。与高级检索一样，检索式输入完成后，可以在检索控制区进一步限定检索范围，也可以在文献分类导航中设置文献类别范围。

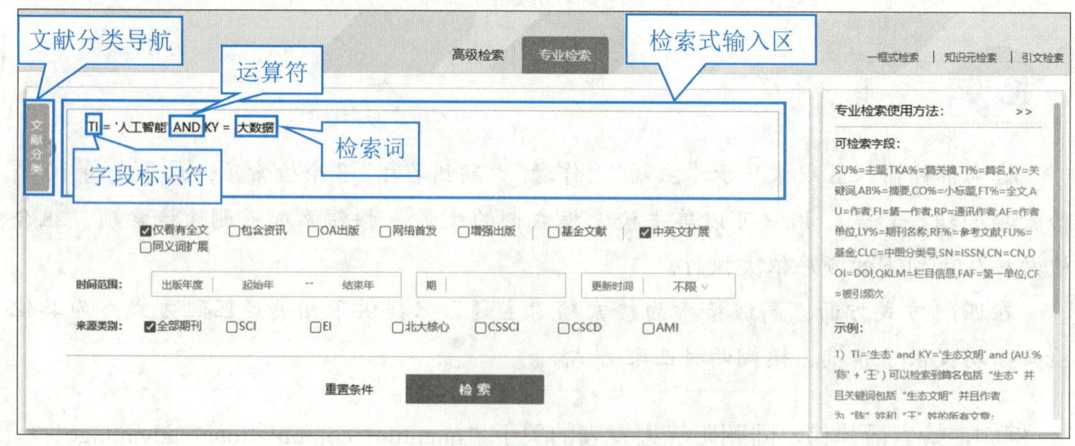

图 5-14　专业检索页面

（4）作者发文检索。作者发文检索即以作者姓名及其单位信息为关键词，检索相关文献。作者发文检索的功能及操作与高级检索基本相同。比较特殊的是，作者发文检索提供的检索项只有作者、第一作者、通讯作者、作者单位和第一单位。在高级检索页面中选择“作者发文检索”选项卡，即可进入作者发文检索页面，如图 5-15 所示。

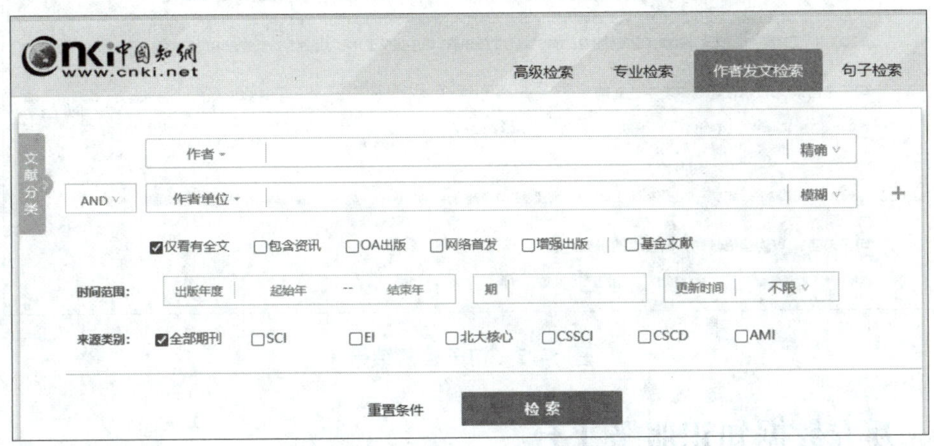

图 5-15　作者发文检索页面

（5）句子检索。句子检索是一种针对全文数据库的检索方式，通过输入两个检索词，用户可以在全文数据库中检索同时包含这两个检索词的句子（包含 1 个断句标点的句子）或段落（不超过 20 个句子），以便获取有关的概念或事实信息。句子检索在科技查新、专利审查等方面有着广泛的应用。在高级检索页面中选择“句子检索”选项卡，即可进入句子检索页面，如图 5-16 所示。

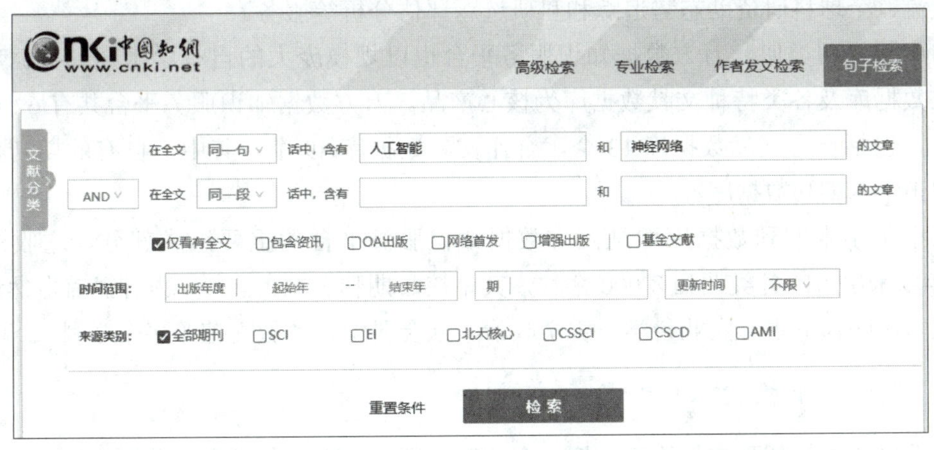

图 5-16　句子检索页面

句子检索的方法：在两个检索框中分别输入检索词，并选择“同一句”或“同一段”选项，然后单击“检索”按钮。例如，在两个检索框中分别输入检索词“人工智能”和“神经网络”，并选择“同一句”选项，检索结果如图 5-17 所示。需要注意的是，句子检索最多只能有两行检索条件（4 个检索词）。

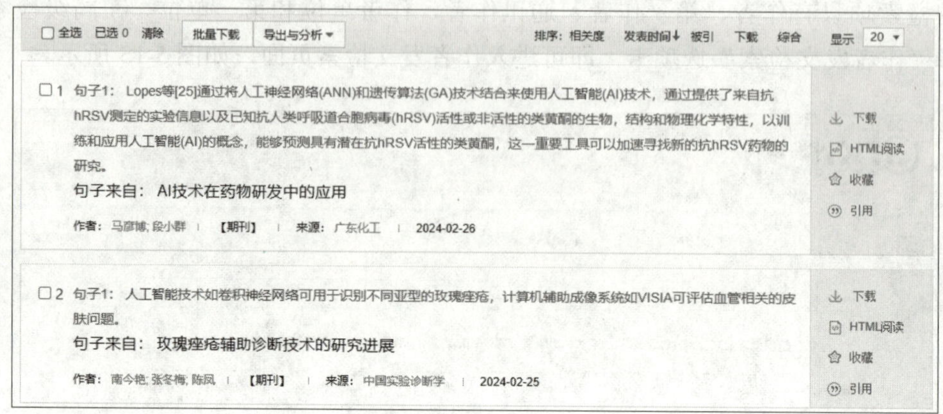

图 5-17　句子检索结果

5.2.2　万方数据知识服务平台

1. 万方数据知识服务平台简介

万方数据知识服务平台在原万方数据资源系统的基础上经过了多次改进和创新优化，它集高品质信息资源、先进检索算法技术、多元化增值服务、人性化设计等特色于一身，是国内一流的品质信息资源出版和增值服务平台。在万方数据知识服务平台上，除了可以使用所有的文献数据库外，还可以享用论文相似性检测、学术影响统计分析、学术交流、全球科研资助态势追踪和科研选题评估分析等服务。

与中国知网类似，万方数据知识服务平台也以规模庞大的自有学术期刊数据库、学术论文数据库及各类特种文献数据库为核心产品。万方数据知识服务平台共有 62 个文献数据库，包括自有文献数据库 13 个，合作文献数据库 49 个。其中，自有的期刊数据库为《中国学术期刊数据库》。

《中国学术期刊数据库》是万方数据知识服务平台的重要组成部分，它收录了自 1998 年以来出版的各类期刊 8 000 余种，其中核心期刊 3 300 余种，内容涵盖自然科学、工程技术、医药卫生、农业科学、哲学政治、社会科学、科教文艺等多个学科。

2. 期刊文献检索入口和检索方式

下面以典型的期刊文献检索为例，介绍万方数据知识服务平台的使用方法。

1）期刊文献检索入口

登录万方数据知识服务平台的官方首页，可以看到一个检索框，单击检索框左侧的“全部”按钮，在展开的下拉列表中选择“期刊”选项，即可进入期刊文献检索入口，如图 5-18 所示。

图 5-18　万方数据知识服务平台首页中期刊文献的检索入口

单击万方数据知识服务平台首页“资源导航”中的“学术期刊”按钮，可进入期刊文献检索页面，如图 5-19 所示。

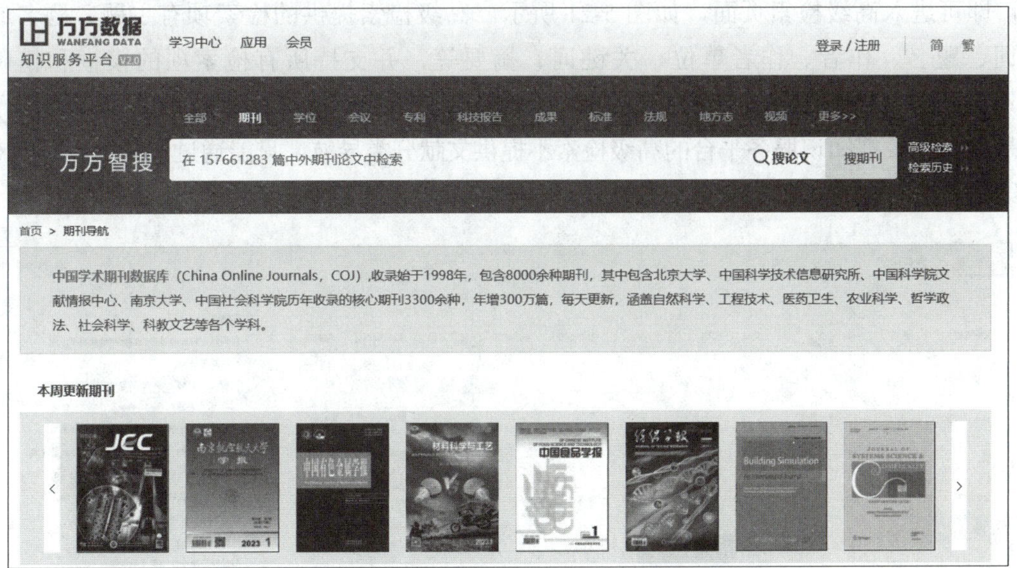

图 5-19　万方数据知识服务平台期刊文献检索页面

2）期刊文献检索方式

与中国知网类似，万方数据知识服务平台也为用户提供了多种期刊文献检索方式，包括快速检索、高级检索、专业检索和作者发文检索。

（1）快速检索。快速检索提供的检索项有题名、作者、作者单位、关键词、摘要、刊名、基金、中图分类号 8 种。快速检索的方法：单击期刊文献检索页面（见图 5-20）中的检索框，在展开的下拉列表中选择检索项；然后在检索框中的检索项右侧输入检索词或检索式；最后单击“搜论文”按钮。

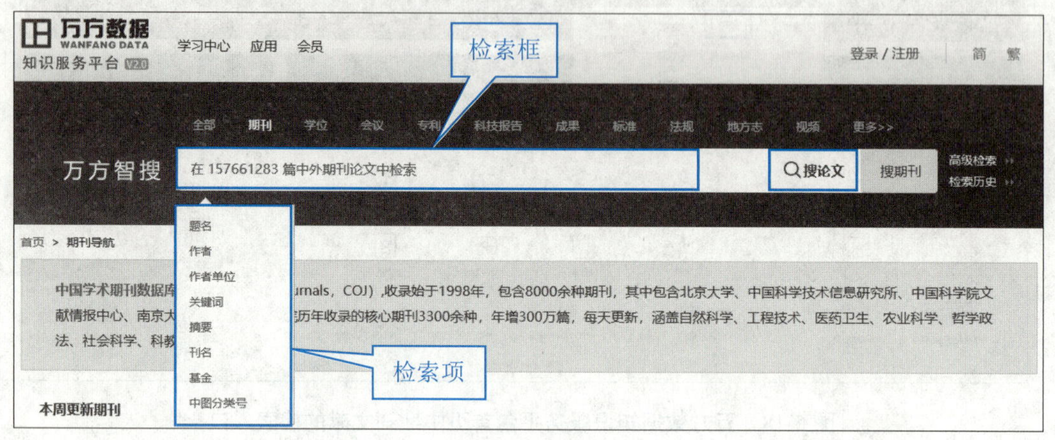

图 5-20　期刊文献检索页面

（2）高级检索。单击期刊文献检索页面中“搜期刊”按钮右侧的“高级检索”超链接，即可进入高级检索页面，如图 5-21 所示。高级检索提供的检索项有主题、题名或关键词、题名、作者、作者单位、关键词、摘要等，并支持所有检索项的模糊和精确匹配。万方数据知识服务平台的高级检索方法与中国知网的高级检索方法基本相同，不同的是，万方数据知识服务平台的高级检索不提供文献分类导航，只能通过设置出版时间对检索结果进行范围控制。

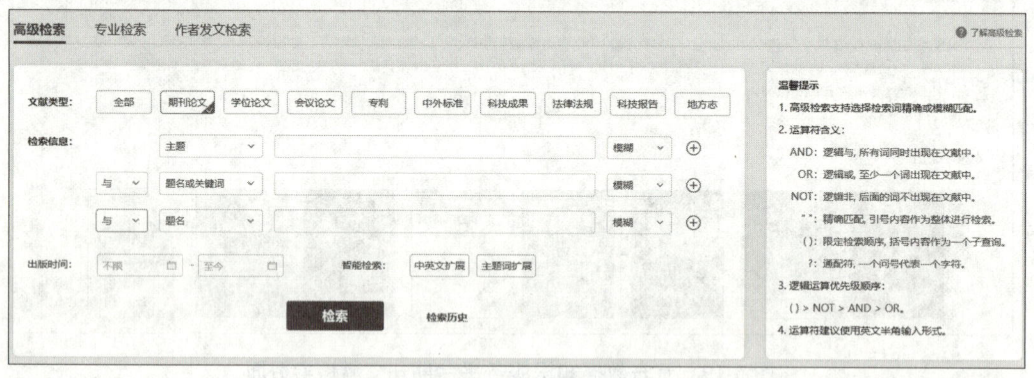

图 5-21　高级检索页面

（3）专业检索。在高级检索页面中选择“专业检索”选项卡，即可进入专业检索页面，如图 5-22 所示。在进行专业检索时，需要准确输入检索项和逻辑运算符，这大大增

加了用户的检索负担。为此，万方数据知识服务平台推出了检索项和逻辑运算符的点选功能，单击所需的检索项和逻辑运算符即可将其插入检索式。此外，当用户没有明确的检索词或选取的检索词查准率较低时，可以单击专业检索页面中的“推荐检索词”超链接，在打开的编辑框中输入与检索内容紧密相关的文本，然后单击“提取检索词”按钮，让系统生成检索词。

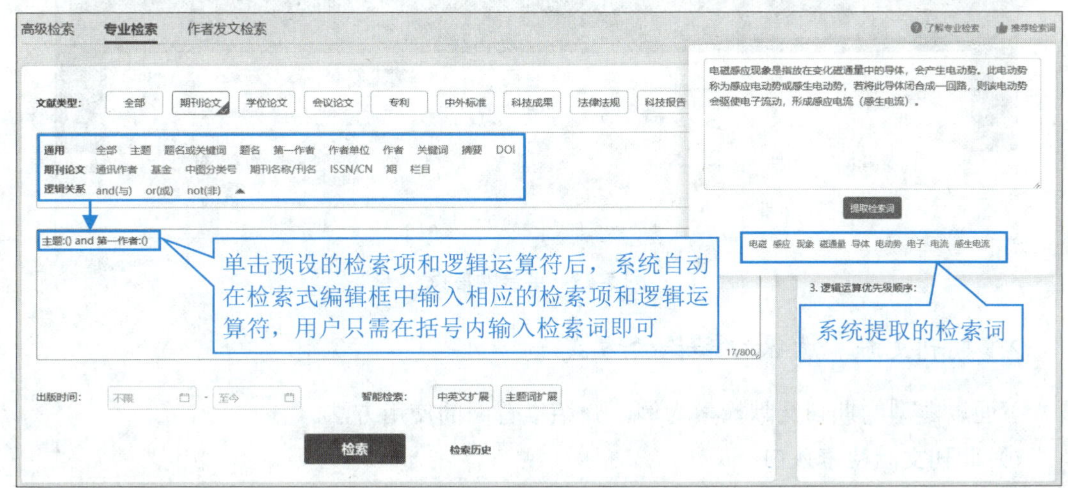

图 5-22　专业检索页面

（4）作者发文检索。在高级检索页面中选择“作者发文检索”选项卡，即可进入作者发文检索页面。作者发文检索的方法与高级检索的方法基本相同。不同的是，作者发文检索提供的检索项只有作者、第一作者、作者单位和第一作者单位 4 种。

5.2.3　维普网

1. 维普网简介

维普网（见图 5-23）是由重庆维普资讯有限公司于 2000 年所建立的网站。经过多年的商业运营，维普网已经成为全球著名的中文专业信息服务及综合性文献服务网站。

维普网作为一个专注于中文文献资源的服务平台，以科技文献为主要特色，是人们进行科技文献检索时常用的平台之一，其核心期刊数据库《中文科技期刊数据库》不仅是我国数字图书馆建设的核心资源，也是人们进行科技查证或科技查新的必备数据库。《中文科技期刊数据库》目前已累计收录期刊 15 000 余种，其中包括现刊 9 000 余种。该数据库内文献总量达 7 000 余万篇，内容囊括社会科学、自然科学、工程技术、农业科学、医药卫生、经济管理、教育科学和图书情报等多个领域。

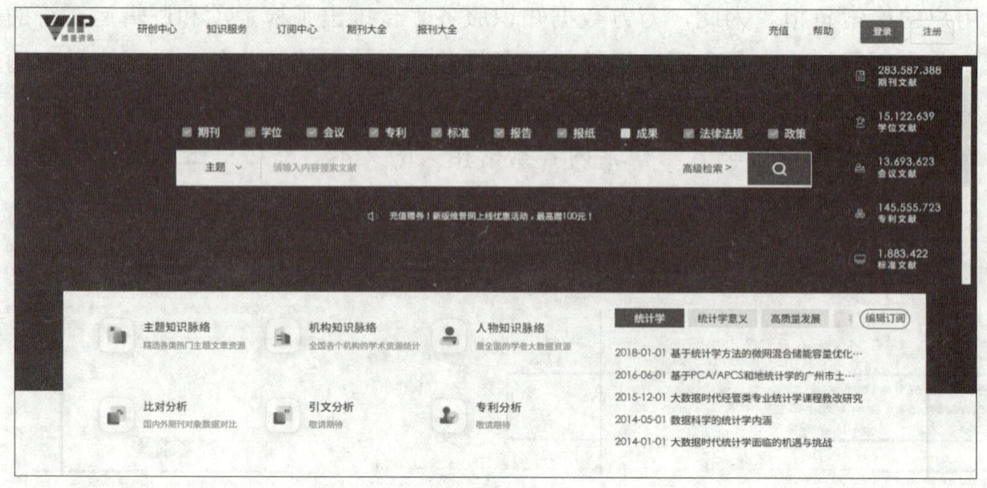

图 5-23　维普网首页

2. 期刊文献检索入口和检索方式

下面以典型的期刊文献检索为例，介绍维普网的使用方法。

1）期刊文献检索入口

维普网的中文期刊服务平台是用于期刊文献检索的专业平台，单击维普网首页“研创中心”模块中的“中文期刊服务平台”按钮，即可进入中文期刊服务平台首页，如图 5-24 所示。

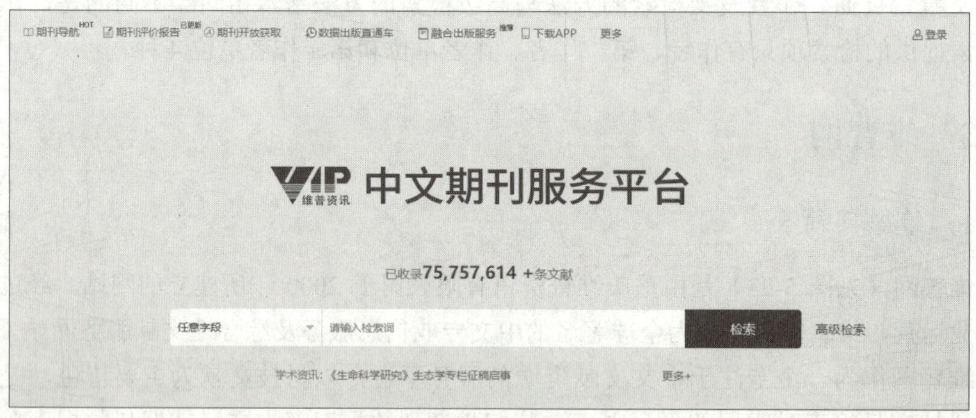

图 5-24　中文期刊服务平台首页

2）期刊文献检索方式

维普网提供的期刊文献检索方式有一框式检索、高级检索、检索式检索（专业检索）和期刊导航。

（1）一框式检索。一框式检索方法：首先在中文期刊服务平台首页中单击检索框左侧的“任意字段”按钮，在展开的下拉列表中选择需要的检索项，然后在检索框中输入检索词，最后单击“检索”按钮。中文期刊服务平台提供了任意字段、题名或关键词、题名、关键词、摘要、作者、第一作者、机构、刊名、分类号、参考文献、作者简介、基金资助和栏目信息 14 个检索项。

（2）高级检索。单击中文期刊服务平台首页中“检索”按钮右侧的“高级检索”超链接，即可进入高级检索页面。

维普网的高级检索方法与中国知网、万方数据知识服务平台的高级检索方法基本相同。不同的是，维普网的高级检索提供了同义词扩展功能，可以扩大检索范围，提高查全率。在高级检索页面的检索框中输入检索词后，单击检索框右侧的“同义词扩展+”按钮，可在打开的对话框中查看并选择检索词的同义词，如图 5-25 所示。需要注意的是，同义词扩展功能只适用于检索项为题名或关键词、题名、关键词、摘要时的情况。

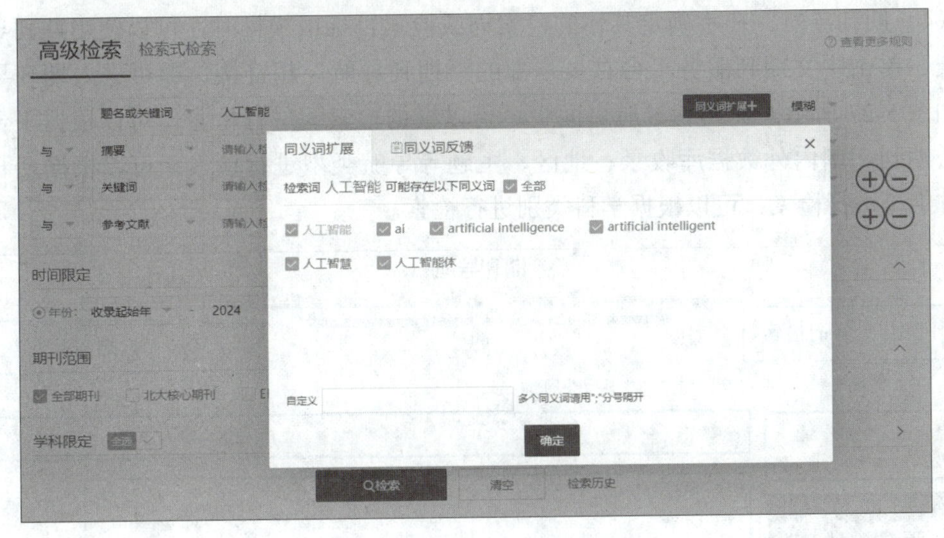

图 5-25　查看并选择检索词的同义词

（3）检索式检索。在高级检索页面中选择“检索式检索”选项卡，即可进入检索式检索页面，如图 5-26 所示。维普网的检索式检索方法与中国知网、万方数据知识服务平台的专业检索方法基本相同，只是在逻辑运算符的使用、检索项对应字段标识符的命名等方面有所不同，感兴趣的读者可单击高级检索页面或检索式检索页面右上角的“查看更多规则”超链接进行了解。

高级检索　检索式检索

查看更多规则

检索说明

逻辑运算符：AND（逻辑“与”）、OR（逻辑“或”）、NOT（逻辑“非”）；

字段标识符：U=任意字段、M=题名或关键词、K=关键词、A=作者、C=分类号、S=机构、J=刊名、F=第一作者、T=题名、R=摘要；

范例：(K=(CAD OR CAM) OR T=雷达) AND R=机械 NOT K=模具

请输入检索式

时间限定

年份：收录起始年 - 2024　　更新时间：一个月内

期刊范围

学科限定 全选

检索　清空　检索历史

图 5-26　检索式检索页面

（4）期刊导航。在不确定具体的检索词或检索目标很模糊时，可以使用期刊导航进行检索。单击中文期刊服务平台首页顶部的“期刊导航”超链接，即可进入期刊导航页面，如图 5-27 所示。在期刊导航页面中，可以根据检索词进行检索；可以根据平台提供的核心期刊、国内外数据库收录、地区、主题等导航类型进行检索；可以根据期刊名首字的首字母进行检索；可以根据学科类别进行检索。

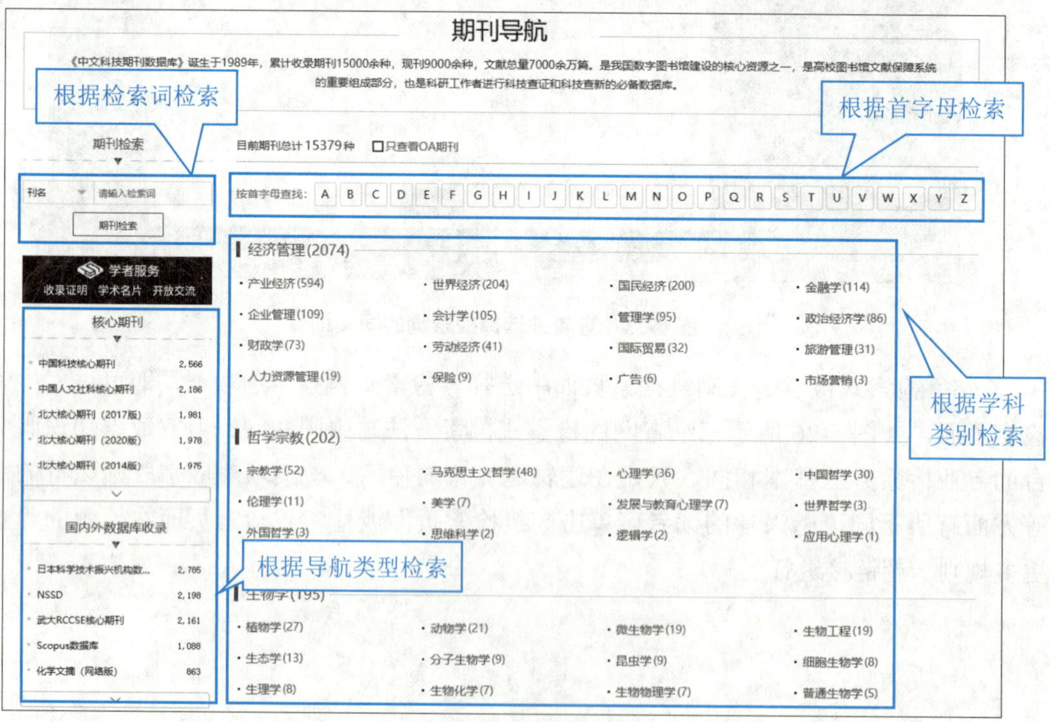

图 5-27　期刊导航页面

例如，要检索与暴雨灾害相关的中国科技核心期刊，可首先单击期刊导航页面左侧的“中国科技核心期刊”超链接，然后在右侧的学科类别中浏览，找到“环境科学与工程”类别后单击“灾害防治”超链接（见图 5-28），进入该类学科期刊资源页并找到与暴雨灾害相关的核心期刊（见图 5-29），最后单击“暴雨灾害”超链接，即可查看该期刊的详细信息，如图 5-30 所示。

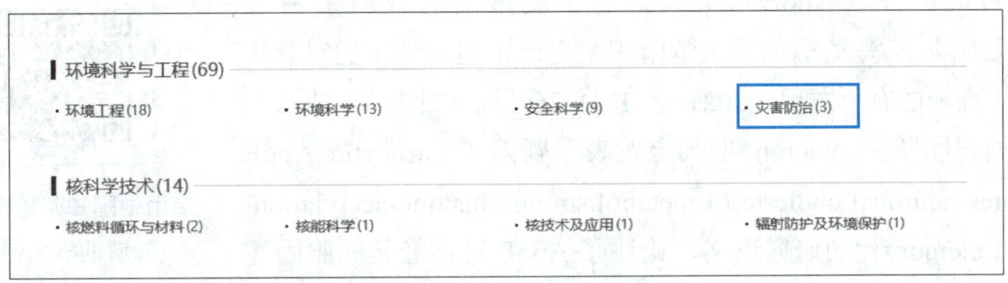

图 5-28　查看学科分类

图 5-29　期刊资源页

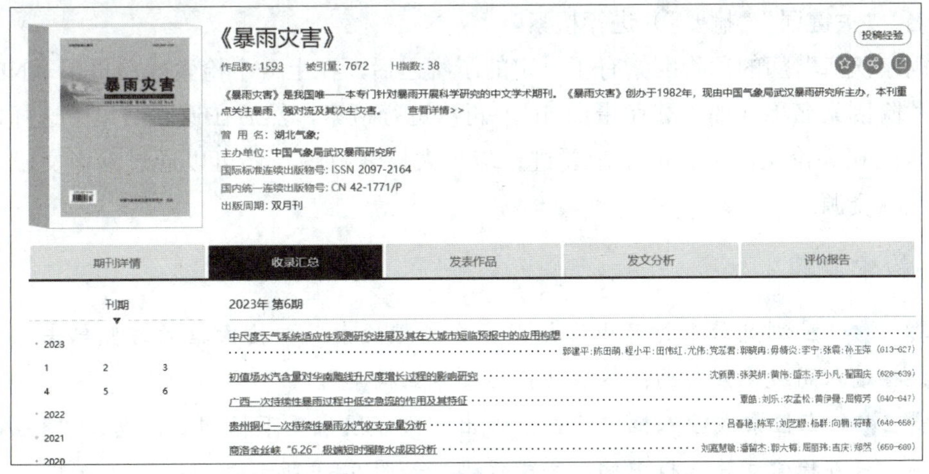

图 5-30　《暴雨灾害》期刊详情页

实操 1　使用中国知网检索医学领域的学术论文

载脂蛋白 E（ApoE）是大脑内丰度最高的载脂蛋白之一，也是阿尔茨海默病的最大危险因素之一，但科学家们对其致病机制一直未能有所发现。2021 年 1 月 26 日，中国科学技术大学教授刘强团队在 Neuron 期刊上发表了题为《Astrocytic ApoE reprograms neuronal cholesterol metabolism and histone-acetylation-mediated memory》的研究论文，论述了 ApoE 对神经元的胆固醇代谢进行重编程的机制，以及这种代谢调控对神经元功能特别是学习记忆过程的影响，并揭示了 ApoE4（变异型）导致阿尔茨海默病的全新机制。

使用中国知网检索医学领域的学术论文

1. 检索课题

以“阿尔茨海默病的危险因素研究”为课题，使用中国知网检索相关文献，解决以下两个问题：阿尔茨海默病有哪些危险因素？相关危险因素有哪些最新研究成果？

2. 课题分析

此研究课题相对简单，只有“阿尔茨海默病”和“危险因素”两个关键词（虽然这两个关键词拥有很多同义词，但在中国知网可以通过“同义词扩展”功能覆盖，如果对检索结果不满意，也可以随时在检索式中添加同义词）。检索时，首先通过逻辑“与”运算符（AND）将这两个关键词连接起来组成检索式，然后在“篇关摘”字段（即同时检索“篇名”“关键词”“摘要”）进行检索。

对阿尔茨海默病的危险因素有了一定的了解之后，在上一个检索式后再用 AND 加上具体的危险因素名称（如“载脂蛋白 E”）再次进行检索，然后在返回结果中选择以时间排序，查阅相关论文即可。如果想要进一步扩大检索范围，还可以通过参考文献检索其他同类文献资源。

3. 检索步骤

步骤 1 在浏览器中打开中国知网，在文献检索入口检索框的右侧单击“高级检索”超链接进入高级检索页面，然后切换至“专业检索”。

步骤 2 在检索式输入框中单击，弹出检索字段代码下拉列表，选择“TKA=篇关摘”选项，可在检索式输入框中插入字段代码，如图 5-31 所示。

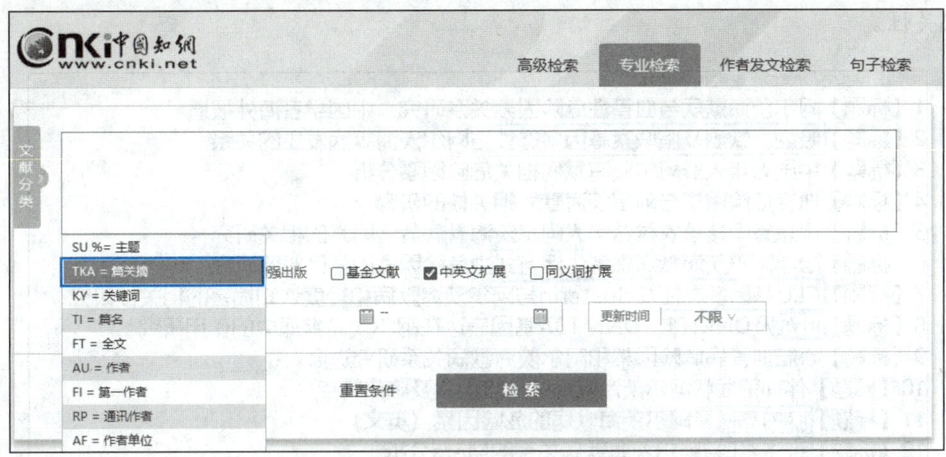

图 5-31　选择检索字段

步骤 3 输入检索式：TKA=“阿尔茨海默病” AND TKA=“危险因素”。在输入检索式时，按空格后会自动弹出检索字段代码或逻辑运算符（主要是“AND”“OR”“NOT”）下拉列表供用户选择。检索式输入完成后，选中“同义词扩展”复选框，最后单击“检索”按钮。此时页面下方出现检索结果列表，本次检索一共检出 1 288 篇文献，其中学术期刊 682 篇，学位论文 416 篇，会议论文 108 篇，如图 5-32 所示。

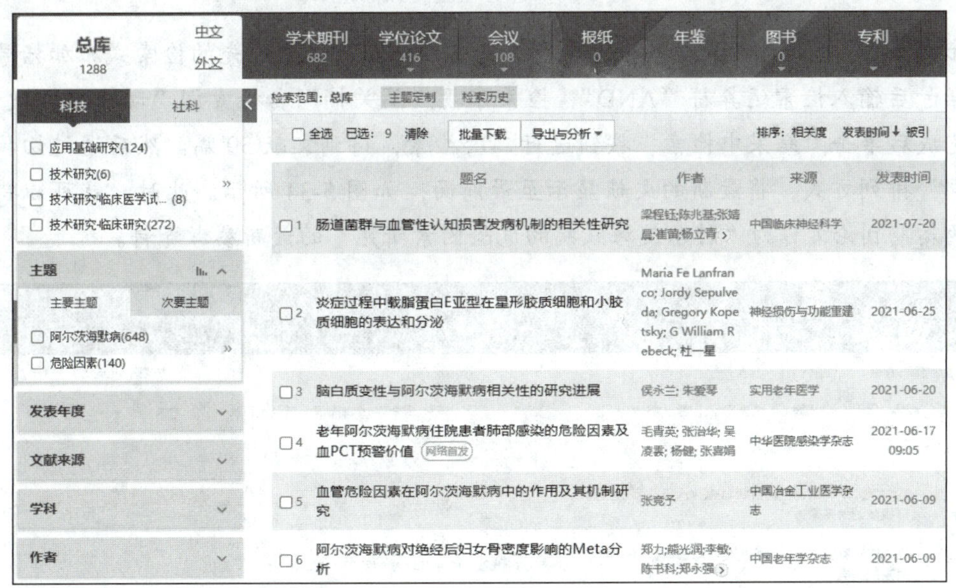

图 5-32　检索结果

步骤 4 从检索出的文献篇名（见图 5-33）来看，吸烟、饮酒、高血压、某些不良生活方式、叶酸、心脑血管疾病、脑内高锰、维生素 E、载脂蛋白 E（ApoE）、糖尿病、遗传基因问题、生命早期铅暴露、血脂代谢异常、颈动脉粥样硬化等，与阿尔茨海默病具有相关性。

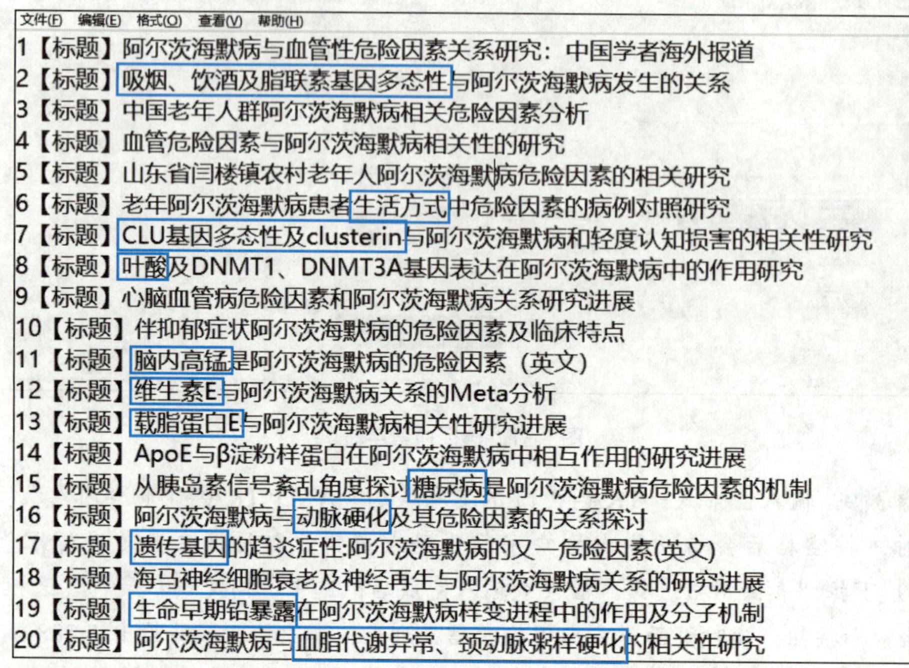

文件(F) 编辑(E) 格式(O) 查看(V) 帮助(H)

1【标题】阿尔茨海默病与血管性危险因素关系研究：中国学者海外报道
2【标题】吸烟、饮酒及脂联素基因多态性与阿尔茨海默病发生的关系
3【标题】中国老年人群阿尔茨海默病相关危险因素分析
4【标题】血管危险因素与阿尔茨海默病相关性的研究
5【标题】山东省闫楼镇农村老年人阿尔茨海默病危险因素的相关研究
6【标题】老年阿尔茨海默病患者生活方式中危险因素的病例对照研究
7【标题】CLU基因多态性及clusterin与阿尔茨海默病和轻度认知损害的相关性研究
8【标题】叶酸及DNMT1、DNMT3A基因表达在阿尔茨海默病中的作用研究
9【标题】心脑血管病危险因素和阿尔茨海默病关系研究进展
10【标题】伴抑郁症状阿尔茨海默病的危险因素及临床特点
11【标题】脑内高锰是阿尔茨海默病的危险因素（英文）
12【标题】维生素E与阿尔茨海默病关系的Meta分析
13【标题】载脂蛋白E与阿尔茨海默病相关性研究进展
14【标题】ApoE与β淀粉样蛋白在阿尔茨海默病中相互作用的研究进展
15【标题】从胰岛素信号紊乱角度探讨糖尿病是阿尔茨海默病危险因素的机制
16【标题】阿尔茨海默病与动脉硬化及其危险因素的关系探讨
17【标题】遗传基因的趋炎症性:阿尔茨海默病的又一危险因素(英文)
18【标题】海马神经细胞衰老及神经再生与阿尔茨海默病关系的研究进展
19【标题】生命早期铅暴露在阿尔茨海默病样变进程中的作用及分子机制
20【标题】阿尔茨海默病与血脂代谢异常、颈动脉粥样硬化的相关性研究

图 5-33　部分检出文献标题

步骤 5 回到检索式输入框，在英文输入法状态下，为原先的检索式添加括号，然后在括号后输入检索运算符“AND”、检索字段“篇关摘”和检索词“动脉粥样硬化”。输入完成后单击“结果中检索”按钮进行二次检索，得到文献 59 篇。然后通过切换“发表时间”排列方式，将最新的文献显示至最前面，如图 5-34 所示。此时，就可以将最上面的两篇期刊论文作为“阿尔茨海默病的危险因素研究”的最新参考资料。

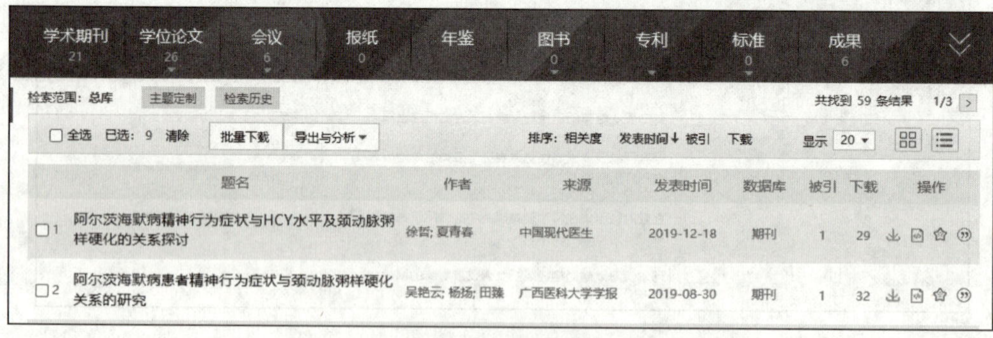

图 5-34　获得最新期刊论文

5.3　熟悉常用的国外文献数据库

常用的国外文献数据库有 Web of Science 引文数据库、Engineering Village 数据库、SpringerLink 全文数据库、EBSCOhost 全文数据库、ProQuest 全文数据库、OCLC FirstSearch 基本组数据库等。

国外的很多数据库都在国内设立了镜像站点，国内用户可以直接登录镜像站点访问相应数据库。对于没有在国内设立镜像站点的数据库，用户可以通过数据库供应商租用的专线登录国外站点。但是，无论是国内的镜像站点还是国外站点，数据库供应商一般都通过购买者的 IP 地址提供服务，如果不在指定的 IP 地址范围内则不能访问数据库或不能享用数据库的全部服务。

5.3.1　Web of Science 引文数据库

Web of Science 是美国科睿唯安公司（Clarivate Analytics）开发的一个多学科大型引文数据库，它收录了自然学科、工程技术、生物医学、社会学科、艺术与人文等多个领域最具影响力的核心学术期刊，是目前全球最大、覆盖学科最广的综合性学术信息数据库。Web of Science 推出的影响因子（IF）现已成为国际上通用的期刊评价指标，该指标不仅用于评价期刊的有用性和显示度，还用于评价期刊的学术水平或论文质量。

Web of Science 主要包括三大引文数据库：SCI（科学引文索引）、SSCI（社会科学引文索引）、A&HCI（艺术与人文科学引文索引）。

学校图书馆一般都会购买 Web of Science 的数据库资源，用户可以通过学校图书馆网站访问该平台。若用户不在学校范围内，可以通过 VPN（虚拟专用网络）登录学校数字化图书馆网站，从而进入 Web of Science 的检索页面。Web of Science 提供的检索方式有基本检索和高级检索。

（1）基本检索。进入 Web of Science 平台后，默认显示该平台的基本检索页面，如图 5-35 所示。基本检索的方法：首先在基本检索页面上方选择检索的数据库（一般选择“Web of Science 核心合集”），然后在检索框左侧选择检索项，接着在检索框中输入检索词，最后单击“检索”按钮。若要添加多个检索条件，可单击“添加行”按钮；若要限制文献的出版日期范围，可单击“添加日期范围”按钮。

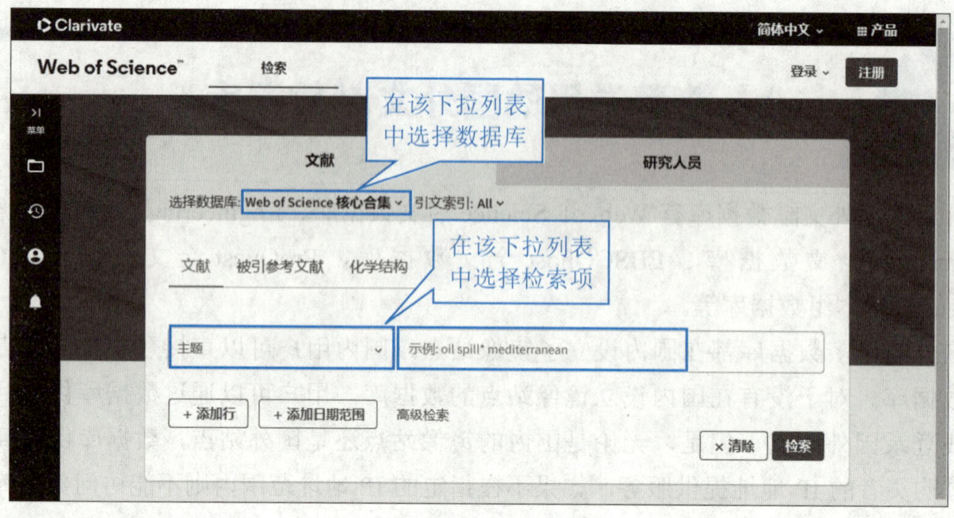

图 5-35　Web of Science 基本检索页面

（2）高级检索。单击基本检索页面中的“高级检索”超链接，即可进入高级检索页面，如图 5-36 所示。高级检索的方法：首先在高级检索页面上方选择检索项并输入检索词；然后单击“添加到检索式”按钮，此时系统在“检索式预览”编辑框中生成检索式；接着选择逻辑运算符，或在“检索式预览”编辑框中输入逻辑运算符，并添加其他检索项和检索词；最后单击“检索”按钮。

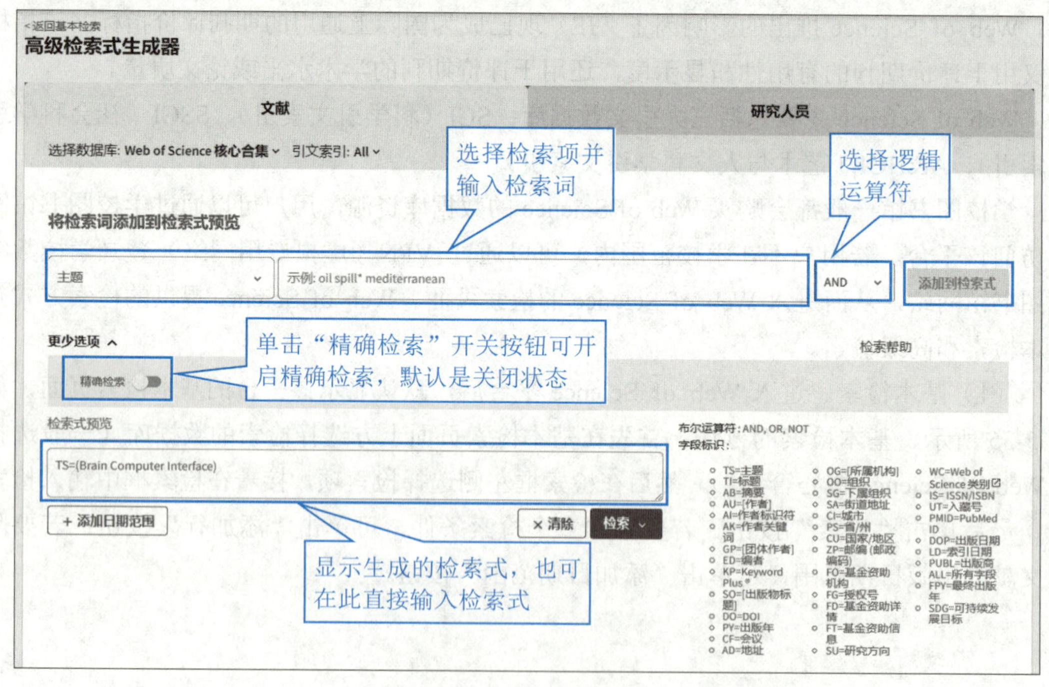

图 5-36　Web of Science 高级检索页面

5.3.2　Engineering Village 数据库

Engineering Village 是美国工程信息公司提供的文献检索平台，该平台的核心数据库是 Ei Compondex。Ei Compondex 就是通常所说的《工程索引》（EI）数据库，该数据库侧重于提供应用学科和工程领域的文摘索引信息，内容涵盖工程和应用学科领域的各学科，包括核技术、生物工程、交通运输、化学和工艺工程、照明和光学技术、农业工程和食品技术、计算机和数据处理、应用物理、电子和通信、控制工程、土木工程、机械工程、材料工程、汽车工程等。

Engineering Village 平台同样可以通过学校图书馆网站访问，其提供的检索方式有快速检索、专业检索和主题词表检索。

（1）快速检索。进入 Engineering Village 平台后，默认显示该平台的快速检索页面，如图 5-37 所示。快速检索的方法：首先在快速检索页面中检索框的左侧选择检索项（默认为“All fields”，即所有字段），然后在检索框中输入检索词或检索式，最后单击检索按钮 🔍 。

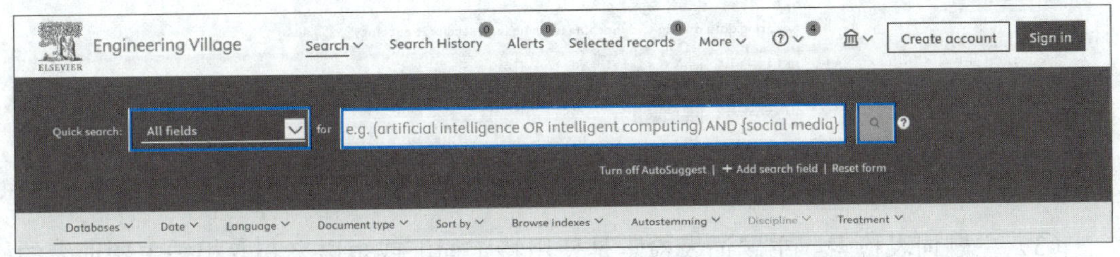

图 5-37　Engineering Village 快速检索页面

（2）专业检索。单击 Engineering Village 快速检索页面顶部导航栏中的“Search”按钮，在展开的下拉列表中选择“Expert Search”选项，即可进入专业检索页面，如图 5-38 所示。

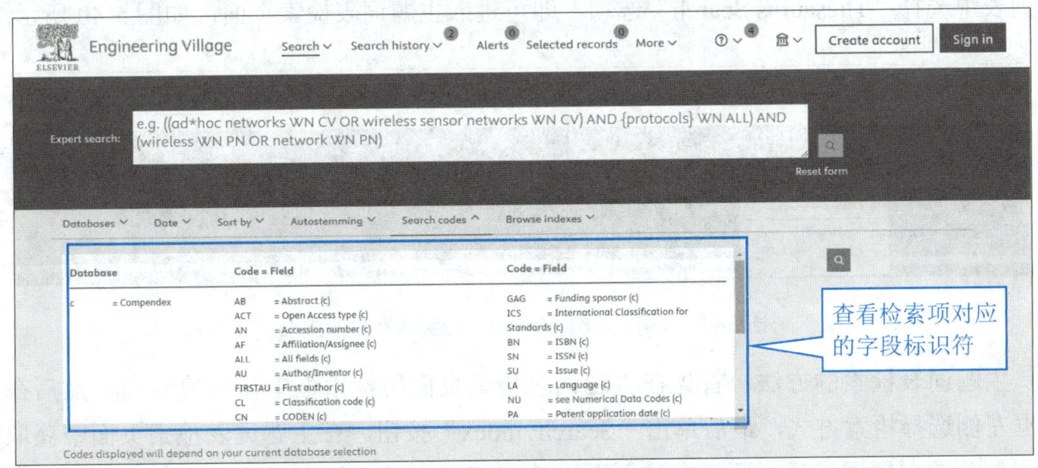

图 5-38　Engineering Village 专业检索页面

专业检索与快速检索的检索方式和检索策略基本相同，不同的是，在使用专业检索时，必须使用“WN”字符，且“WN”后面为检索项对应的字段标识符。例如，要检索主题为“Machine Learning”且标题中含有“Data Mining”的文献，可在检索框中输入检索式“"Machine Learning" WN KY AND "Data Mining" WN TI”，检索结果如图 5-39 所示。

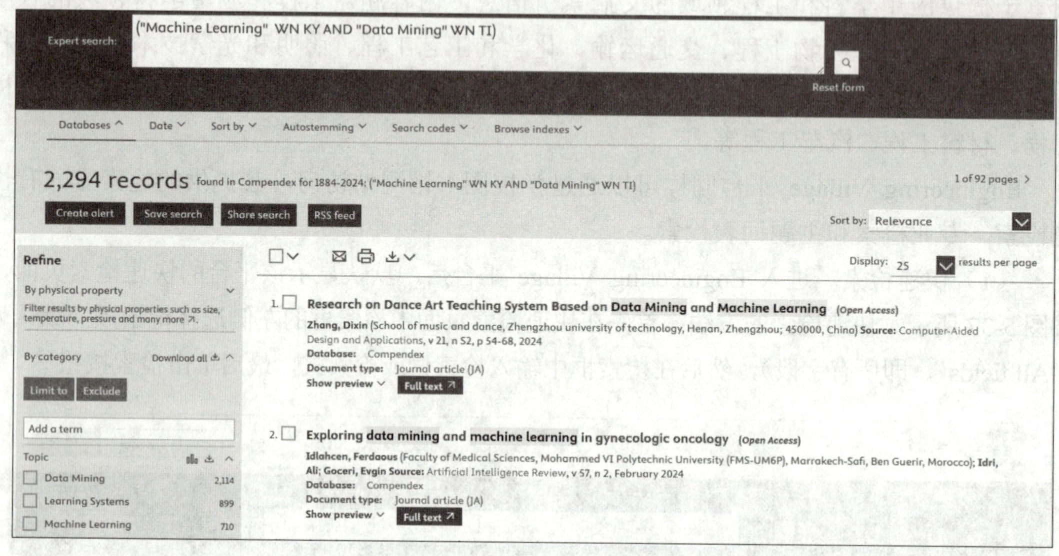

图 5-39　专业检索结果

（3）主题词表检索。主题词表检索是使用特定词汇或短语来获取相关主题词表的检索方式。该检索方式可以清晰地展示检索词的广义词、狭义词、相关词等，还可以扩大或缩小检索范围，提高查全率或查准率。

单击 Engineering Village 快速检索页面顶部导航栏中的“Search”按钮，在展开的下拉列表中选择“Thesaurus Search”选项，即可进入主题词表检索页面，如图 5-40 所示。

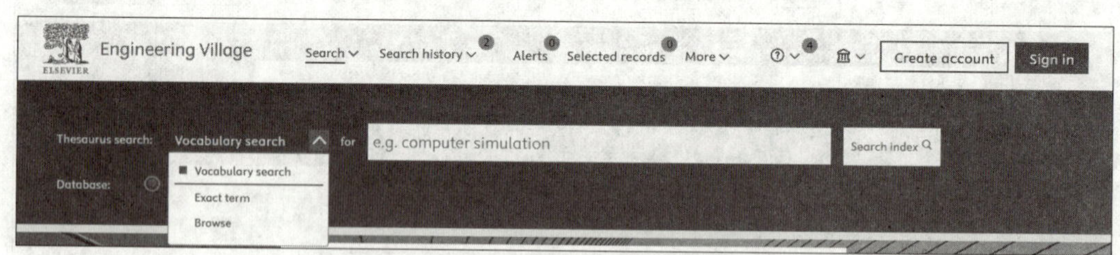

图 5-40　Engineering Village 主题词表检索页面

主题词表检索的方法：首先在主题词表检索页面的检索框中输入检索词，然后在检索框左侧选择检索方式，最后单击“Search index”按钮。在主题词表检索页面中获取检索词相关的主题词表后，还可在该页面中检索相关文献。例如，在检索框中输入检索词

“Machine Learning”，并选择“Exact term”选项，最终检索结果如图 5-41 所示。

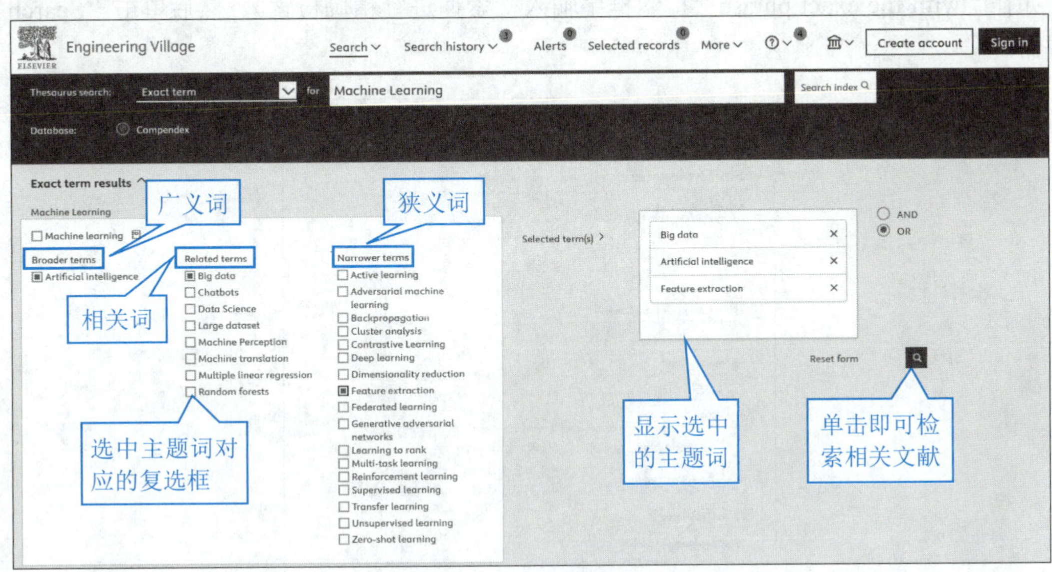

图 5-41　主题词表检索结果

5.3.3　SpringerLink 全文数据库

SpringerLink 是德国施普林格（Springer-Verlag）出版集团出版发行的在线学术资源平台。施普林格出版集团成立于 1842 年，是全球知名的科学、医学图书出版集团。目前，SpringerLink 已收录 3 800 多种期刊。

任何用户均可登录 SpringerLink 的国内外站点浏览和检索文献，已订购该数据库的图书馆用户可以浏览和下载其中的全文期刊文献。

SpringerLink 平台也可以通过学校图书馆访问，其提供的检索方式有简单检索和高级检索。

（1）简单检索。进入 SpringerLink 平台后，默认显示该平台的简单检索页面，如图 5-42 所示。简单检索的方法：首先在简单检索页面的检索框中输入检索词或检索式，然后单击检索按钮。

图 5-42　SpringerLink 简单检索页面

（2）高级检索。单击 SpringerLink 简单检索页面中检索按钮右侧的按钮，在展开的下拉列表中选择“Advanced Search”选项，即可进入高级检索页面，如图 5-43 所示。高级检索的方法：首先在高级检索页面中选择符合检索需求的检索框并输入检索词（如在“with the exact phrase”检索框中输入检索词进行精确检索），然后单击“Search”按钮。

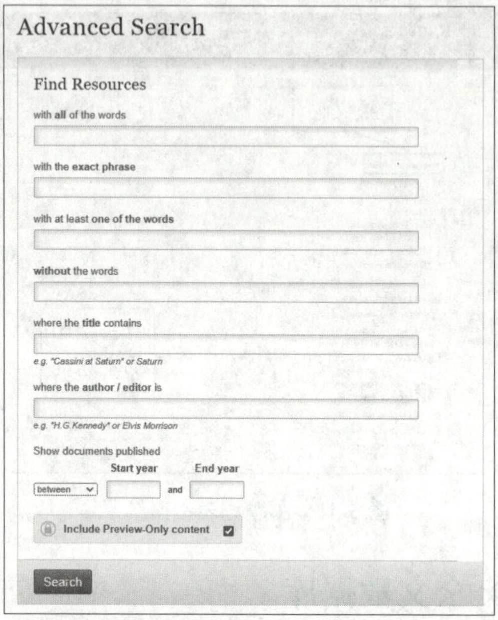

图 5-43　SpringerLink 高级检索页面

5.3.4　EBSCOhost 全文数据库

EBSCOhost 是美国 EBSCO 公司发行的数据库检索系统，其具有以下几个特点。

（1）收录期刊种类多。EBSCOhost 系统收录了近万种期刊，其中超过一半被 SCI、SSCI 所收录，是目前世界上收录学科比较齐全的全文数据库检索系统。

（2）涉及学科范围广。EBSCOhost 系统收录的期刊涉及自然科学、社会科学、人文和艺术科学等多个学科领域，内容十分丰富。

（3）全文回溯期较长。EBSCOhost 系统提供回溯到 1898 年的科学文摘数据库（INSPEC），这为研究者提供了宝贵的历史数据。

EBSCOhost 系统提供大量数据库的检索服务，其中包含十余个全文数据库，如 ASP（学术期刊数据库）、BSP（商业资源数据库）、ERIC（教育资源中心）等。

EBSCOhost 系统也可以通过学校图书馆访问。进入 EBSCOhost 系统后，需要先选择检索平台，即 EBSCOhost 检索平台和商业检索平台。商业检索平台只能检索 BSP 数据库，而 EBSCOhost 检索平台可以检索所有数据库。因此，一般情况下选择 EBSCOhost 检索平台，如图 5-44 所示。

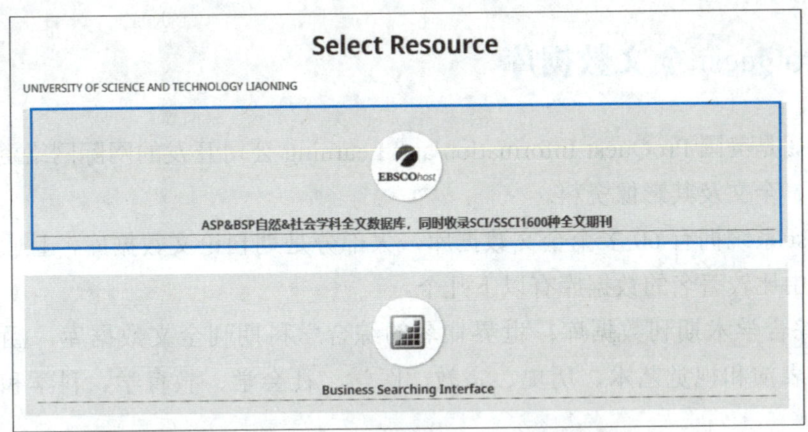

图 5-44　检索平台选择页面

EBSCOhost 检索平台提供的检索方式有基本检索和高级检索。

（1）基本检索。进入 EBSCOhost 检索平台后默认显示高级检索页面，单击高级检索页面中的“基本检索”超链接，即可进入基本检索页面，如图 5-45 所示。基本检索的方法：首先在检索框中输入检索词，然后单击“搜索”按钮。在基本检索页面中，可单击“选择数据库”超链接，在打开的对话框中选择数据库，也可在检索选项中设置检索条件。

图 5-45　EBSCOhost 基本检索页面

（2）高级检索。单击基本检索页面中检索框下方的“高级检索”超链接，即可进入高级检索页面，如图 5-46 所示。在高级检索页面中，可通过多个检索项的逻辑组合完成较复杂的检索，也可在检索选项中设置检索条件。

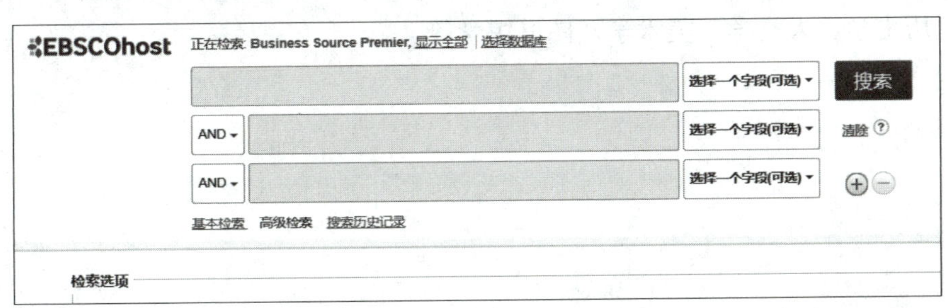

图 5-46　EBSCOhost 高级检索页面

5.3.5 ProQuest 全文数据库

ProQuest 是美国 ProQuest Information and Learning 公司开发的网际网络资讯系统，提供多种文摘、全文及其影像资料。

ProQuest 系统拥有 60 多个全文数据库，大部分是期刊论文数据库，且收录内容偏学术研究，其中比较著名的数据库有以下几个。

（1）综合学术期刊数据库：世界知名的综合学科期刊全文数据库，涵盖商业、文学、语言、表演和视觉艺术、历史、宗教、医学、社会学、教育学、科学和技术等多个领域。

（2）博硕士论文全文数据库：收录了自 1637 年至今全球多所高校和科研机构超过 540 万篇博硕士学位论文，包括学位论文全文与文摘索引，涵盖人文科学、社会科学、自然科学、工程技术等多个学科领域。

（3）商业和经济管理资源全文数据库：世界著名的商业与经济管理学科全文数据库，涵盖会计、商业、金融、经济、管理等多个领域。该数据库资源类型丰富多样，包括学术期刊、行业杂志、图书、报纸、学位论文、会议论文、研究手稿等。

5.3.6 OCLC FirstSearch 基本组数据库

OCLC 是“联机计算机图书馆中心”的简称，它是世界上最大的提供文献信息服务的机构之一。作为一个非营利性组织，OCLC 以推动资源共享并减少信息使用费用为主要目标。

OCLC 的 FirstSearch 系统于 1996 年推出，该系统是一个大型综合数据库平台。FirstSearch 系统使用最受图书馆欢迎的 14 个子数据库组成 FirstSearch 基本组数据库。该数据库资源类型丰富多样，包括图书、博硕士论文、学术期刊、会议论文、百科全书、年鉴、政府出版物、拍卖目录等，且基本覆盖所有学科，如农业、商业、科学、技术、文学、医学、宗教、哲学、语言、法律、政治学、心理学、社会学、经济学、教育学、地理学、历史学、人类学、美术学及图书馆学等。

实操 2　使用 Web of Science 数据库检索热点科技论文

国家自然科学基金委员会（NSFC）在中央财政支持下，面向科学前沿和国家需求，相继设立“科学仪器基础研究专款”和“国家重大科研仪器研制项目”，鼓励和培育具有原创性思想的探索性科研仪器研制，以全面提升我国的原始创新能力。

厦门大学化学化工学院颜教授课题组在国家自然科学基金委员会仪器研制项目、国家杰出青年科学基金项目的支持下，首创性地研制成功具有自主知识产权的国际上最灵敏的纳米流式检测装置，将外泌体、病毒、二氧化硅纳米颗粒、纳米金的单颗粒检测下限分别推进到前所未有的 40 nm、27 nm、24 nm 和 7 nm，如图 5-47 所示。

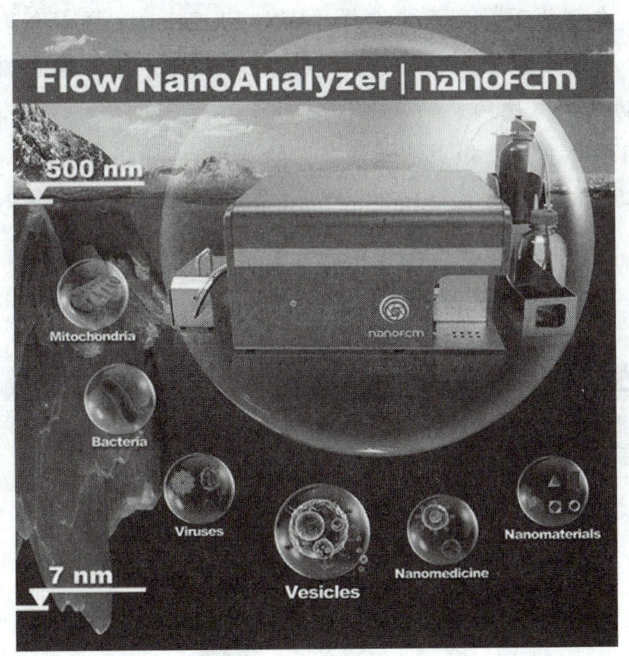

图 5-47　我国自主研发的纳米流式检测装置

使用 Web of Science 数据库检索热点科技论文

纳米流式检测技术不仅是科学研究的重要突破——首次将流式检测技术的应用领域拓展至纳米级颗粒的多参数表征，而且在生命科学研究、疾病诊断、纳米材料分析等领域具有巨大的应用前景和市场价值。纳米流式检测技术的成功研制和转化得益于国家对科学仪器研发的大力支持，是国家和地方政府大力促进科技成果转化的一个缩影。

1. 检索课题

检索由国家自然科学基金委员会（可用简称 NSFC）资助、与纳米技术相关且被引用次数最多的科技文献。

2. 课题分析

检索外文数据库最大的问题在于中英文的转换，此处可以借助中国知网的翻译助手（https://dict.cnki.net/index）。首先选择相应的检索字段，输入检索词，然后将检索结果以“被引频次”排列，即可完成检索课题。

3. 检索步骤

步骤 1 在浏览器中登录 Web of Science 数据库。高校一般都会购买该数据库资源，使用授权 IP 地址登录即可。

步骤 2 在“选择数据库”右侧的下拉列表中选择“Web of Science 核心合集”选项（一般为默认）。在第一个检索字段输入框内输入“NSFC”，然后打开输入框右侧的字段选择下拉列表，选择“基金资助机构”选项。

步骤 3 通过中国知网的翻译助手，查知“纳米技术”的英文为“nanotechnology”。继续添加检索字段“主题”，在其输入框中输入“nanotechnology”。设置时间跨度为“最近 5 年”，最后单击“检索”按钮，如图 5-48 所示。

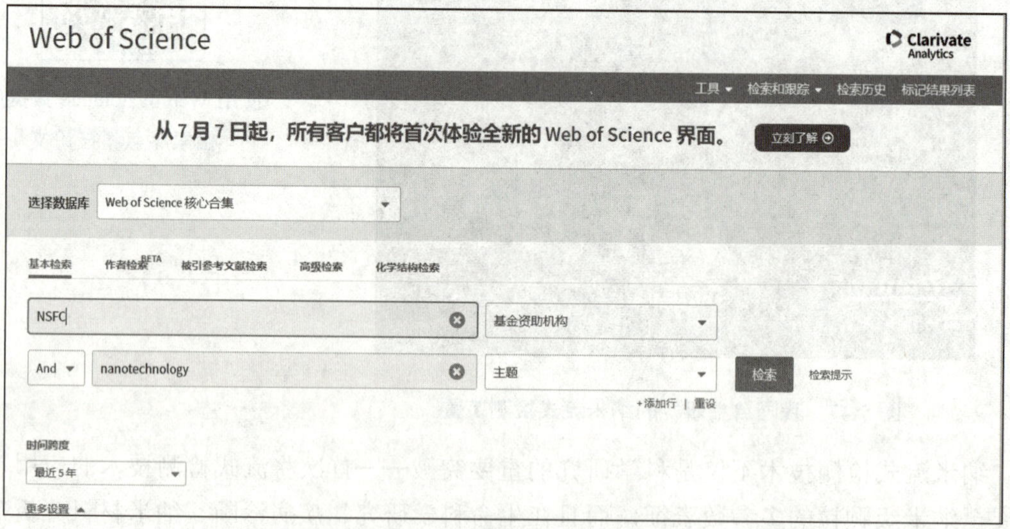

图 5-48 使用基本检索功能

步骤 4 跳转至检索结果页面，本次一共检出 2 525 篇由 NSFC 资助的论文文献。在页面左侧的筛选检索结果区域选中“领域中的高被引论文”复选框，以缩小检索范围。然后在结果列表顶部单击“被引频次”超链接，将检索结果中被引频次最高的论文置顶，如图 5-49 所示。

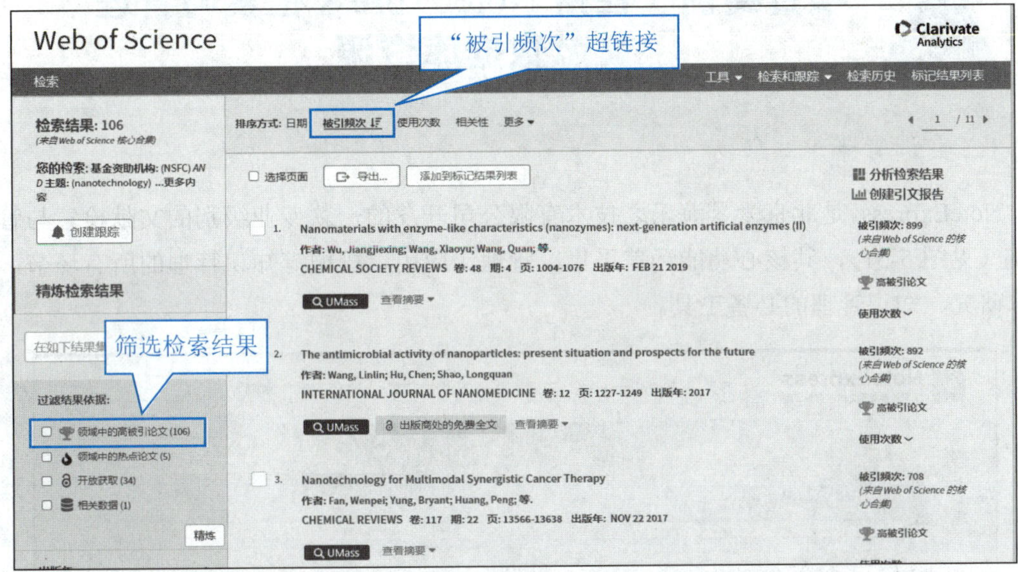

图 5-49　将被引频次最高的论文置顶

步骤 5 可配合中国知网的翻译助手查阅相关文献的摘要信息，了解纳米技术领域的研究进展，如图 5-50 所示。

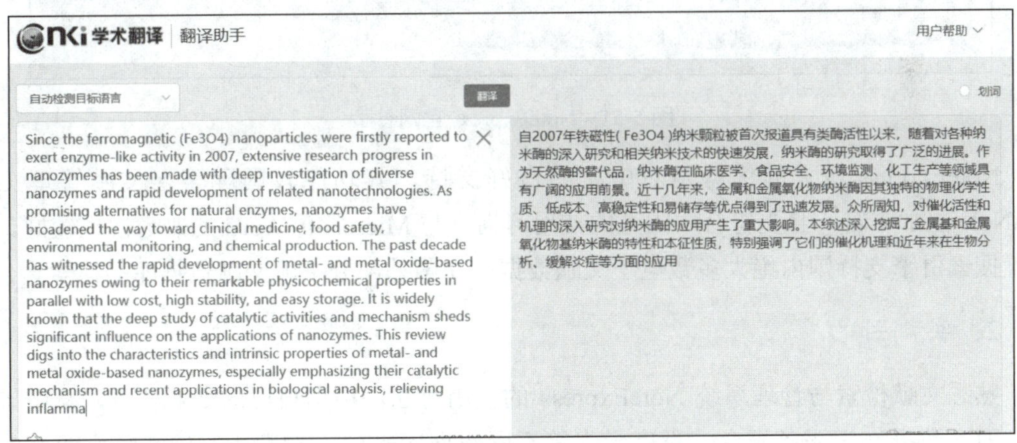

图 5-50　使用中国知网的翻译助手辅助查阅

由于篇幅所限，本项目对 Web of Science 数据库的介绍较为简单，更多的功能可通过高校图书馆查询。

项目实训　使用 NoteExpress 检索与管理文献数据库资源

1. 实训背景

NoteExpress 是北京爱琴海乐之技术有限公司开发的一款专业级别的文献检索与管理系统（见图 5-51），其核心功能涵盖采集、管理、应用、挖掘等知识管理的所有环节，是学术研究、知识管理的必备工具。

图 5-51　NoteExpress 官网首页

NoteExpress 最大的优势是对中文的良好支持，其功能较国际著名文献管理工具 EndNote 更加丰富，且更符合中国人的使用习惯，与 Microsoft Word 的兼容性也较好。其内置搜索引擎支持国内绝大多数电子文献数据库和国外部分主流文献数据库的检索。

2. 实训目的

熟悉文献检索与管理系统 NoteExpress 的使用方法。根据自己的专业背景，从中国知网、万方数据知识服务平台、百度学术等不同数据库平台，检索所需的文献资源并将其收录到 NoteExpress。通过本实训活动，一方面可以提高大家搜集和利用文献信息资源的能力，另一方面也可以为后面的文献综述及论文写作积累参考资料。

3. 实训步骤

（1）登录北京爱琴海乐之技术有限公司网站，下载并安装 NoteExpress。打开软件程序，注册一个 NoteExpress 个人账号。

（2）熟悉 NoteExpress 的界面及主要功能，然后新建一个个人文献数据库，选中“题录”分类，在题录操作界面中右击鼠标，通过“新建题录”功能将本专业的主要专业课教材题录信息输入到数据库中。

（3）在百度学术中检索 5 篇与本专业相关的学术论文。在学术论文的信息页面中，单击“引用”按钮，在弹出的“引用”对话框中单击“导出至”项目里的“NoteExpress”超链接（见图 5-52），保存 NoteExpress 格式的题录信息文件至个人电脑。打开 NoteExpress，右击“题录”分类，在弹出的快捷菜单中使用“导入题录”功能，将刚才保存的题录信息文件导入软件的个人文献数据库，如图 5-53 所示。

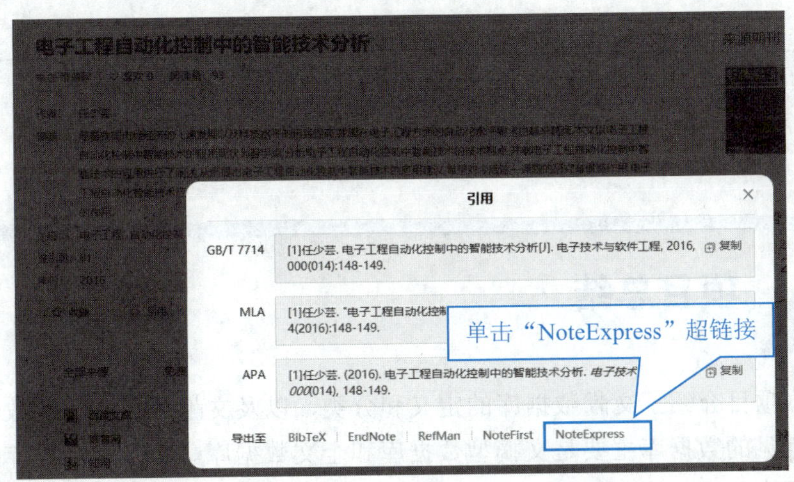

图 5-52　导入百度学术中的论文信息

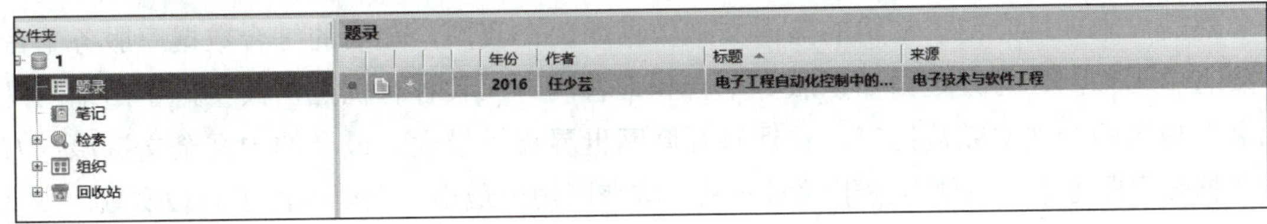

图 5-53　导入文献题录信息

（4）使用软件顶部工具栏中的“在线检索”功能，根据自己的专业背景和学习需求，从中国知网检索 10 篇文献并导入自己的数据库，如图 5-54 所示。

（5）尝试其他功能，最后将自己的数据库题录界面截图后提交给老师。

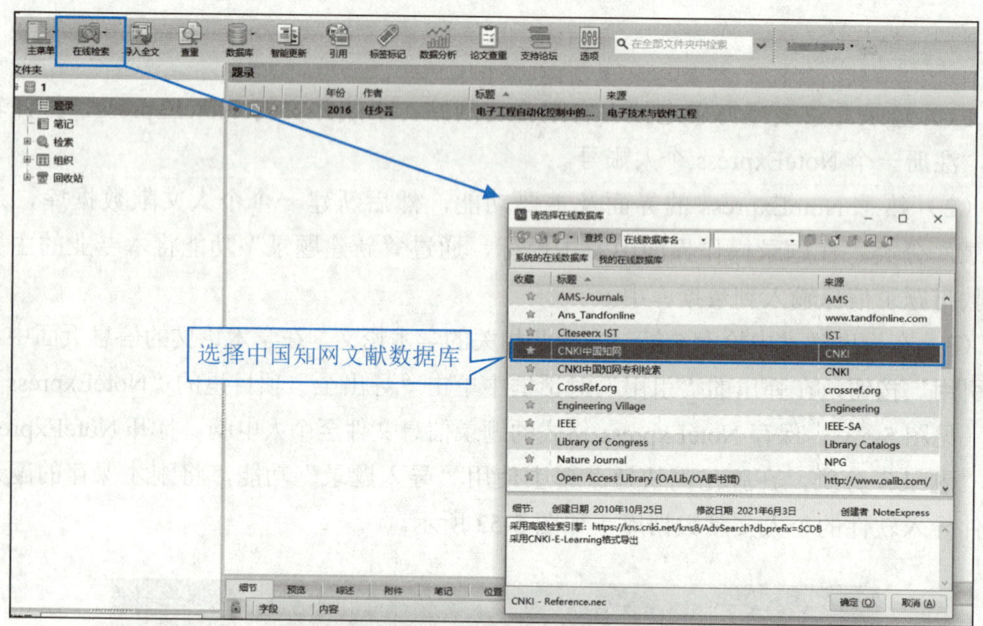

图 5-54　在线检索中国知网的文献信息资源

项目总结

首先，本项目介绍了文献数据库的定义和分类，以及文献数据库的存放与接入等。一般来说，常见的数据库主要是文摘型数据库和全文数据库。而引文数据库是一种特殊的文摘型数据库，它的检索对象是文献的参考文献。一般的数据库适用于有明确检索词或检索目的的检索活动，而引文数据库适用于没有明确检索词的探索型文献检索活动。

然后，本项目介绍了常用的国内文献数据库。在我国，知名的综合数据库服务平台主要有中国知网、万方数据知识服务平台和维普网。三者各有优点，其中，中国知网是知名度最高的全文文献数据库，它拥有互联网世界规模最大、最全的中文全文资源；万方数据知识服务平台主要专注于学术文献；维普网规模最小，主要专注于科技文献。

最后，本项目介绍了一些收录全、检索功能便捷的大型国外文献数据库。

项目考核

1. 选择题

（1）文献记录的基本构成单元是（　　）。

A. 记录文档　　B. 字段

C. 索引文档　　D. 以上都不是

（2）文献记录存入文献数据库的时间越晚，这条文献记录的存取号就（　　）。

A. 越大　　B. 越小

C. 越长　　D. 越短

（3）书目型数据库又被称为（　　）数据库。

A. 一次文献　　B. 二次文献

C. 三次文献　　D. 初次文献

（4）整合 SCI（科学引文索引）、SSCI（社会科学引文索引）和 A&HCI（艺术与人文科学引文索引）三大数据库的在线文献检索服务平台是（　　）。

A. EBSCOhost　　B. SpringerLink

C. Web of Science　　D. OCLC FirstSearch

2. 填空题

（1）文献数据库主要由__________、__________、__________和__________组成。

（2）目录型数据库以一个完整的__________为基本收录单位。

（3）文献数据库的存放主要分为__________和__________两种模式。经常使用文献数据库的大学图书馆或科研单位一般采用__________模式；只有少量检索需求的个人或集体通常采用__________模式。

（4）中国知网提供的期刊文献检索方式有__________、__________、__________、__________和__________。

3. 简答题

（1）简述文献数据库的结构。

（2）引文数据库有哪些功能？

（3）中国知网有哪些检索入口？每个入口的检索对象有何不同？

项目评价

学生自由组成学习小组，结合课前、课中和课后的学习情况，按照表 5-1 中的评价标准对本项目的学习效果进行自评和互评（组内成员互相打分），然后由教师进行总体评价，学生根据评价结果进行总结。

表 5-1　学习效果评价表

评价项目	评价内容	评价分数			
		分值	自评	互评	师评
知识（50%）	文献数据库的基础知识，包括文献数据库的定义、分类、存放与接入等	10 分			
	常用的国内文献数据库的基本信息、文献资源和使用方法	30 分			
	常用的国外文献数据库的基本信息和使用方法	10 分			
技能（30%）	使用国内主流文献数据库检索所需学术论文	15 分			
	使用 Web of Science 数据库进行引文检索	15 分			
素养（20%）	遵守课堂纪律，上课精神饱满	5 分			
	具有自主学习意识，课前做好准备	5 分			
	积极参与教学活动，善于思考提问，勇于探索创新	5 分			
	具有团队合作精神，出色完成实践任务	5 分			
总评	综合得分：________	100 分			
	综合等级：________	教师签字：________			
总结	最突出的表现（创新或进步）： 还需改进的地方（不足或缺点）：				

注：综合得分=自评（25%）+互评（25%）+师评（50%）；综合等级可以“优”（综合得分≥90）、“良”（80≤综合得分＜90）、“中”（60≤综合得分＜80）、“差”（综合得分＜60）为标准进行评价。

项目 6　学习特种文献检索

项目导读

以前，人们将公开发行的文献称为“白色文献”，将不公开发行的文献称为“黑色文献”，将那些介于两者之间的文献称为“灰色文献”。灰色文献又称特种文献，是指有特定内容、特定用途、特定读者范围、特定出版形式的文献，主要包括专利文献、标准文献、会议文献、科技报告、学位论文等。特种文献具有内容权威可靠、涉及广泛、数量庞大、参考价值高等特点，是传递科技知识或专业知识的重要载体。

本项目首先介绍专利及专利文献的基础知识，专利文献的检索方法和常用检索平台，然后介绍标准文献的基础知识和常用检索平台，最后介绍会议文献、科技报告、学位论文的检索工具。

学习目标

知识目标

- 了解专利及专利文献的基础知识，包括专利的概念和类型，专利文献的概念，以及专利文献中的主体、编号、分类号、日期等。
- 熟悉专利文献的检索方法和常用检索平台。
- 了解标准文献的基础知识，包括标准文献的概念、分类、特征与标准号。
- 熟悉标准文献的常用检索平台。
- 了解会议文献、科技报告、学位论文的检索工具。

能力目标

- 能够使用国家知识产权局专利检索及分析系统检索专利文献。
- 能够使用国家标准全文公开系统检索标准文献。

素质目标

- 感受我国在发明专利方面取得的成绩，增强创新意识。
- 深刻领悟新时代坚持和发展中国特色社会主义重大战略，弘扬守正创新精神。

引导案例　中国国际专利申请量实现全球四连冠

2024 年 3 月，世界知识产权组织发布全球知识产权申报统计数据。2023 年，通过世界知识产权组织《专利合作条约》（PCT）体系提交的国际专利申请总量为 27.26 万件，中国仍然是国际专利申请的最大来源国。

2024 年是中国加入《专利合作条约》30 周年，中国申请人通过《专利合作条约》体系提交的国际专利申请量连续四年位居世界第一。在申请人排名中，华为公司的国际专利申请量最多，达到 7 822 件。这是因为，多年以来，华为公司作为世界通信行业的领军企业，在 5G、物联网、人工智能等新兴科技方面进行了大量研究与开发，并持续进行了科技革新与突破。

世界知识产权组织的官员表示，长期趋势表明，在日益全球化、数字化的经济中，对知识产权的使用在稳步增长，并随着世界各国经济的发展而向全球扩展。如今，通过世界知识产权组织提交的国际专利申请中，亚洲国家占 55.7%，而十年前这一比例仅为 40.5%。

有媒体评论称，专利数量已经成为衡量一个国家经济实力和工业技术水平的重要标准，它能从侧面反映一个国家的综合国力。值得注意的是，1993 年，我国只提交了 1 份专利申请；1999 年提交了 276 份；2020 年，这一数字上升到了 68 720 份，在短短 20 多年间增长了 200 多倍。

我国专利数量的突飞猛进，与国家大力实施创新驱动发展战略和知识产权战略密不可分。我国政府在全社会牢固树立起“保护知识产权就是保护创新”的理念，不断加大创新和研发投入。国家统计局公布的数据显示，我国 2023 年全年研究与试验发展经费支出为 33 278 亿元，比上年增长 8.1%。截至 2023 年年末，我国共授予有效发明专利 499.1 万件，比上年末增长 18.5%；每万人口高价值发明专利拥有量为 11.8 件；全年商标注册量为 438.3 万件，比上年下降 29.0%；全年共签订技术合同 95 万项，技术合同成交金额达 61 476 亿元，比上年增长 28.6%；我国公民具备科学素质的比例达到 14.14%。

（资料来源：刘洁，《中国国际专利申请量实现全球四连冠》，央视网，2024 年 3 月 8 日）

请思考：检索专利文献的目的有哪些？专利文献和标准文献一般在哪里查看？

6.1 检索专利文献

对于大学生来说，专利文献是获取最新科技成果的重要信息源。在互联网普及以前，专利文献的检索比较困难，人们对专利文献的利用也很少。如今，随着互联网的普及，专利数据库越来越丰富，人们可以通过互联网检索各种专利文献，这解决了以往专利文献检索困难的问题，大大促进了专利文献的利用。

6.1.1 专利及专利文献简介

1. 专利简介

“专利”一词来源于拉丁语，原指欧洲中世纪时期的统治者颁布的某种特权证明。在现代，专利是一种由政府机关根据发明申请所颁发的官方文件，这种文件记载了发明创造的内容，并且在一定时期内对该项发明创造进行独有的法律保护。我国的专利制度于 1985 年 4 月正式实施。1985 年 4 月 1 日，《中华人民共和国专利法》（以下简称《专利法》）施行的第一天，工程师胡国华提交了我国第一件专利申请，如图 6-1 所示。以此为起点，我国的专利申请步入正轨。

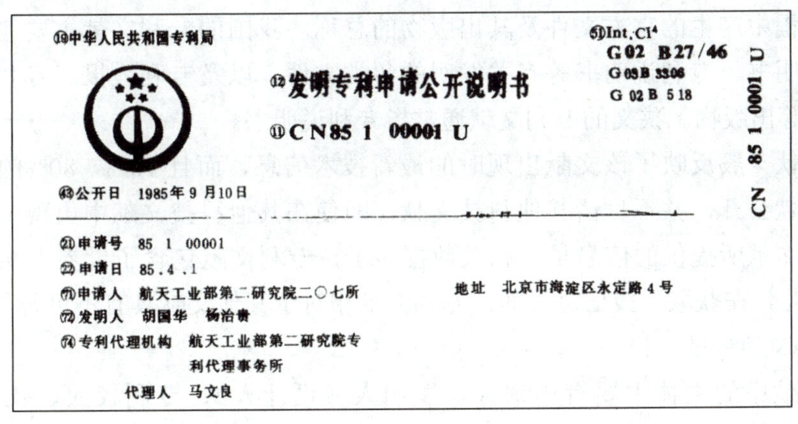

⑲中华人民共和国专利局

⑫发明专利申请公开说明书

⑪CN85 1 00001 U

⑸Int.Cl⁴
G02 B27/46
G03B 33/06
G 02 B 5 18

CN 85 1 0001 U

㊸公开日 1985年9月10日

㉑申请号 85 1 00001

㉒申请日 85.4.1

㉛申请人 航天工业部第二研究院二〇七所　　地址 北京市海淀区永定路4号

㉜发明人 胡国华 杨治青

㉞专利代理机构 航天工业部第二研究院专利代理事务所

代理人 马文良

图 6-1 我国第一件专利的发明专利申请公开说明书（部分）

专利集技术信息、法律信息、经济信息于一体，越来越被人们所重视。查阅和分析专利，可以跟踪最新的技术动态，了解行业的技术走向和竞争对手的重点技术等。当前，我国十分重视专利保护与专利技术的推广，政府把“专利战略”列为中国科技发展的三大战略之一，专利的申请、检索和利用越来越重要。

2. 专利的类型

《专利法》（2020 年修正）规定，专利分为发明专利、实用新型专利和外观设计专利。

发明专利的特点

（1）发明专利：对产品、方法或者其改进所提出的新的技术方案。发明专利的保护期限为 20 年。例如，某大学生发明了草莓采摘装置，这就属于发明专利。

（2）实用新型专利：对产品的形状、构造或者其结合所提出的适于实用的新的技术方案。实用新型专利是针对产品实用性的创新发明。实用新型专利的保护期限为 10 年。例如，某大学生在传统晾衣架的基础上结合磁铁和电子设备发明了自动晾衣架，这就属于实用新型专利。

（3）外观设计专利：对产品的整体或者局部的形状、图案或者其结合，以及色彩与形状、图案的结合所做出的富有美感并适于工业应用的新设计。外观设计专利是针对产品外观设计的创新发明。外观设计专利的保护期限为 15 年。例如，某大学生对台灯的外观进行了艺术化设计，这就属于外观设计专利。

3. 专利文献简介

1）专利文献的概念

专利文献是专利制度的产物。广义的专利文献是各国专利局及国际性专利组织在审批专利的过程中产生的官方文件及其出版物的总称。我国的专利文献主要包括发明专利申请公开说明书、专利说明书等有关发明的各类文件，以及专利公报、专利年度索引和专利分类表等出版物。狭义的专利文献通常指专利说明书。

专利文献一般反映了该文献出现时的最新技术信息，而且 70%～80%的发明创造只通过专利文献公开，并不见诸其他科技文献，即使在其他科技文献中出现，专利文献也比一般技术文献所提供的信息早。相关数据显示，专利文献包含了世界上 90%以上的科技信息。因此，在获取科技信息方面，专利文献相对于其他文献具有不可替代的价值。

2）专利文献中的主体

专利文献中的主体主要有申请人、发明人（设计人）、专利权人、代理人（代理机构）。

（1）申请人：提交专利申请的单位或个人。

（2）发明人（设计人）：实际发明专利的人。

（3）专利权人：对专利具有独占权、使用权、处置权的人。发明人（设计人）不一定是专利权人。

（4）代理人（代理机构）：代替申请人办理专利申请的专业人员（专业机构）。

提 示

《专利法》第六条规定：执行本单位的任务或者主要是利用本单位的物质技术条件所完成的发明创造为职务发明创造。职务发明创造申请专利的权利属于该单位，申请被批准后，该单位为专利权人。该单位可以依法处置其职务发明创造申请专利的权利和专利权，促进相关发明创造的实施和运用。非职务发明创造，申请专利的权利属于发明人或者设计人；申请被批准后，该发明人或者设计人为专利权人。利用本单位的物质技术条件所完成的发明创造，单位与发明人或者设计人订有合同，对申请专利的权利和专利权的归属作出约定的，从其约定。

3）专利文献中的编号

从形式上看，专利文献中的编号是一串阿拉伯数字的排列，但它们却有着极其严格的使用场合和各自不同的作用。因此，正确理解专利文献中的编号具有重要的意义。专利文献中的编号有申请号和文献号两类。

（1）申请号全称为申请注册号，是国家知识产权局在受理专利申请时编制的编号。申请号除了用于国家知识产权局内部各类申请和审批流程中的文档管理，还是引证同族专利（申请人针对同一项发明在不同国家或地区申请的专利）中所有文献的唯一标识。申请号共由 5 部分组成，分别是国别代码、申请年份、专利类型、流水号、校验号，具体如下。

① 第一部分：国别代码，中国国家知识产权局的国别代码为“CN”。此外，有一些申请号以“WO”开头，表示世界知识产权组织（WIPO），说明该专利的申请人通过《专利合作条约》(PCT）申请，由 WIPO 进行登记。

② 第二部分：专利申请年份，由 4 位数字组成，如 2024。

③ 第三部分：专利类型，由 1 位数字组成。“1”表示发明专利，“2”表示实用新型专利，“3”表示外观设计专利。

④ 第四部分：流水号，由 7 位数字组成。流水号一般为升序序列，即从 0000001 开始，顺序递增，直至 9999999。每一自然年度申请号中的流水号重新编排，即从每年 1 月 1 日起，新发放的申请号中的流水号不延续上一年度所使用的流水号，而是从 0000001 开始重新编排。

⑤ 第五部分：校验号，是将申请号中使用的数字组合作为源数据，经过计算得出的 1 位阿拉伯数字（0 至 9）或大写英文字母 X，用“.”号与前面的数字隔开。

以申请号“CN202330604755.2”为例，国别代码为中国；专利申请年份为 2023 年；专利类型为外观设计专利；流水号为“0604755”；校验号为“2”。

（2）文献号是国家知识产权局在公布专利文献时编制的序号。各国一般用两种方式对公布的专利文献进行存放：一种是根据某一专利分类体系按类存放，另一种是根据专利文献的文献号顺序存放（一般将这类文档称为流水号文档）。当文献号按专利文献公布日的先后顺序连续编排时，流水号文档能有效地保证文档的完整性。可以说，文献号是索取专利说明书的唯一依据。

如果说唯一性是申请号的特点，那么文献号的特点就是多重性。专利申请一经受理，随后将按照审查制度和审批程序进行一次公布或多次公布，这导致一件专利虽然只有一个申请号，但可能有多个文献号。

当专利申请为一次公布时，一般是实行登记制和完全审查制的结果，此时文献号为专利号或公告号；当专利申请为多次公布时，一般是实行半审查制和延迟审查制的结果。一件专利在不同阶段公布，相应地就会有不同的文献号，包括公开号、公告号、专利号。例如，一件发明专利，在未经审查的公开阶段，文献号为公开号；在经过审查但尚未授权的阶段，文献号为公告号；在授权阶段，文献号为专利号。

公开号和公告号的格式为“国别代码+专利编码”。专利编码有 8 位，其中第 1 位数字为专利类型；第 2～7 位数字为流水号；最后 1 位为英文字母，表示文献类型，其中“A”表示发明专利申请公布，“B”表示发明专利授权公告，“U”代表实用新型专利授权公告，“S”表示外观设计专利授权公告。

专利号往往是将申请号开头的“CN”改成“ZL”（专利的拼音首字母组合），其余组成部分与申请号相同。

4）专利文献中的分类号

专利文献中的分类号有国际专利分类号、联合专利分类号和洛迦诺分类号三种。其中，国际专利分类号是按照《国际专利分类表》（international patent classification, IPC）对专利文献进行分类，适用于发明专利和实用新型专利；联合专利分类号的分类方法与国际专利分类号类似；洛迦诺分类号是一种适用于外观设计专利的国际分类号，它基于《建立工业品外观设计国际分类洛迦诺协定》（简称《洛迦诺协定》）建立。1996 年 6 月 17 日，中国政府向世界知识产权组织递交《洛迦诺协定》联盟加入书，1996 年 9 月 19 日，中国成为该协定成员国。中国国家知识产权局在中国外观设计专利分类审查中同步使用洛迦诺分类号。

5）专利文献中的日期

专利文献中的日期主要有申请日、公开日、公告日、优先权日。

（1）申请日：专利行政机关收到专利申请说明书的日期。

（2）公开日：发明专利申请公布的日期。

（3）公告日：专利授权公告的日期。

（4）优先权日：申请人就一项发明在某个 PCT 缔约国提出申请后，在规定的期限内又向其他 PCT 缔约国提出申请，申请人有权要求以第一次申请日期作为后来提出申请的日期。

6.1.2　专利文献的检索方法

专利文献的检索方法可以分为两种：基于专利分类法的导航检索和基于专利文献著录项目的字段检索。

1. 专利文献的导航检索

分类导航是专利文献检索的重要途径。目前，国际上普遍采用《国际专利分类表》（IPC）、联合专利分类体系（CPC）和《洛迦诺分类表》（LOC）对专利进行分类。

（1）IPC 于 1968 年 9 月 1 日公布第 1 版，目前最新版为 2024.01 版。IPC 采用功能和应用相结合的分类原则，按发明的技术主题设置类目，为专利信息的分类、检索和利用提供了极大便利，已成为世界各国对专利进行分类的重要工具。

IPC 按照技术主题分类，采用等级结构，将整个技术领域按降序分为 5 个等级，即部、大类、小类、大组和小组。部的标识符号（简称部号）用大写英文字母 A～H 表示；大类类号由部号和数字组成，如 A21；小类类号由大类类号和大写英文字母组成，如 A21B；大组组号由小类类号和数字组成，如 A21B1；小组组号由大组组号、“/”和数字组成，如 A21B1/02。部和大类的基本内容如表 6-1 所示。

表 6-1　IPC 的部和大类（部分）

部号	部	大　类
A	人类生活必需	A01：农业；林业；畜牧业；狩猎；诱捕；捕鱼 ……
B	作业、运输	B01：一般的物理或化学的方法或装置 ……
C	化学、冶金	C01：无机化学 ……
D	纺织、造纸	D01：天然或化学的线或纤维；纺纱或纺丝 ……
E	固定建筑物	E01：道路、铁路或桥梁的建筑 ……
F	机械工程、照明、加热、武器、爆破	F01：一般机器或发动机；一般的发动机装置；蒸汽机 ……
G	物理	G01：测量；测试 ……
H	电学	H01：基本电气元件 ……

一个完整的IPC分类号由部、大类、小类、大组和小组组成，如图6-2所示。

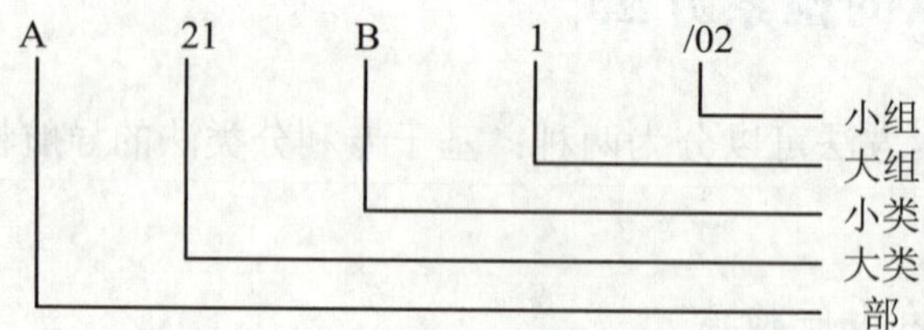

图6-2 IPC分类号的组成

（2）CPC是欧洲专利局（EPO）和美国专利商标局（USPTO）联合开发的一种分类系统，于2013年1月1日正式启用。CPC为实现与IPC的兼容，大体上沿用了IPC的分类规则。与IPC不同的是，CPC共分为9个部，在IPC的基础上增加了部号Y，用于容纳新技术和跨领域技术等，并加入了美国专利分类交叉索引和摘要内容。

第14版《洛迦诺分类表》大类和小类表

（3）我国在外观设计专利分类审查中使用的是《洛迦诺分类表》。《洛迦诺分类表》又称《国际外观设计分类表》，是当前外观设计领域唯一通行的国际性分类体系。截至2023年，《洛迦诺分类表》已更新至第14版，具体信息可登录国家知识产权局网站的“专利分类”栏目查看。

《洛迦诺分类表》包括大类号、小类号、产品项3个部分。其中，大类号有32个（见表6-2），小类号有241个，产品项有8 397个。我国专利文献中使用的洛迦诺分类号由大类号和小类号组成，如发明名称为“杯子（创物社13）”的专利文献的洛迦诺分类号为“07-01”。

表6-2 《洛迦诺分类表》的32个大类

类号	类 别	类号	类 别
01	食品	09	用于商品运输或装卸的包装和容器
02	服装、服饰用品和缝纫用品	10	钟、表及其他测量仪器，检测仪器，信号仪器
03	其他类未列入的旅行用品、箱包、阳伞和个人用品	11	装饰品
04	刷子	12	运输或提升工具
05	纺织品，人造或天然材料片材	13	发电、配电或变电设备
06	家具和家居用品	14	记录、电信或数据处理设备
07	其他类未列入的家用物品	15	其他类未列入的机械
08	工具和五金器具	16	照相设备、电影摄影设备和光学设备

（续表）

类号	类 别	类号	类 别
17	乐器	25	建筑构件和施工元件
18	印刷和办公机械	26	照明设备
19	文具、办公用品、美术用品和教学用品	27	烟草和吸烟用具
20	销售设备、广告设备和标志物	28	药品，化妆品，梳妆用品和设备
21	游戏器具、玩具、帐篷和体育用品	29	防火灾、防事故、救援用的装置及设备
22	武器，烟火用品，用于狩猎、捕鱼及捕杀有害动物的用具	30	动物照管与驯养用品
23	流体分配设备、卫生设备、加热设备、通风和空气调节设备、固体燃料	31	其他类未列入的食品或饮料制备机械和设备
24	医疗设备和实验室设备	32	图形符号、标识、表面图案、纹饰、内部和外部布置

综上所述，如果读者想要检索某一个分类下的相关专利文献，就可以通过检索相应的分类代码来获取。

2. 专利文献的字段检索

除了导航检索，基于著录项目的字段检索也是较常用的专利文献检索方法。专利文献中的著录项目是指各国专利行政机构为揭示每一项专利或专利申请的技术情报特征、法律情报特征及可供查询的信息线索而编制的款目，其通常出现在各国专利说明书扉页、专利公报及其他检索工具中。

国家知识产权局专利检索及分析系统中的著录项目包括发明名称、申请号、申请日、公开号、公告号、公开日、公告日、IPC 分类号、申请人、发明人名称、优先权号、摘要、摘要附图等。

此外，为了消除用户在浏览各国专利文献时的语言困惑，世界知识产权组织制订了《ST.9 关于专利及补充保护证书的著录项目数据的建议》和《ST.80 关于工业品外观设计著录项目数据的建议》，两项标准规定了专利文献著录项目识别代码，即 INID 码。图 6-3 所示的专利说明书扉页中的“（19）（12）（10）（45）（21）（22）（73）（72）（51）（54）”就是 INID 码。关于 INID 码的具体含义，大家可以对照图中信息理解，也可以自己检索相关资料，此处不再赘述。

基于著录项目的字段检索可分为如下几类。

（1）主题检索：可用字段包括标题、摘要等，选择合适的字段即可。

（2）人员或机构检索：主要通过发明人、专利权人名称检索专利文献。可以定期把某一领域的专家作为发明人进行检索，跟踪其技术开发动态，也可以根据检索结果，从中寻找需要的专家和技术人才。同时，还可以把同一领域的企业或科研机构作为专利权人进行检索，随时掌握其技术开发情况。

（3）号码检索：可用字段包括申请号、专利号、公开号等。

（4）日期检索：可用字段包括申请日、公开日、公告日等。

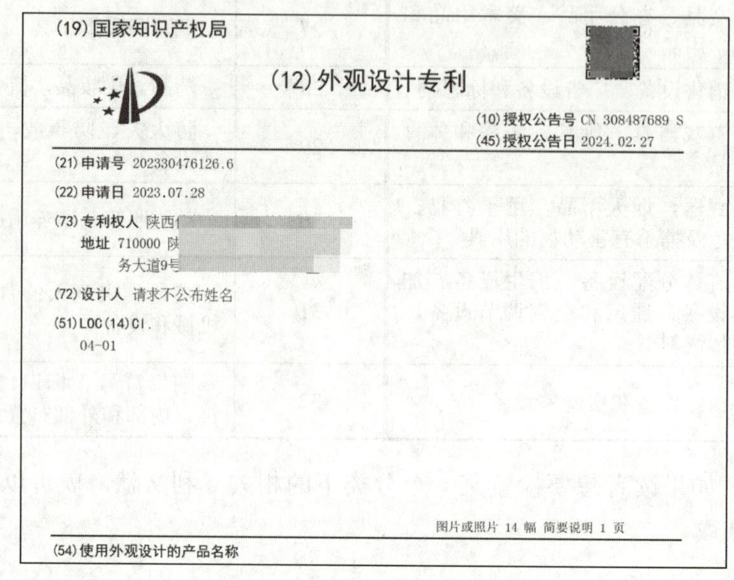
(19)国家知识产权局

(12)外观设计专利

(10)授权公告号 CN 308487689 S
(45)授权公告日 2024.02.27

(21)申请号 202330476126.6
(22)申请日 2023.07.28
(73)专利权人 陕西
地址 710000 陕
务大道9号
(72)设计人 请求不公布姓名
(51)LOC(14)Cl.
04-01

图片或照片 14 幅 简要说明 1 页

(54)使用外观设计的产品名称

图 6-3　专利说明书扉页

6.1.3　专利文献的常用检索平台

1. 国家知识产权局专利检索及分析系统

国家知识产权局专利检索及分析系统是集专利检索与分析于一身的综合性专利服务系统。它收录了 105 个国家、地区和组织的专利数据，包括引文、同族及法律状态数据等。专利检索及分析系统的数据更新周期：中国专利数据每周二和周五更新，滞后公开日 3 天；国外专利数据每周三更新；引文数据每月更新；同族数据每周二更新；法律状态数据每周二更新。

进入国家知识产权局专利检索及分析系统主界面的方法：在浏览器中打开国家知识产权局官方网站（https://www.cnipa.gov.cn），在导航栏中选择“服务”选项，进入国家知识产权局政务服务平台，在“信息服务/专利”栏目中单击“专利检索及分析系统”超链接，进入“免责声明”界面，单击“同意”按钮，该系统主界面如图 6-4 所示。

国家知识产权局专利检索及分析系统主要为注册用户提供专利检索、专利分析和热门工具 3 类服务。

（1）专利检索主要包括常规检索、高级检索、命令行检索（对应专业检索）、药物检索、导航检索和专题库检索。在该系统中检索专利文献的方法与在普通数据库中基本一致，也支持逻辑运算符组配关键词，只不过该系统中的检索项与普通数据库有所差异。

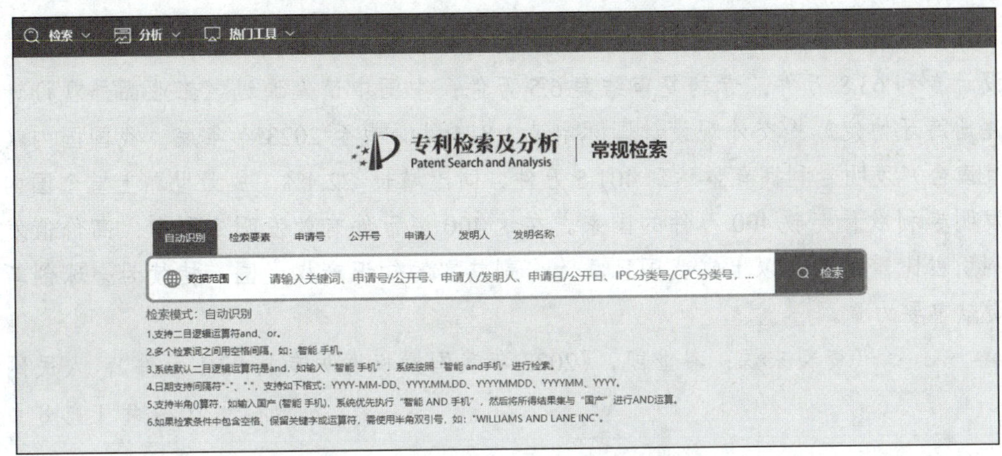

图 6-4　国家知识产权局专利检索及分析系统主界面

（2）专利分析主要包括维护分析文献库、申请人分析、发明人分析、区域分析、技术领域分析、中国专项分析、高级分析和日志报告。在使用专利分析功能前，注册用户需要通过检索结果列表、检索历史列表或文献收藏夹将检索的专利文献添加到分析文献库。例如，将专利文献添加到分析文献库后，通过申请人分析可以获得申请人区域分布、申请人有效专利数量等信息，如图 6-5 所示。

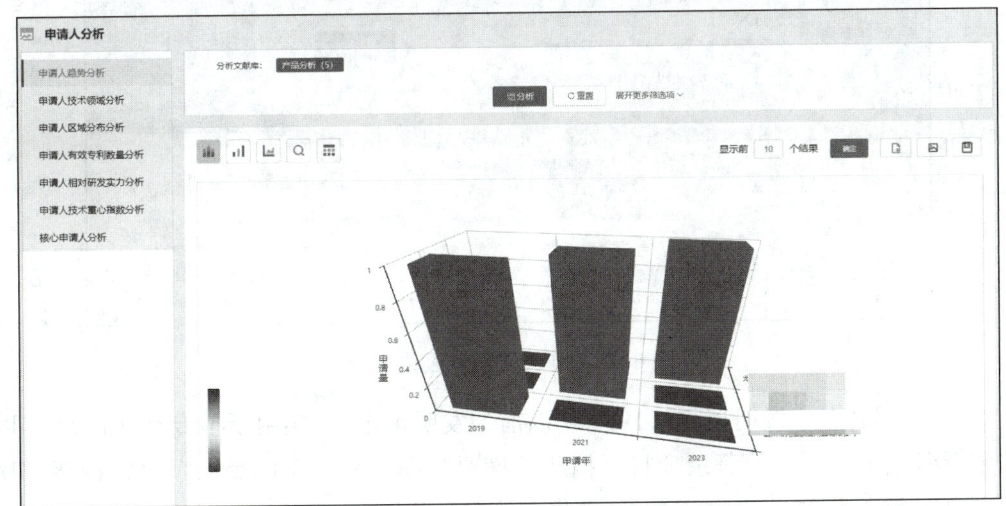

图 6-5　申请人分析

（3）热门工具包括同族查询、引证/被引证查询、法律状态查询、国家/地区/组织代码查询、关联词查询、双语词典、分类号关联查询、申请人别名查询。上述热门工具不仅能帮助注册用户解决检索过程中的问题，还提供了更多的检索途径。

拓展阅读

数据显示，2023 年，我国共授权发明专利 92.1 万件、实用新型专利 209 万件、外观设计专利 63.8 万件；专利复审结案 6.5 万件；中国申请人通过《工业品外观设计国际注册海牙协定》提交外观设计国际申请 1 814 件。截至 2023 年年底，我国国内（不含港澳台）发明专利拥有量达到 401.5 万件，同比增长 22.4%，成为世界上首个国内有效发明专利数量突破 400 万件的国家。在这 400 多万件有效发明专利中，高价值发明专利所占比重达四成以上。我国已成为名副其实的知识产权大国，持续为全球创新发展贡献重要力量。

（资料来源：谷业凯，《2023 年我国授权发明专利 92.1 万件》，人民网，2024 年 1 月 8 日）

2. 中国专利公布公告系统

中国专利公布公告系统（http://epub.cnipa.gov.cn，见图 6-6）收录了自 1985 年 9 月 10 日以来公布公告的全部中国专利文献，主要包括以下内容。

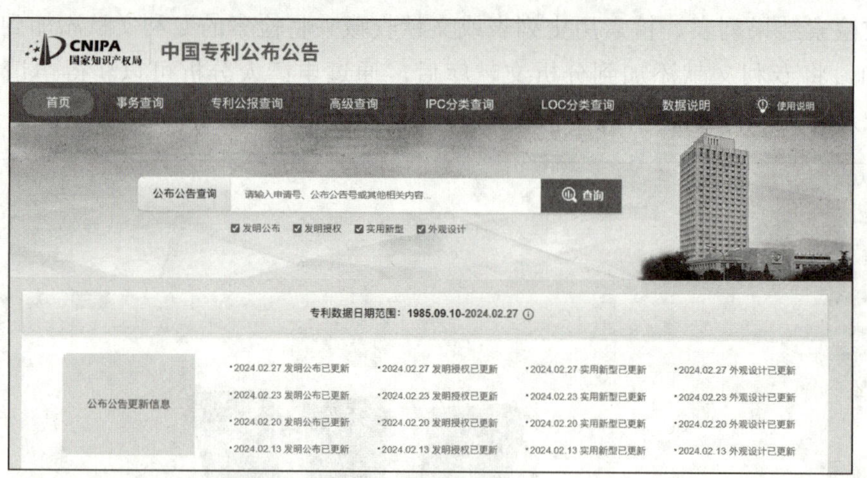

图 6-6 中国专利公布公告系统

（1）发明公布、发明授权（1993 年以前为发明审定）、实用新型专利（1993 年以前为实用新型专利申请）的著录项目、摘要、摘要附图及其更正的著录项目、摘要、摘要附图（2011 年 7 月 27 日及之后），以及相应的专利单行本（包括更正）。

（2）外观设计专利（1993 年以前为外观设计专利申请）的著录项目、简要说明、指定视图及其更正的著录项目、简要说明、指定视图（2011 年 7 月 27 日及之后），以及外观设计全部图形（2010 年 3 月 31 日及以前）或外观单行本（2010 年 4 月 7 日及之后）

（均包括更正）。

（3）事务数据，包括公布、授权、专利权的终止、著录事项变更等，如图 6-7 所示。

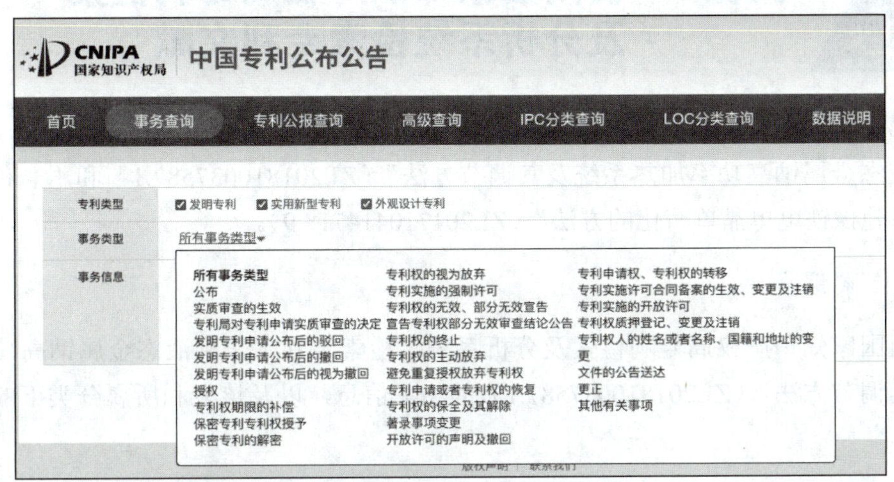

图 6-7　中国专利公布公告系统的事务数据类型

3．国家重点产业专利信息服务平台

国家重点产业专利信息服务平台（https://chinaip.cnipa.gov.cn/chinaip/index.html，见图 6-8）是为国家扶持的十大重点产业提供公益性专利信息服务的集成化专题数据库系统。该平台在内容上涵盖技术创新重点领域的国内外一百多个国家的专利文献，在功能上为科技研发人员和管理人员提供一般检索、分类导航检索、数据统计分析、机器翻译等多种类型的专利相关服务。

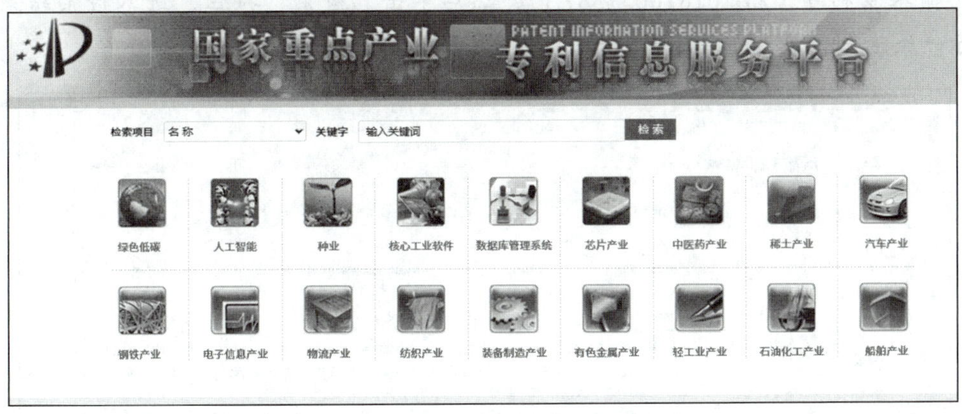

图 6-8　国家重点产业专利信息服务平台

实操 1 使用国家知识产权局专利检索及分析系统检索专利文献

在第二十四届中国专利奖评选中，西安交通大学有两项发明专利荣获金奖，分别是“一种液态金属钠高功率加热系统及其调节方法”（ZL201810037587.1）和“一种非线性光学材料弛豫铁电单晶单畴化的方法”（ZL201710414718.9）。

1. 检索课题

利用国家知识产权局专利检索及分析系统，检索专利“一种液态金属钠高功率加热系统及其调节方法”（ZL201810037587.1）的相关信息，以及该专利所属分类下的其他专利文献。

2. 课题分析

在已知专利号的前提下，可以直接使用国家知识产权局专利检索及分析系统检索专利号，以此来查询专利信息。从专利信息中找到分类号后，就可以通过分类号检索该分类下的其他专利文献。

3. 检索步骤

步骤 1 登录国家知识产权局专利检索及分析系统，首先注册用户账号，此处选择注册个人（自然人）账号。注册成功后登录账号，在专利检索及分析系统主界面的检索框中输入专利号“ZL201810037587.1”，然后单击“检索”按钮，进入检索结果页面并显示一条专利信息，如图 6-9 所示。

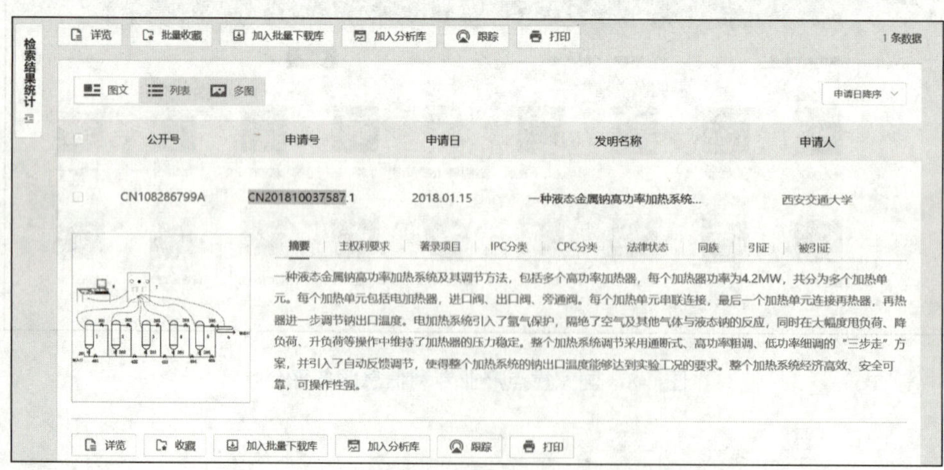

图 6-9 检索结果页面

步骤 2 单击页面底端的“详览”按钮，进入“文献浏览”页面，该页面默认显示专利文献的著录项目，如申请人为西安交通大学；发明人为苏某等人；IPC 分类号为 F24H9/12 等，如图 6-10 所示。

著录项目 | 全文文本 | 摘要附图 | 说明书附图 | 全文图像 | 法律状态 | 同族

引证 | 被引证

申请号	CN201810037587.1
申请日	2018.01.15
申请人所在国家/地区/组织	CN
代理人	何
代理机构	西安　　15

公开

公开号（公开）	CN108286799A
公开日期（公开）	2018.07.17
申请人（公开）	西安交通大学
发明人（公开）	苏
IPC分类（公开）	F24H9/12;F24H9/00;F24H1/14;F24H9/20;F24H9/18;F24H1/20

图 6-10　专利文献的著录项目

步骤 3 选择“全文图像”选项卡，可以查看专利文献的扉页、权利要求书、说明书及其附图。从说明书中可以了解该发明专利的技术领域、背景技术、发明内容、附图说明、具体实施方法等。例如，该发明专利涉及液态金属加热技术领域，其目的是克服反应堆燃气或蒸汽加热的缺点，提供一种液态金属钠高功率加热系统及其调节方法。

步骤 4 了解该专利的详情后，根据 IPC 分类号继续检索同类型的专利文献。返回国家知识产权局专利检索及分析系统主界面，在顶部导航栏中选择“检索”/“导航检索”选项，进入“导航检索”页面，如图 6-11 所示。

导航检索

IPC导航　CPC导航　国民经济分类导航

输入分类号查含义　分类号查询

国际专利分类号（IPC -20240101）

A A部——人类生活必需　B B部——作业；运输　C C部——化学；冶金　D D部——纺织；造纸

图 6-11　“导航检索”页面

步骤 5 在检索框中输入“F24H9/12”，然后单击“分类号查询”按钮，进入检索结果页面并显示该 IPC 分类号的类别，如图 6-12 所示。

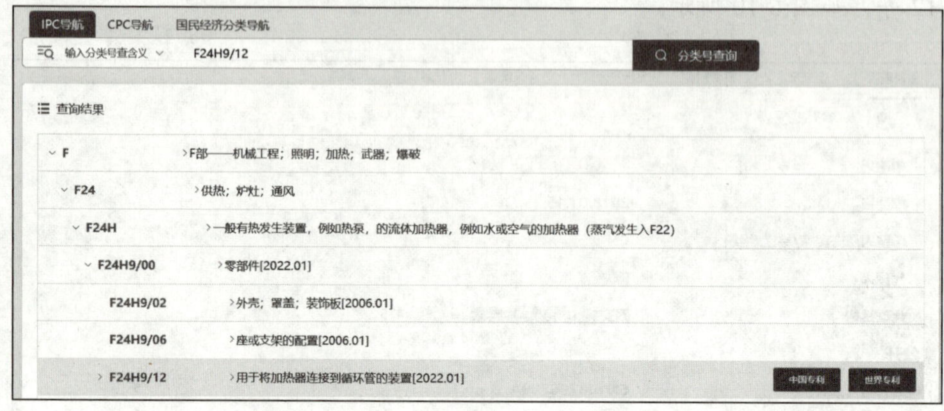

图 6-12　分类号检索结果页面

步骤 6 将鼠标指针移至“F24H9/12”分类条目上方，然后单击右侧的“中国专利”按钮，即可查看该分类下的其他专利文献，如图 6-13 所示。

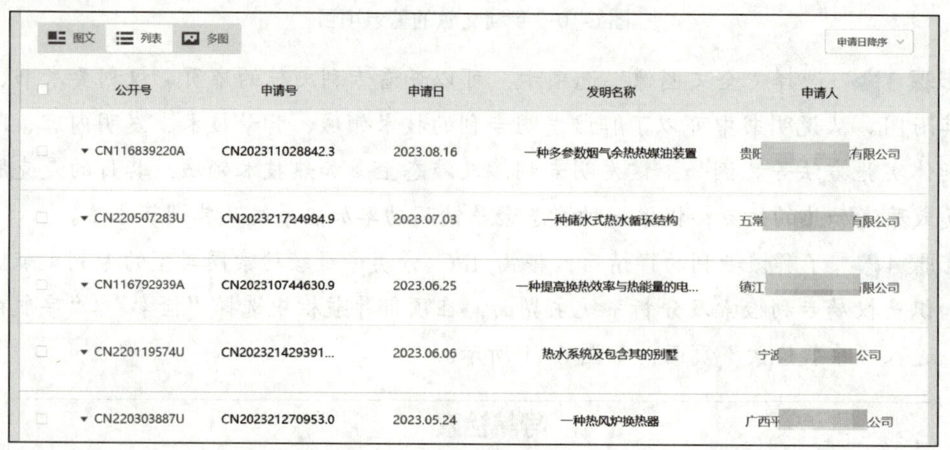

公开号	申请号	申请日	发明名称	申请人
CN116839220A	CN202311028842.3	2023.08.16	一种多参数烟气余热热媒油装置	贵阳[illegible]有限公司
CN220507283U	CN202321724984.9	2023.07.03	一种储水式热水循环结构	五常[illegible]有限公司
CN116792939A	CN202310744630.9	2023.06.25	一种提高换热效率与热能量的电...	镇江[illegible]限公司
CN220119574U	CN202321429391...	2023.06.06	热水系统及包含其的别墅	宁波[illegible]公司
CN220303887U	CN202321270953.0	2023.05.24	一种热风炉换热器	广西平[illegible]公司

图 6-13　查看同类型的专利文献

6.2　检索标准文献

标准文献是一种重要的科技文献。一个国家的标准文献反映着该国的经济政策、技术政策、生产水平、加工工艺水平、标准化水平、自然条件、资源情况等内容，这对全面了解国家的产业发展情况具有重要的参考价值。

6.2.1　标准文献简介

1. 标准文献的概念

标准文献是按照规定程序编制并经过公认权威机构批准的，并在一定范围内广泛使用的技术文件。标准涉及工农业、工程建设、交通运输、对外贸易和文化教育等领域，包括质量、安全、卫生、环境保护、包装储运等多种类型。标准文献的制订要通过起草、提出、批准、发布等环节，并规定实施时间与范围。

2. 标准文献的分类

按照不同的分类依据，可将标准文献分为不同的类型，具体如表 6-3 所示。

表 6-3　标准文献的分类

分类依据	类型	描　述
按照适用范围分类	国际标准	国际通用的标准
	国家标准	针对需要在全国范围内统一的技术要求所制订的标准
	行业标准	针对没有国家标准而又需要在全国某个行业范围内统一的技术要求所制订的标准。行业标准不得与有关国家标准相抵触。有关行业标准之间应保持协调、统一，不得重复。行业标准在相应的国家标准实施后，即行废止。行业标准由行业标准归口部门统一管理
	地方标准	由地方（省、自治区、直辖市）标准化主管机构或专业主管部门批准、发布，并在某一地区范围内统一的标准
	企业标准	针对企业范围内需要协调、统一的技术要求、管理要求和工作要求所制订的标准，是企业组织生产、经营活动的依据
按照标准化对象分类	技术标准	针对标准化领域中需要协调、统一的技术事项所制订的标准，包括基础标准、产品标准、工艺标准、环保标准等
	管理标准	针对标准化领域中需要协调、统一的管理事务所制订的标准
	工作标准	针对工作的范围、构成、程序、效果、检查方法等所制订的标准
	服务标准	针对服务应满足的要求以确保其适用性所制订的标准。服务标准可以在诸如洗衣、饭店管理、运输、汽车维护、远程通信、保险、银行、贸易等领域内编制
按照约束力分类	强制性标准	在一定范围内，国家运用行政和法律手段强制实施的标准
	推荐性标准（/T）	一种遵循提倡性、指导性、自愿性原则的标准
	指导性技术文件（/Z）	为仍处于技术发展过程中的标准化工作提供指南或信息，供科研、设计、生产、使用和管理等有关人员参考使用而制订的标准文件

3. 标准文献的特征与标准号

1）标准文献的特征

并非所有以标准为名的文献都是标准文献。一般来说，标准文献应该具有如下特征：① 标准级别；② 标准号；③ 标准名称；④ 标准内容；⑤ 标准提出单位；⑥ 标准归口单位；⑦ 标准起草单位与起草人；⑧ 标准批准机构；⑨ 标准批准日期；⑩ 标准实施日期。

2）标准文献的标准号

标准文献的标准号一般由颁布机构代号（或标准代号）、顺序号和颁布年份组成。例如，国家标准《地理标志认定 产品分类与代码》的标准号为GB/T 43583—2023，其中，“GB”为国家标准代号，“/T”表示该国家标准为推荐性标准。行业标准《现浇混凝土养护技术规范》的标准号为JC/T 60018—2023，其中，“JC”为行业标准代号，我国的行业标准名称和代号如图6-14所示。

DY 电影(12)	YS 有色金属(2,743)	WJ 兵工民品(201)	HB 航空(496)	SB 国内贸易(1,417)	YC 烟草(712)
ZY 中医药(9)	SF 司法(165)	YJ 减灾救灾与综合性应…	JG 建筑工程(753)	FZ 纺织(2,399)	TB 铁路(927)
YZ 邮政(233)	MZ 民政(228)	LD 劳动和劳动安全(252)	LB 旅游(90)	GY 广播电视和网络视听…	XB 稀土(182)
EJ 核工业(999)	YY 医药(2,550)	HS 海关(89)	SC 水产(915)	MH 民用航空(745)	CJ 城镇建设(744)
JS 机关事务(0)	QC 汽车(843)	JB 机械(19,291)	QJ 航天(0)	GC 国家物资储备(3)	RB 认证认可(266)
WW 文物保护(111)	NY 农业(5,827)	HJ 环境保护(1,409)	AQ 安全生产(556)	TD 土地管理(58)	CH 测绘(209)
MR 市场监管(0)	YB 黑色冶金(1,710)	SJ 电子(1,886)	SH 石油化工(1,124)	JC 建材(1,702)	LS 粮食(368)
SY 石油天然气(4,667)	TY 体育(45)	CY 新闻出版(325)	JT 交通(1,712)	WM 外经贸(9)	QX 气象(731)
DZ 地质矿产(567)	YD 通信(4,967)	QB 轻工(5,478)	HG 化工(5,364)	CB 船舶(2,166)	BB 包装(127)
DA 档案(128)	WB 物资管理(137)	KA 矿山安全(17)	SN 出入境检验检疫(7,2…	JR 金融(447)	GH 供销合作(376)
LY 林业(2,564)	NB 能源(3,192)	SW 税务(1)	JY 教育(315)	WS 卫生(1,045)	WH 文化(125)
DB 地震(123)	GA 公共安全(3,408)	MT 煤炭(1,550)	GM 国密(145)	DL 电力(3,058)	SL 水利(935)
XF 消防救援(197)	HY 海洋(190)				

图 6-14　我国的行业标准名称和代号

6.2.2　标准文献的常用检索平台

一般来说，标准文献的检索渠道主要有两类：一类是政府或企业网站；另一类是标准数据库。网上的标准数据库有很多，大部分需要先注册再登录，方可免费检索标准文献。通常情况下，下载非强制性标准文献需付费，部分网站支持下载阅读器后免费阅读，而政府网站的标准文献支持免费阅读和下载。

提 示

标准文献的检索一般采取基本检索方式，其检索项很丰富，有主题、标准名称、标准号、关键词、摘要、全文、起草人、起草单位、发布单位、出版单位等。

1. 标准文献网站

1）全国标准信息公共服务平台

全国标准信息公共服务平台（https://std.samr.gov.cn，见图 6-15）是国家标准技术审评中心承担建设的公益类国家级标准信息公共服务平台，旨在成为中国用户获取国家标准、行业标准、地方标准、企业标准等标准信息及资讯的第一平台。

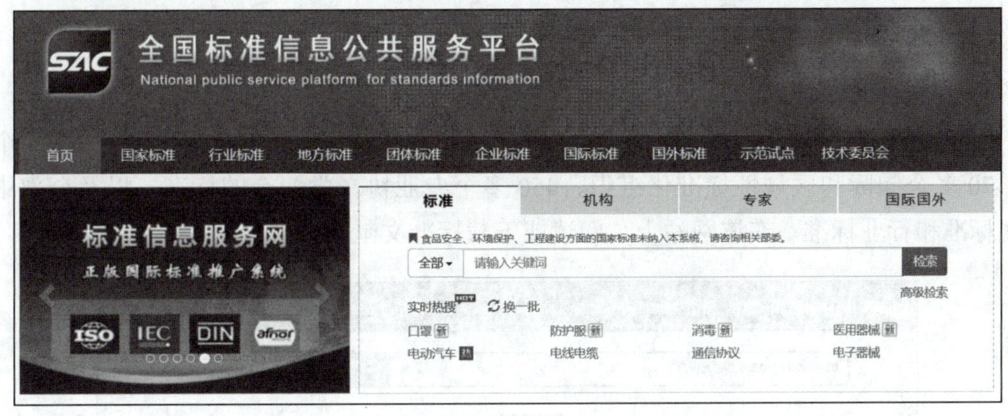

图 6-15　全国标准信息公共服务平台

全国标准信息公共服务平台自 2017 年 12 月 28 日上线试运行以来，依托免费、权威、全面、及时等独特优势，不断为政府机构、国内企事业单位和社会公众提供公益性权威服务。

2）国家标准全文公开系统

为进一步加快推进国家标准公开工作，满足社会各界便捷地查阅国家标准文献的迫切需求，中国国家标准化管理委员会于 2017 年 3 月 16 日正式推出了国家标准全文公开系统（https://openstd.samr.gov.cn/bzgk/gb），如图 6-16 所示。

此后，新批准发布的国家标准会在发布后的 20 个工作日内及时公开，其中涉及采用国际（国外）标准的推荐性国家标准文本在遵守国际（国外）标准组织版权政策的前提下进行公开。

检索学位论文写作规范

国家标准全文公开系统提供了国家标准的题录信息和全文在线阅读服务，还具有分类检索、高级检索等功能。任何企业和社会公众都可以通过国家标准全文公开系统或微信公众号“中国标准信息服务网”查阅国家标准。

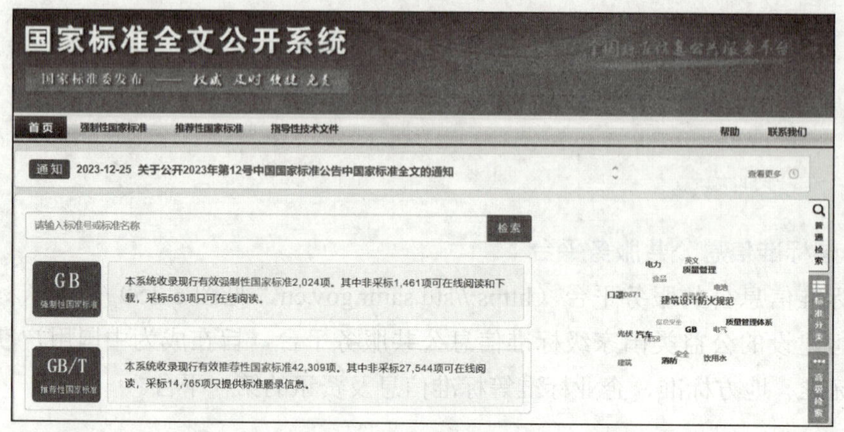

图 6-16 国家标准全文公开系统

3）中国标准服务网

中国标准服务网（https://www.cssn.net.cn/cssn/index，见图 6-17）收藏了 60 多个国家、70 多个国际和区域性标准化组织、450 多个专业协（学）会的标准，以及全部中国国家标准和行业标准。在该网站上，阅读或下载标准文献需付费。

图 6-17 中国标准服务网

2. 标准文献数据库

目前很多综合型数据平台都建设有标准文献数据库。例如，中国知网的标准文献数据库包括国家标准全文数据库、中国行业标准全文数据库、国家职业标准全文数据库及国内外标准题录数据库，共计 60 余万项标准。

（1）国家标准全文数据库收录了由中国标准出版社出版的及国家标准化管理委员会发布的所有国家标准。

（2）中国行业标准全文数据库收录了现行、废止、被代替、即将实施的行业标准。

（3）国家职业标准全文数据库收录了由中国劳动社会保障出版社出版的国家职业标准汇编本，包括国家职业技能标准、职业培训计划、职业培训大纲。

（4）国内外标准题录数据库收录了中国和世界其他国家、标准化组织制订与发布的标准题录数据，共计 54 万余项。

实操 2　使用国家标准全文公开系统检索电动汽车相关的国家标准

过去，服装、家具、家电这“老三样”大量出口、走俏海外。如今，新能源汽车、锂电池、光伏产品这“新三样”扬帆出海、唱响全球。据海关统计，2023 年前三季度，电动汽车、锂离子蓄电池、太阳能电池等产品合计出口同比增长 41.7%，表现十分亮眼。

使用国家标准全文公开系统检索电动汽车相关的国家标准

唯有创新，才能进步。在“中国制造”迈向“中国智造”的前进道路上，不管是“老三样”，还是“新三样”，其产品之变的背后更多的是发展阶段之变、创新理念之变。改革开放以来，我国抢抓新一轮科技革命和产业变革宝贵机遇，深入推进创新驱动发展，“老三样”不断优化传统工艺、弥补技术短板，实现设计、品质、服务的全方位提升；“新三样”向新而生、向新而行，呈现出科技含量高、市场份额大、竞争优势强等显著特点。从产业转移的“承接者”到创新发展的“先行者”，中国制造始终坚持守正创新、推进结构优化、深化动能转换，已然实现了从跟跑、并跑再到领跑的精彩蝶变，在“中国智造”的发展道路上阔步前行。

2020 年 5 月 12 日，工业和信息化部组织制订的《电动汽车安全要求》（GB 18384—2020）、《电动客车安全要求》（GB 38032—2020）和《电动汽车用动力蓄电池安全要求》（GB 38031—2020）三项强制性国家标准由国家市场监督管理总局、国家标准化管理委员会批准发布，并于 2021 年 1 月 1 日起开始实施。这三项国家标准覆盖了电动汽车和电动客车的部件、系统及整车多层次安全要求，主要内容与联合国《燃料电池电动汽车安全全球技术法规》全面接轨，部分检测指标比国际法规更加严格。电动汽车安全系列标准的发布实施，不仅将进一步推动技术进步，提升行业整体安全水平，保障人民群众生命财产安全，还将为国产电动汽车“扬帆出海”保驾护航。

1. 检索课题

使用国家标准全文公开系统检索电动汽车相关的国家标准。

2. 课题分析

本课题的检索目标较为明确，以“电动汽车”为关键词，使用国家标准全文公开系统的普通检索功能即可。

3. 检索步骤

步骤 1 登录国家标准全文公开系统，在检索框中输入“电动汽车”，然后单击“检索”按钮，进入检索结果页面，如图 6-18 所示。

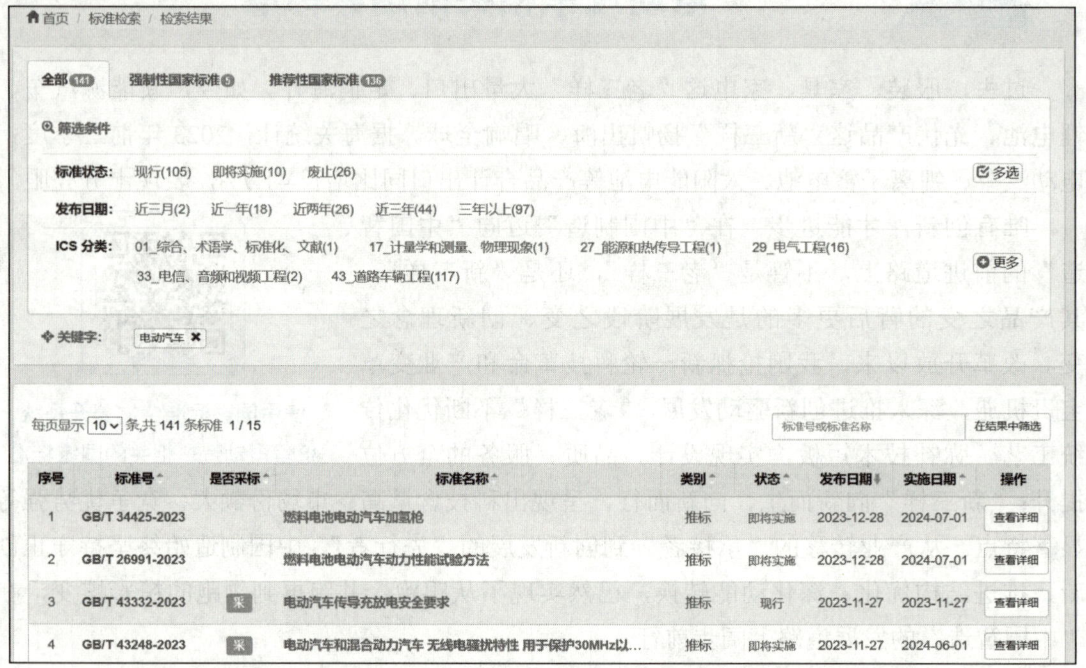

图 6-18　检索结果页面

步骤 2 此时可以看到与电动汽车相关的标准文献共有 141 项，其中包括 5 项强制性国家标准和 136 项推荐性国家标准。

步骤 3 单击“燃料电池电动汽车加氢枪”标准右侧的“查看详细”按钮，进入标准详情页面，如图 6-19 所示。

标准号：GB/T 34425-2023

中文标准名称：**燃料电池电动汽车加氢枪**
英文标准名称：Fuel cell electric vehicles hydrogen refueling nozzle
标准状态：**即将实施**

在线预览　实施信息反馈

中国标准分类号（CCS）	T47	**国际标准分类号（ICS）**	43.080.01
发布日期	2023-12-28	**实施日期**	2024-07-01
主管部门	工业和信息化部	**归口部门**	工业和信息化部
发布单位	国家市场监督管理总局、国家标准化管理委员会		

图 6-19　标准详情页面

步骤 4 单击标准详情页面中的“在线预览”按钮，在弹出的验证对话框中输入验证码后单击“验证”按钮，进入标准文献预览页面，此时就可以查看该标准文献的具体内容，如图 6-20 所示。

GB/T 34425—2023

燃料电池电动汽车加氢枪

1　范围

本文件界定了燃料电池电动汽车加氢枪的定义，规定了加氢枪的技术要求和试验要求，描述了加氢枪及其连接组件的试验方法。

本文件适用于使用压缩氢气为工作介质、额定工作压力不超过 70 MPa、介质温度为 −40 ℃～85 ℃的燃料电池电动汽车加氢枪。

2　规范性引用文件

下列文件中的内容通过文中的规范性引用而构成本文件必不可少的条款。其中，注日期的引用文件，仅该日期对应的版本适用于本文件；不注日期的引用文件，其最新版本（包括所有的修改单）适用于本文件。

GB/T 1690—2010　硫化橡胶或热塑性橡胶　耐液体试验方法
GB/T 7762—2014　硫化橡胶或热塑性橡胶　耐臭氧龟裂　静态拉伸试验
GB/T 10125　人造气氛腐蚀试验　盐雾试验
GB/T 24548　燃料电池电动汽车　术语
GB/T 26779—2021　燃料电池电动汽车加氢口

3　术语和定义

GB/T 24548 和 GB/T 26779—2021 界定的以及下列术语和定义适用于本文件。

图 6-20　标准文献的具体内容

6.3 检索其他特种文献

6.3.1 会议文献检索

会议文献是指在各种学术会议上宣读的论文或报告，经过编排以后出版的文献。广义的会议文献包括会议论文、会议期间的有关文件、讨论稿、报告、征求意见稿等，而狭义的会议文献仅指会议录（即在学术会议或其他专业性会议结束后，将会上宣读、讨论或展示的论文或报告加以编辑出版的文献）。

会议文献具有专业性强、学术水平高、内容新颖、信息量大、可靠性强、出版速度快、发行方式灵活等特点。它能及时反映科学技术中的新发现、新成果、新成就及学科发展趋势，是一种重要的科技文献。

会议文献可分为会前文献、会中文献和会后文献 3 种。

（1）会前文献包括征文启事、会议通知书、会议日程表、预印本和会前论文摘要等。其中，预印本是在会前几个月内发至与会者或公开出售的会议资料，比会后正式出版的会议录要早 1～2 年，但其内容完备性和准确性不及会议录。由于有些会议不再出版会议录，故预印本显得更加重要。

（2）会中文献包括开幕词、讲话或报告、讨论记录和闭幕词等。

（3）会后文献有会议录、汇编、论文集、会议专刊等。

会议文献没有固定的出版形式，有些会议文献在学（协）会的期刊上作为专号、特辑或增刊；有些则发表在专门刊载会议录或会议论文摘要的期刊上；有些汇编成专题论文集或出版会议丛刊、丛书，或以科技报告或录音带、录像带等形式出版。据统计，以期刊形式出版的会议文献约占会议文献总数的 50%。

凡是通过某些学术机构以丛刊、丛书形式出版的会议录，应先以丛刊、丛书的内容性获取分类号，然后再以会议录的内容性质获取下一级的分类号；凡是通过期刊、科技报告出版的会议录，一般随期刊、科技报告分类。

常用的会议文献检索数据库如下。

（1）中国知网会议论文库：主要收录了我国自 1999 年以来国家二级以上学会和协会、高等院校、科研院所、学术机构等单位的论文集。该数据库主要有“学科导航”“行业导航”“党政导航” 3 种分类，具体检索方法与期刊类似，此处不再赘述。

（2）万方会议论文数据库：主要收录了我国自 1998 年以来国家级学（协）会、研究会组织召开的全国性学术会议论文，数据范围覆盖自然科学、工程技术、农林、医学等领域。

（3）国家科技图书文献中心（NSTL）会议录数据库（见图 6-21）：主要收录了我国自 1985 年以来国家级学（协）会、研究会及各省、国务院各部委等组织召开的全国性学术会议论文。NSTL 收藏的由国外学（协）会及出版机构等出版的会议录总量近 20 万册。外文会议录涉及学（协）会 15 500 家，其中会议文献有 2 119 套是独家收藏。NSTL 收藏重点学（协）会 208 个，美国数学学会、美国物理学会、英国物理学会、英国医学会等学会的公开出版物，NSTL 基本全部收集齐全。

图 6-21 国家科技图书文献中心会议录数据库

6.3.2 科技报告检索

科技报告是继图书、期刊、档案等文献之后出现的一种新型特殊文献，是指在科研活动的各个阶段，由科技人员按照有关规定和格式撰写的，以积累、传播和交流为目的的，且能完整而真实地反映科技人员所从事科研活动的技术内容和经验的文献。

科技报告具有内容广泛、翔实、具体、完整，技术含量高，实用意义大，便于交流，时效性强等特点。做好科技报告工作，可以提高科研起点，减少科研工作的重复劳动，节省科研投入，加速科学技术转化为生产力。

按照文献形式的不同，可将科技报告分为报告书、札记、论文、备忘录、通报、技术译文；按照研究进展的不同，可将科技报告分为初期报告、进展报告、中间报告、最终报告；按照保密程度的不同，可将科技报告分为保密报告、非保密报告、解密报告。

常用的科技报告检索工具如下。

（1）国家科技成果信息服务系统（http://www.nstas.cn）。为贯彻落实《中华人民共和国促进科技成果转化法》（2015 年修订）和 2016 年国务院办公厅印发的《促进科技成果转移转化行动方案》相关要求，科学技术部组织开发了国家科技成果信息服务系统，为社会公众、政府部门及高等院校、科研院所、公司企业、成果转化中介机构、投融资机构等提供科技成果信息服务。该系统设有国家科技报告服务系统（见图 6-22），其中上万份科技报告向社会开放共享。用户只要进入该系统，就可以检索国家科技计划项目所产生的科技报告，通过实名注册的用户还可以在线浏览公开科技报告全文。此外，该系统还采取了相应的技术保护措施，以保护科技报告作者的相关知识产权。

图 6-22　国家科技报告服务系统

（2）国务院发展研究中心信息网（以下简称国研网）。国研网是中国著名的大型经济类专业网站，是向用户提供经济决策支持的权威信息平台。国研网系列研究报告平台（见图 6-23）是国研网的核心数据库之一，是当前国内唯一提供《国务院发展研究中心调查研究报告》的全文数据库，该数据库积累了 1 600 多期研究成果，覆盖 15 个经济领域，收录各类报告 3 万多份。

图 6-23　国研网系列研究报告平台

6.3.3　学位论文检索

学位论文是作者在从事科学研究取得创造性结果或有了新的见解后以此为内容撰写的，作为申请相应学位时送交评审用的学术著作。学位论文一般分为学士论文、硕士论文、博士论文 3 个级别。

一般的高校图书馆都会保存本校博硕士论文电子版和印刷本，并为本校师生提供文献检索与阅览服务，如图 6-24 所示。目前，学位论文的检索以网上检索为主，中国知网、万方数据知识服务平台等是较常用的学位论文检索平台。从上述平台中检索文献的方法前面已有介绍，此处不再赘述。

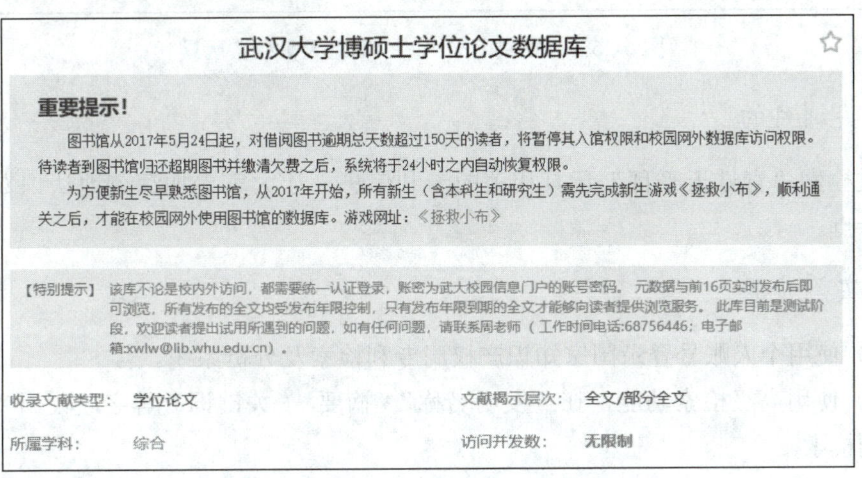

图 6-24　武汉大学博硕士学位论文数据库

项目实训　检索天平秤玩具的相关专利

1. 实训背景

儿童的启蒙教育，无论在哪个国家都是一个非常重要的话题，而一款可以进行启蒙教育的玩具，无疑会受到消费者的欢迎。最近在某购物网站上，一款“青蛙天平秤”玩具销售较为火爆，如图 6-25 所示。这是一款趣味性启蒙玩具，在两个秤盘上分别放置数字和对应数量的青蛙，就可以实现两者的平衡，以此来帮助儿童学习加减法。

与“青蛙天平秤”相似的玩具还有很多，那么这种玩具有没有申请专利保护呢？下面我们就来查查看。

图 6-25　某购物网站上的“青蛙天平秤”玩具

2. 实训目的

通过检索“青蛙天平秤”玩具相关的专利信息，让大家更加深刻地认识专利文献的构成和特点。

3. 实训步骤

（1）使用个人账号登录国家知识产权局专利检索及分析系统。

（2）使用高级检索功能，在“发明名称”“摘要”“关键词”等字段使用“天平秤”进行专利检索。

（3）将检索到的专利信息一一罗列出来，包括申请号、申请日、公开号、公告号、IPC 分类号、申请人、专利权人、发明人、申请人地址等信息。

项目总结

首先，本项目介绍了专利及专利文献的基础知识，包括专利的概念和类型，专利文献的概念，专利文献中的主体、编号、分类号和日期，以及专利文献的检索方法和常用检索平台。

然后，本项目介绍了标准文献的概念、分类、特征和标准号，以及常用检索平台。

最后，本项目介绍了会议文献、科技报告、学位论文的相关知识及检索工具。

特种文献浓缩了人类社会的大量科技创新成果，是文献检索中非常重要的一类信息资源。就具体的检索活动来说，专利文献和标准文献的检索方法与普通文献基本一致，但专利文献和标准文献的信息来源、检索字段与普通文献有所不同。

项目考核

1. 选择题

（1）实用新型专利的保护期限是（　　）。

A. 5 年　　B. 10 年　　C. 15 年　　D. 20 年

（2）专利行政部门在授予专利权时给出的编号是（　　）。

A. 申请号　　B. 公开号　　C. 专利号　　D. 分类号

（3）新批准发布的国家标准会在发布后的（　　）个工作日内在国家标准全文公开系统及时公开。

A. 20　　B. 30　　C. 90　　D. 120

（4）我国在外观设计专利分类审查中使用的是（　　）。

A.《国际专利分类表》　　B.《中国图书馆分类法》

C. 联合专利分类体系　　D.《洛迦诺分类表》

（5）狭义的会议文献仅指（　　）。

A. 会议论文　　B. 会议录　　C. 征求意见稿　　D. 会议报告

2. 填空题

（1）我国的专利分为 3 种类型：__________、__________和__________。

（2）专利文献中的主体主要有__________、发明人（设计人）、__________、__________。

（3）一个完整的 IPC 分类号由__________、__________、__________、__________和__________组成。

（4）标准文献是按照规定程序编制并经过公认__________批准的，并在一定范围内广泛使用的__________。

3. 简答题

（1）专利文献的文献号有哪些？简述它们之间的关系。

（2）简述常用的专利文献检索方法。

（3）简述标准文献的概念和分类。

（4）简述标准文献的常用检索平台。

（5）简述会议文献、科技报告、学位论文的概念及常用检索工具。

项目评价

学生自由组成学习小组，结合课前、课中和课后的学习情况，按照表 6-4 中的评价标准对本项目的学习效果进行自评和互评（组内成员互相打分），然后由教师进行总体评价，学生根据评价结果进行总结。

表 6-4　学习效果评价表

评价项目	评价内容	评价分数			
		分值	自评	互评	师评
知识（50%）	专利及专利文献的基础知识	10 分			
	专利文献的检索方法和常用检索平台	10 分			
	标准文献的基础知识	10 分			
	标准文献的常用检索平台	10 分			
	会议文献、科技报告、学位论文的检索工具	10 分			
技能（30%）	使用国家知识产权局专利检索及分析系统检索专利文献	15 分			
	使用国家标准全文公开系统检索标准文献	15 分			
素养（20%）	遵守课堂纪律，上课精神饱满	5 分			
	具有自主学习意识，课前做好准备	5 分			
	积极参与教学活动，善于思考提问，勇于探索创新	5 分			
	具有团队合作精神，出色完成实践任务	5 分			
总评	综合得分：________	100 分			
	综合等级：________	教师签字：________			
总结	最突出的表现（创新或进步）： 还需改进的地方（不足或缺点）：				

注：综合得分=自评（25%）+互评（25%）+师评（50%）；综合等级可以“优”（综合得分≥90）、“良”（80≤综合得分＜90）、“中”（60≤综合得分＜80）、“差”（综合得分＜60）为标准进行评价。

项目 7　学习就业信息检索

项目导读

就业形势、用人单位和社会需求等相关的就业信息，是大学生择业决策的重要依据和通往理想工作岗位的桥梁，在大学生求职过程中扮演着至关重要的角色。因此，大学生在择业前必须具备就业信息检索技能。

本项目首先介绍通过各级就业指导部门相应网站检索就业信息的方法，然后介绍检索企业信息和国家公务员考试信息的方法。通过前者获得的就业信息相对正规和权威，是大学生获取就业机会的主要渠道；通过后者获得的就业信息针对性和实用性更强，能够提高求职的成功率。

学习目标

知识目标

- 了解通过各级就业指导部门检索就业信息的途径和方法。
- 了解检索企业信息的途径和方法。
- 了解检索国家公务员考试信息的途径和方法。

能力目标

- 能够通过不同渠道检索心仪企业的基本信息和招聘信息。

素质目标

- 强化信息检索意识，提高信息素质，增强就业能力。

引导案例 就业信息检索大赛展现青年学子就业能力

图 7-1 就业信息检索大赛现场

2020 年 12 月 26 日，“杰世欣杯”南京大学就业信息检索大赛在仙林校区众创空间路演大厅拉开帷幕，如图 7-1 所示。本次比赛主要考查参赛选手的就业信息检索、组织与分析能力，聚焦大学生职业生涯规划、就业政策、就业环境、求职技巧等内容，展现了南京大学青年学子的就业能力。

参赛的同学在比赛伊始被随机分成了五组，各小组自主讨论并选择最感兴趣的一个行业，基于相关信息的检索、组织和分析，探索该行业的发展前景，并对该行业的一个典型岗位的从业人员做“人才画像”。最后各小组需要将上述信息制作成 PPT 向评委和观众展示。

各组参赛选手认真准备，充分利用了就业网站、企事业单位网站、中国知网、微信等各类检索途径，尽可能全面、准确地检索相关就业信息，然后进行梳理总结并比较清晰地阐述了自己的构想。最终第四小组和第五小组取得了团体赛前两名，全员直接晋级个人赛。剩余的九名同学进入复活赛，角逐个人赛环节剩余的三个参赛席位。参加复活赛的同学以个人为单位同时答题，比拼信息检索的技巧和速度，得分排在前三名的同学将晋级个人赛。

在复活赛中，九名选手你追我赶，难分高下，比分一度非常接近，激烈的赛况显示了同学们优秀的就业知识储备和信息检索技能。最终，三名同学在加赛的抢答环节中成功晋级第二轮的个人赛。

个人赛分为两个部分。第一部分是现场检索答题，九名同学在题目公布后现场检索，即时答题；第二部分是评委考核，考核的题目为“设想你接到某单位某岗位的面试通知，请陈述你将如何进行面试准备的相关工作。”答题的检索和准备时间只有 15 分钟。经过精彩的个人展示、评委提问和点评，大赛最终顺利决出前三名，其他同学则获得了优秀奖。

（资料来源：彭佳儿，《“杰世欣杯”2020 年南京大学就业信息检索大赛圆满结束》，南京大学信息管理学院官网，2020 年 12 月 29 日）

请思考：在哪里可以检索就业相关的信息？良好的信息检索能力对就业有哪些帮助？

7.1　以就业指导部门为主线检索就业信息

人们常说，机会总是垂青有准备的人，低头走路时也要抬头看天。就大学生求职而言，所谓的“准备”和“抬头看天”，就是通过充分利用信息检索能力，获取比他人更丰富的行业信息和招聘信息，从而提升自身在求职过程中的竞争优势和主动性。

在进入毕业季之前，大家是否对就业有所准备呢？请你和周围的人讨论一下，自己最关心哪些方面的就业信息？从哪些渠道可以获取这些就业信息？

随着高等教育大众化进程的加速与高等学校招生规模的扩大，大学生就业已经成为全社会关注的焦点，各级就业指导部门也陆续出台了一些政策和措施帮助大学生就业。所以，检索就业信息，可以先从各级就业指导部门（见图 7-2）的网站入手，这些网站的信息可靠性较高。

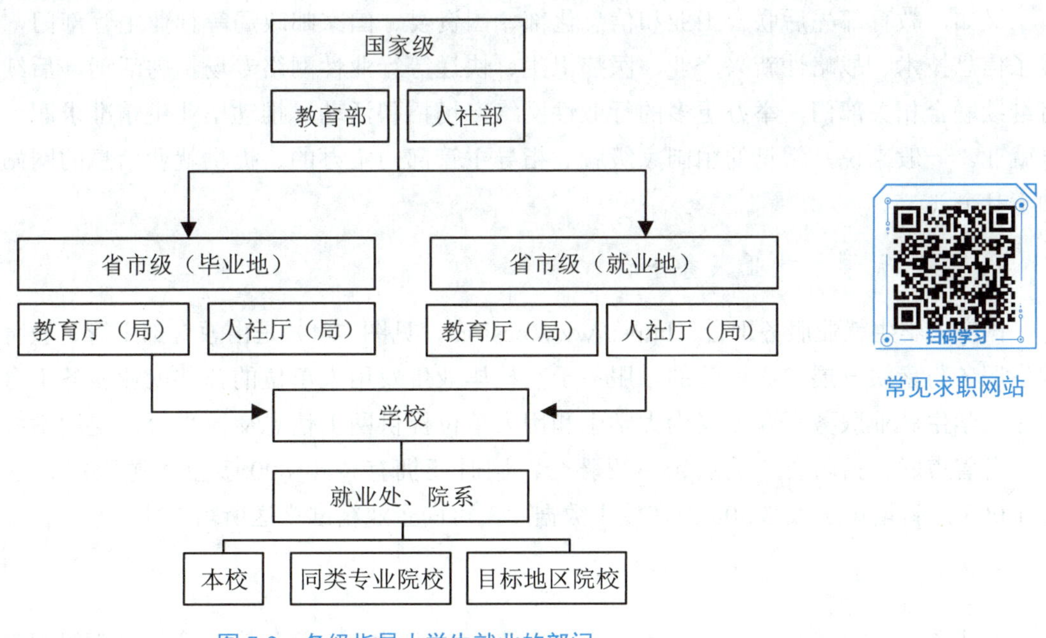

图 7-2　各级指导大学生就业的部门

扫码学习

常见求职网站

7.1.1　国家级就业指导部门信息

在国家层面上，教育部、人力资源和社会保障部（简称人社部）是与大学生就业最相关的部门，经常关注它们的网站，不仅可以了解就业政策、就业统计与分析报告，还可以了解全国性的大型招聘活动信息。

这类招聘活动一般由国家部委主办，如教育部主办的“高校毕业生全国网络联合招聘——24365 校园招聘服务”活动，其为高校毕业生提供每天 24 小时、全年 365 天的网上校园招聘服务，如图 7-3 所示。

图 7-3　高校毕业生全国网络联合招聘活动

又如，教育部先后联合工业和信息化部、国资委、国家邮政局等行业主管部门，开展了信息技术、战略性新兴产业、医疗卫生、快递等行业性网络专场招聘活动，后续还将继续联合相关部门，举办更多的行业性网络专场招聘活动，推动毕业生精准求职、尽早就业。一般来说，常见的由国家级就业指导主管部门主办的、提供就业信息的网站有如下几个。

1. 国家大学生就业服务平台

国家大学生就业服务平台（https://www.ncss.cn，见图 7-4）是由教育部主管、教育部学生服务与素质发展中心运营的，服务于高校毕业生及用人单位的公共就业服务平台。国家大学生就业服务平台不仅为大学生和用人单位提供网上信息交流平台，定期举办全国、各省市联合招聘会及重点领域招聘会，同时还拥有每年 800 多万生源数据、学信网 1 000 万新增用户及 3 500 万在校生数据库，可向企业精准推送所需人才。

2. 就业在线

就业在线（https://www.jobonline.cn，见图 7-5）是由人力资源和社会保障部组织建设的国家级招聘求职服务平台。就业在线是一个劳动者找工作、机构和用人单位发布招聘岗位的“淘平台”。它基于平台统一提供的用户管理，让求职者一次注册，即可跨平台享受可信的人力资源服务。平台提供了岗位发布、简历投递、信息核验、信息推送、入职反馈、服务评价等全流程服务。

图 7-4　国家大学生就业服务平台

图 7-5　就业在线

3. 中国铁路人才招聘网

中国铁路人才招聘网（https://rczp.china-railway.com.cn）是由中国国家铁路集团有限公司及其下属单位发布毕业生招聘公告的官方网站。它也是众多国家级行业领域招聘网站的代表之一。关于其他行业的招聘网站，大家可以使用搜索引擎以关键词“行业名+招聘网”进行检索。

7.1.2　省市级就业指导部门信息

在省市层面上，促进大学生就业同样成为教育与人社部门（主要是省教育厅、省人力资源和社会保障厅、市教育局、市人力资源和社会保障局）的重要工作。经常关注其主办的就业网站，可以了解该地区的招聘信息。当大学生所属院校所在地与就业所在地不一致时，最好同时关注两个地区的就业信息，以扩大就业信息的来源。

例如，在河北省大中专毕业生就业创业服务信息网（见图 7-6）上，不仅可以了解河北省当地的岗位资源和招聘需求，还可以了解当地的就业政策。

图 7-6　河北省大中专毕业生就业创业服务信息网

7.1.3　院校级就业指导部门信息

在学校层面上，一般高校都会举行毕业生双选会和专场招聘会。这些招聘会是大学生就业的最重要渠道之一，不仅应届毕业生要积极参加，其他年级的学生也应积极关注招聘企业及其招聘要求，通常这些企业到高校开展招聘活动具有连续性。

1. 本校就业处与院系的网站

各学校的就业办公室或就业指导中心是学校专门负责毕业生就业工作的常设机构，它们一般会在本校就业处网站或相应院系的网站上发布就业相关的信息，如图 7-7 所示。

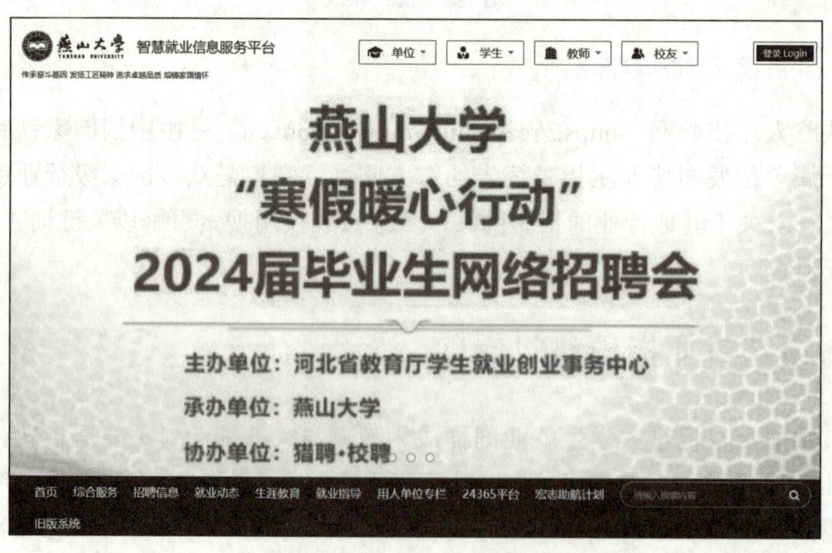

图 7-7　燕山大学招生就业处主办的智慧就业信息服务平台

2. 有相同专业的外校相关网站

大学生除了可以查看本校的就业处网站外，还可以查看具有相同专业的外校就业处网站。在选择目标外校时，要注意两点：① 该校的专业排名最好较为靠前；② 该校所在地与自己的目标就业地最好保持一致。

7.2 以就业去向为主线检索就业信息

一个人的才智和奋斗精神是其职业生涯良好发展的基础，而好的职业平台则相当于一个放大器，越优质的职业平台越能给予从业者更大的才能施展空间，以及更加丰厚的物质回报。同时，就业也是一种匹配行为，是求职者找到与自己的知识结构、能力结构和兴趣爱好相匹配的职业平台的过程。深入了解企业信息，可以提高就业成功率和满意度。就当前的就业趋势来看，我国大学生的就业去向主要有两类：企业和国家公务员系统。

7.2.1 企业信息检索

请大家谈一谈，在你所喜爱的行业中有哪些明星企业？你有没有想过成为这些企业的一员？为此你做过哪些准备？

通过对企业信息的全面检索，求职者可以加深对企业的认识，减少就业的盲目性。一般来说，针对企业的信息检索分为企业名录信息检索、企业详细信息检索和企业评价信息检索。

1. 企业名录信息检索

企业名录信息检索就是按国别或地区、企业类型、企业规模来检索企业的基本信息，其内容一般包括企业名称、办公地址、创立日期、注册资金、法人代表、联系人、联系方式、职工人数、经营范围、官方网站网址等。通过检索企业名录信息，求职者可以了解某地区或某行业的企业分布情况。提供企业名录信息的主要平台有标普名录、名录集等。

2. 企业详细信息检索

在获取到企业的基本信息后，求职者还要进一步了解企业的详细信息，其主要的检索渠道有以下几种。

（1）企业官方网站。企业官方网站是了解企业详细信息的最重要的渠道。一般来说，有一定实力和规模的企业都会在自己的官方网站公布各类详细信息，如企业的组织结构、产品研发方向、企业文化、社会责任、人才理念、发展规划、工作环境、财务状况、关联企业等方面的信息，如图 7-8 所示。如果该企业是上市公司，还可以通过财经资讯类网站（如新浪财经、同花顺财经等）查看其年度或季度报告，以便了解它的经营状况。

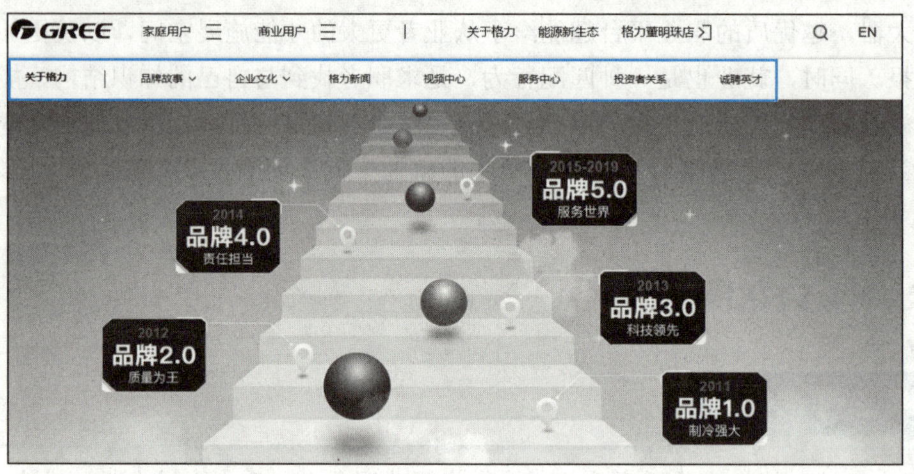

图 7-8　格力电器官网

（2）第三方就业信息分享平台。针对求职者了解企业信息的基本需求，网络上有一些提供企业点评、雇主品牌展示和员工分享功能的第三方就业信息分享平台。例如，看准网（见图 7-9）就为用户提供了雇主基本信息、雇主评价、薪酬资讯、面试经验、招聘职位等就业信息服务。

（3）企业或企业员工发表的文章。企业为了宣传目的会在媒体上投放很多宣传稿，查看新闻媒体上关于企业的报道，也是了解企业详细信息的重要渠道之一。此外，有些企业的员工也会基于企业经营实践发表各类不同的文章或论文。在中国知网以作者单位为检索字段，以企业名称为关键词，亦可获得企业发展情况的相关信息。

图 7-9　看准网首页

3. 企业评价信息检索

企业评价信息检索主要由两个方面构成：企业信用评价和企业口碑评价。通过企业评价信息检索，求职者可以了解一个企业的规范程度或诚信度，从而避免上当受骗或产生劳动纠纷。

（1）企业信用评价主要通过专业的企业信用查询网站或系统进行检索，如国家企业信用信息公示系统（https://www.gsxt.gov.cn/index.html，见图 7-10）和天眼查等。

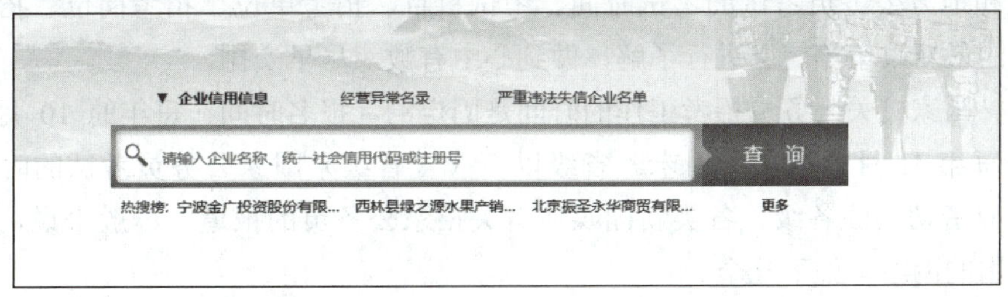

图 7-10　国家企业信用信息公示系统官网

（2）企业口碑评价是指通过检索企业相关的新闻报道、有关论坛或问答平台（如职朋、知乎等）等而获取的企业用户或员工关于企业的口碑评价信息。例如，在知乎上检索“在‘百度’工作或实习是一种怎样的体验？”，如图 7-11 所示。

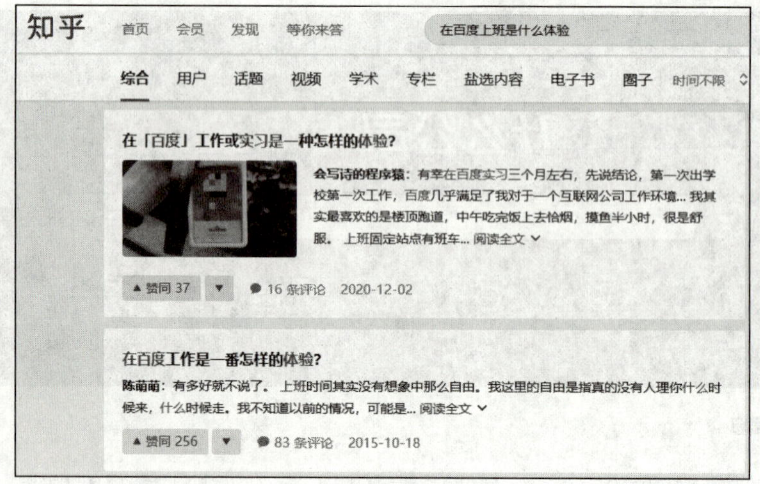

图 7-11 知乎上与企业有关的提问

7.2.2 国家公务员考试信息检索

自 1994 年我国开始实行国家公务员考试录用制度以来，在校园和社会上，屡屡掀起公务员考试热潮，进入国家公务员系统成为很多大学生的就业选择。国家公务员考试信息主要包括公务员报考指南、各地招考信息、考试经验交流、政策资讯、试题集锦等。想要顺利通过国家公务员考试，对相关信息的检索必不可少。

1. 报考阶段的信息检索

在报考阶段，考生必须对报考条件、报考过程、考试流程等国家公务员考试常识，以及中央和地方公务员考试的考试时间、考试科目、招考单位、招考岗位、招录人数及有关考试的最新政策等信息进行了解，做到心中有数，尽早安排。

中央、国家机关公务员招考工作的时间是固定的，报名时间在每年的 10 月下旬，考试时间在每年 11 月的第 4 个周末。省级以下（含省级）国家公务员考试的时间尚未固定，考生应密切关注各级、各类新闻媒体有关招录公务员的报道。一般来说，在报考阶段考生常用的网站有如下几个。

1）国家公务员局网站

国家公务员局网站（http://www.scs.gov.cn）是发布中央机关及其直属机构公务员考试信息的官方网站，考生注册账号后即可通过该网站报考相关职位，考试结束后可查询考试成绩和录取信息。网站的中央机关及其直属机构考试录用公务员专题栏目里有考生报名入口，每年更新，如图 7-12 所示。

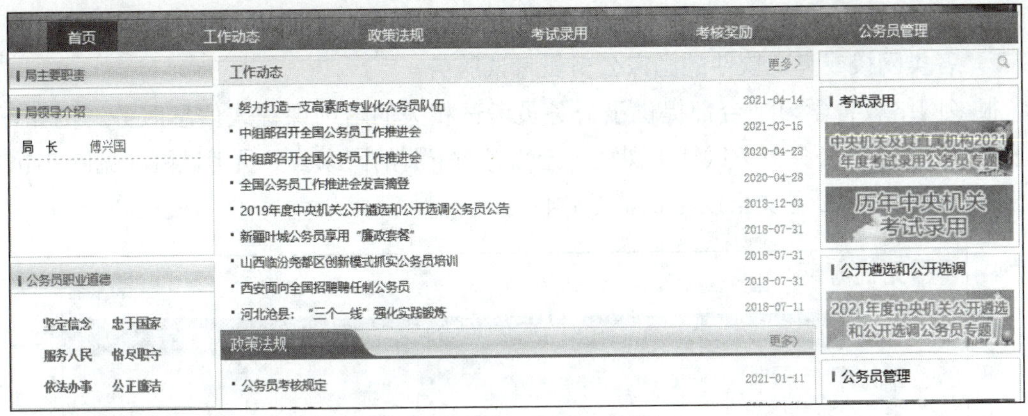

图 7-12　国家公务员局网站

2）各级人事考试网

各级人事考试网是发布地方公务员考试信息的官方网站，可提供最权威的地方公务员招考、录取信息。例如，湖北省人事考试网（https://rst.hubei.gov.cn/hbrsksw，见图 7-13）等。考生可通过搜索引擎，以“地名+人事考试网”为关键词进行检索，获得地方人事考试网的网址后单击进入查看。

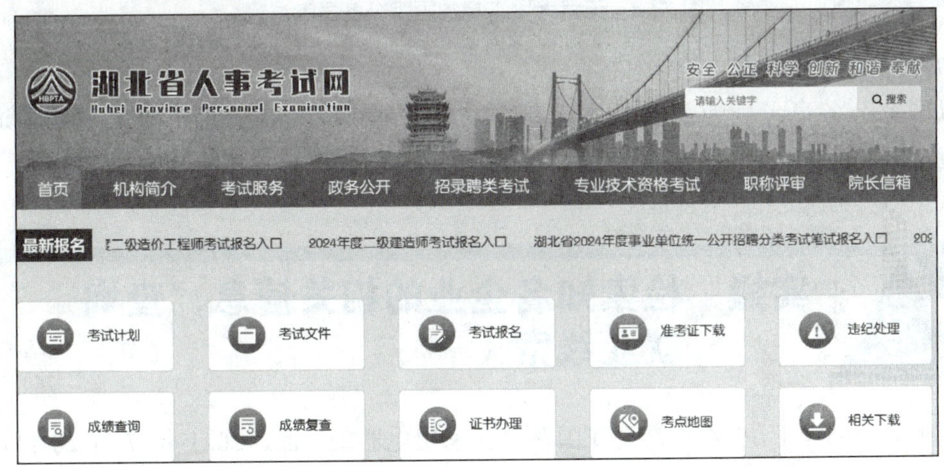

图 7-13　湖北省人事考试网

2. 备考阶段的信息检索

在备考阶段，考生需要了解笔试的考试科目有哪些、学习资料有哪些、考试技巧有哪些等信息。笔试通过后，还要准备面试，了解面试的时间、考查内容等信息。网络上有很多提供公务员考试信息咨询和学习资料的平台，具体有如下几种。

1）综合型公务员考试资讯门户网站

每年参加公务员考试的人数众多，为满足相关人群的信息需求，网络上有很多以公务员考试为主题的资讯门户网站。例如，硕文公考资讯网，学宝教育公务员考试网等。

2）各类网校或考试软件的国家公务员考试服务

很多网络教育学习平台都提供了公务员考试相关的培训课程或信息服务。例如，中公教育服务平台的公务员考试辅导课程，无忧考网下属的国家公务员考试网（见图 7-14），维普网研发的国家公务员自助考试辅导软件等。

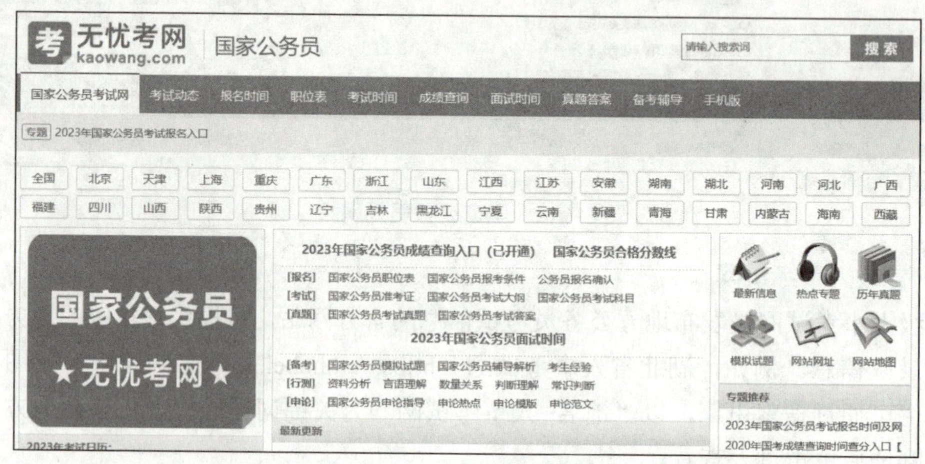

图 7-14　无忧考网下属的国家公务员考试网

3）公务员考试论坛

以国家公务员考试为主题的非营利性论坛也是获取考试信息资源的重要渠道。例如，豆瓣网的公务员考试小组，QZZN 论坛等。

实操　检索知名企业的相关信息，查询就业线索

海尔集团创立于 1984 年，是我国著名的家用电器制造商。2021 年 7 月 20 日，由中国轻工业联合会主办、中国轻工业信息中心承办的轻工业百强企业高峰论坛在北京举办。其中，海尔集团获得 2020 年度“中国轻工业二百强企业”总排名第一，海尔智家股份有限公司获得 2020 年度“中国轻工业科技百强企业”总排名第一，海尔成为唯一一家获得行业双第一的企业。

1. 检索课题

假定海尔集团是自己心仪的工作单位，通过信息检索获取海尔集团的基本信息和招聘信息。

2．课题分析

首先，海尔集团是知名家用电器制造商，其企业官网内容丰富，是获取企业信息最直接的信息源；然后，可以通过看准网了解海尔集团的招聘信息、薪资待遇和企业风险等；最后，可以通过职朋网获取与海尔集团相关的企业口碑评价。

检索就业信息

3．检索步骤

步骤 1 在浏览器中打开海尔集团官方网站，在网站顶部的导航栏中选择“关于海尔”/“海尔在全球”选项，在跳转的页面中浏览海尔集团的相关信息。网站公开信息显示，目前海尔集团服务超过 10 亿的用户家庭，拥有 35 个工业园、143 个制造中心、126 个营销中心和 23 万多个营销网点，如图 7-15 所示。

图 7-15　浏览海尔集团的基本信息

步骤 2 在页面顶部的导航栏中选择“加入海尔”选项，在跳转的页面中浏览海尔集团的招聘信息。网站公开信息显示，海尔集团的招聘内容分为“社会招聘”“校园招聘”“科技人才招聘”3 个版块，如图 7-16 所示。

步骤 3 单击“校园招聘”按钮，进入海尔集团校园招聘页面，查看自己感兴趣的岗位，如图 7-17 所示。

图 7-16 “加入海尔”页面

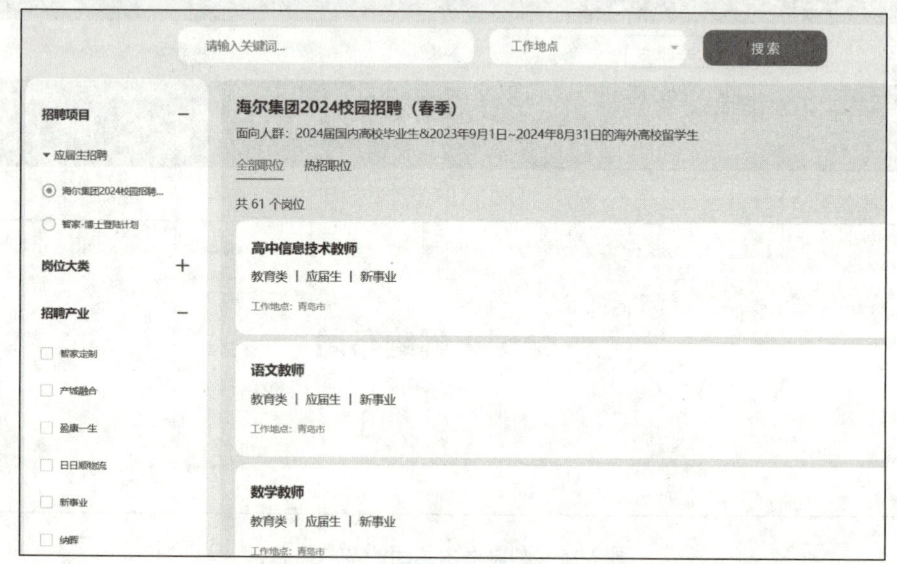

图 7-17 海尔集团校园招聘页面

步骤 4 从第三方就业信息分享平台了解海尔集团的就业信息。在浏览器中打开看准网，在网站首页的检索框中输入关键词“海尔集团”，然后单击“搜一下”按钮，在结果列表中选择“海尔集团公司”，进入海尔集团公司的信息主页，浏览“热门职位”和“公司福利”版块的具体内容，如图 7-18 所示。

步骤 5 了解完企业的基本情况后，还需要了解企业的评价信息，可以通过天眼查网对海尔集团进行风险识别，以及在职朋网上检索海尔集团的口碑评价。检索过程在此不再具体介绍。

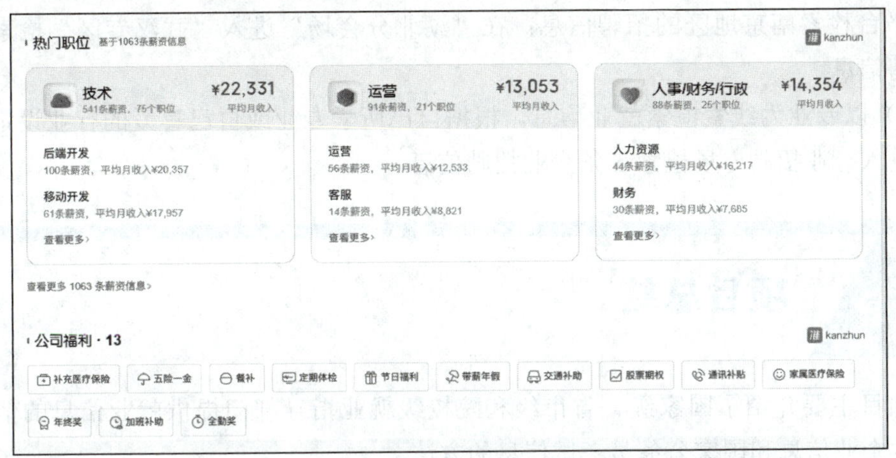

图 7-18　“热门职位”和“公司福利”版块

项目实训　通过“百日千万招聘专项行动”检索就业信息

1. 实训背景

2023 年 6 月 6 日，人力资源和社会保障部启动 2023 年百日千万招聘专项行动，以“职引未来 筑梦青春”为主题，利用 100 天时间集中为高校毕业生等群体提供超千万就业岗位，助力高校毕业生及各类劳动者求职就业。本次专项行动聚焦需求量大、市场紧缺、发展前沿等领域，面向医药卫生、信息技术、先进制造、节能环保等重点行业，推出行业性专场招聘活动；聚焦高校比较集中、毕业生数量较多、流动就业需求较大的地区，推出区域性专场招聘活动；聚焦高校毕业生等青年，兼顾其他各类群体求职需求，推出不同定位、不同特色的群体性专场招聘活动。

2. 实训目的

进入中国公共招聘网的“百日千万招聘专项行动”专题，检索就业信息。

3. 实训步骤

（1）打开“百日千万招聘专项行动”专题页面（http://job.mohrss.gov.cn/23brqw/index.jhtml）。

（2）以就业地为线索检索就业信息。设定一个学校所在地和一个目标就业地，进入两地的招聘专场各自检索 5 条企业招聘信息。例如，学校所在地为南京，目标就业地为武汉，可分别进入“江苏分会场”和“湖北分会场”。在“江苏分会场”进入江苏省智慧就业云平台检索南京地区的招聘信息；在“湖北分会场”进入“武汉专区”检索武汉地区的招聘信息。

（3）以专业为线索检索就业信息。根据自己所学专业或自己喜爱的行业设定一个主专业，进入行业招聘专场检索 5 条企业招聘信息。

项目总结

本项目主要介绍了国家级、省市级和院校级就业指导部门提供就业信息的信息源，以及检索企业信息和国家公务员考试信息的方法。

利用信息检索获取足够的就业信息，可以在以下两个方面为大学生就业奠定基础：了解就业状况，把握就业动态，及时跟踪企业对人才的技能需求，有针对性地进行“查漏补缺”；掌握足够的就业信息后，不必依赖就业指导部门提供的信息，从而变被动为主动。特别是对企业信息的检索，不仅可以避免求职“踩雷”，还可以完成对企业的全面考察，从而提高就业成功率和满意度。

项目考核

1. 选择题

（1）教育部主管的公共就业服务平台是（　　）。

A. 国家大学生就业服务平台　　B. 就业在线

C. 智联招聘　　D. BOSS 直聘

（2）对于非毕业年级的学生，参加院校招聘会要重点关注的信息不包括（　　）。

A. 技能要求　　B. 专业要求

C. 学历要求　　D. 身高要求

（3）了解企业详细信息的最重要的渠道是（　　）。

A. 企业官网　　B. 行业网站

C. 新闻网站　　D. 机构数据库

（4）中央、国家机关公务员考试的报名时间为（　　）。

A. 每年的 3 月下旬　　B. 每年的 8 月中旬

C. 每年的 10 月下旬　　D. 每年的 12 月中旬

2．填空题

（1）通过对企业信息的全面检索，求职者可以加深对企业的认识，减少就业的____________。一般来说，针对企业的信息检索分为企业____________检索、企业____________检索和企业____________检索。

（2）企业口碑评价是指通过检索企业相关的__________、有关__________或__________等而获取的企业用户或员工关于企业的口碑评价信息。

（3）国家公务员考试信息主要包括公务员报考指南、各地____________、____________、____________、____________等。

3．简答题

（1）求职者了解企业详细信息的渠道主要有哪几种？

（2）参加国家公务员考试，在报考阶段和备考阶段各需要检索哪些信息？

项目评价

学生自由组成学习小组，结合课前、课中和课后的学习情况，按照表 7-1 中的评价标准对本项目的学习效果进行自评和互评（组内成员互相打分），然后由教师进行总体评价，学生根据评价结果进行总结。

表 7-1　学习效果评价表

评价项目	评价内容	评价分数			
		分值	自评	互评	师评
知识（50%）	通过各级就业指导部门检索就业信息的途径和方法	20 分			
	检索企业信息的途径和方法	20 分			
	检索国家公务员考试信息的途径和方法	10 分			
技能（30%）	通过不同渠道检索心仪企业的基本信息和招聘信息	30 分			
素养（20%）	遵守课堂纪律，上课精神饱满	5 分			
	具有自主学习意识，课前做好准备	5 分			
	积极参与教学活动，善于思考提问，勇于探索创新	5 分			
	具有团队合作精神，出色完成实践任务	5 分			
总评	综合得分：＿＿＿＿＿＿	100 分			
	综合等级：＿＿＿＿＿＿	教师签字：＿＿＿＿＿＿			
总结	最突出的表现（创新或进步）： 还需改进的地方（不足或缺点）：				

注：综合得分=自评（25%）+互评（25%）+师评（50%）；综合等级可以“优”（综合得分≥90）、“良”（80≤综合得分＜90）、“中”（60≤综合得分＜80）、“差”（综合得分＜60）为标准进行评价。

项目 8　学习论文写作

项目导读

论文写作是高校学生从事科学研究活动的最初尝试，同时也是论文作者综合运用所学的基本理论与专业知识，并做到融会贯通和学以致用的具体体现。论文写作离不开对文献信息的利用，所以文献检索在此过程中发挥着不可替代的作用。简单地说，论文写作就是根据论文课题，检索大量文献资料，从各类文献资料中吸取精华，进而提出新观点，达到新高度，得出新结论。

例如，论文的选题过程，需要论文作者反复检索课题中的关键词，确定有足够的文献资料支持。又如，论文作者提出的论点、展示的论据，以及其表现出的对论文主题的论证力度，都源于文献检索所获得的研究材料。其中，写好文献综述，不仅可以帮助论文作者或他人更深刻地理解主题内涵，还能从中发现问题、提炼观点，进而形成新的研究成果。

本项目首先介绍论文写作的基础知识，然后介绍学位论文的写作流程，最后介绍文献综述的特点、结构和撰写方法。

学习目标

知识目标

- 了解论文写作的基础知识，包括学位论文和学术论文。
- 熟悉学位论文的写作流程。
- 熟悉文献综述的特点、结构和撰写方法。

能力目标

- 能够按照相关国家标准的要求编写论文的各部分内容。
- 能够根据研究课题撰写高质量的文献综述。

素质目标

- 不断提升学术素养和研究能力，遵守基本的学术规范，杜绝学术不端行为。

引导案例 “自己研究自己”，百米飞人的论文爆红网络

百米成绩 9.83 秒、破亚洲纪录、第一位站上奥运会男子百米决赛跑道的黄种人……2021 年 8 月 1 日，东京奥运会男子百米半决赛、决赛上，中国短跑名将苏炳添的杰出表现让无数国人看得热血沸腾。随后，苏炳添两年前的一篇论文也被粉丝们翻了出来，引发了网友们的热议。

走下赛道，苏炳添的头衔其实可以简化为暨南大学体育学院副教授。在暨南大学官网上查询可以发现，苏炳添已就任该职务 3 年有余。此前一年，苏炳添刚从暨南大学国际经济与贸易专业硕士毕业。网友们热议的论文就是他就任副教授之后的研究成果。该论文标题为《新时代中国男子 100 m 短跑：回顾与展望》。注释显示，这篇论文的收稿日期为 2018 年 12 月，2019 年 2 月进行了修订。苏炳添为该文的第一作者，主要研究方向为田径运动训练。

在微博上，网友们半开玩笑地说苏炳添这篇论文是“自己研究自己”。结合内容看，这不无道理。文中，苏炳添通过总结自己多年的训练和比赛经验，和研究团队一起梳理分析了近 10 年，特别是新时代以来中国男子 100 m 短跑跻身世界前列的历史过程和重要经验，进而提出了未来发展的基本设想和对策建议。

他和联合作者总结出来的中国男子 100 m 短跑跻身世界前列的原因，包括了践行科学化训练理念、打造良性团队竞争模式、实施“接力促单项”策略、贯彻“走出去，请进来”方针等 6 个，并对中国男子 100 m 短跑未来高质量发展提出了四大建议。

（资料来源：代天医，《我研究我自己，苏炳添写论文“如何跑出亚洲最快”》，果壳网，2021 年 8 月 2 日）

请思考：论文由哪几部分组成？学位论文与学术论文有何不同？

8.1 了解论文写作

论文是指讨论或研究某种问题的文章，是一种非常重要且常见的文献形式，其种类较多，要求各不相同，但在论文写作过程中，大多还是遵循共同的基本规律的。因此，只要掌握了常见论文（如学位论文、学术论文等）的写作方法，就可以触类旁通。

8.1.1 学位论文

学位论文是高等院校和科研院所的本科生、研究生为获得学位资格（学士、硕士和

博士）而撰写的学术性较强的研究论文。其类型主要包括学士学位论文、硕士学位论文（见图 8-1）、博士学位论文，其中硕士、博士学位论文具有较高的学术价值。一般来说，收藏与检索的学位论文不包括学士学位论文。

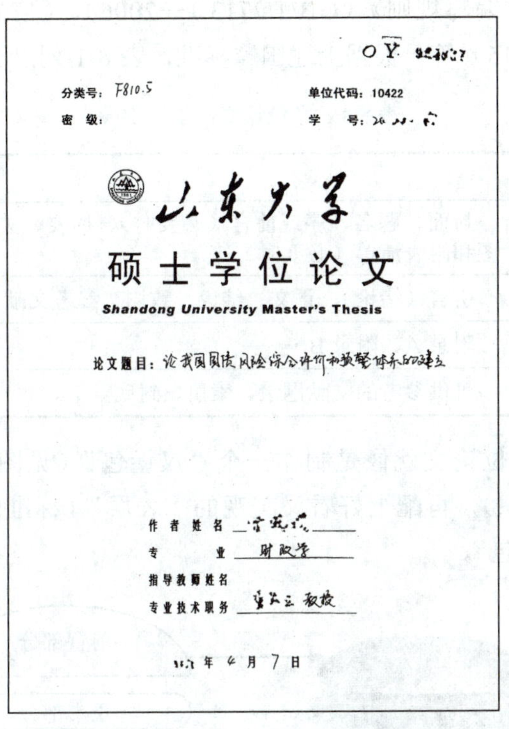

分类号：F810.5　　单位代码：10422

密　级：　　学　号：

山东大学

硕士学位论文

Shandong University Master's Thesis

论文题目：

作者姓名

专　　业　财政学

指导教师姓名

专业技术职务　教授

年　月　7　日

图 8-1　硕士学位论文封面

（1）学士学位论文表明作者较好地掌握了相关学科的基础理论、专门知识和基础技能，并具有从事科学研究工作或承担专门技术工作的初步能力。

（2）硕士学位论文表明作者在相关学科上掌握了坚实的基础理论和系统的专业知识，对所研究课题有新的见解，并具有从事科学研究工作或独立承担专门技术工作的能力。

（3）博士学位论文表明作者在相关学科上掌握了坚实宽广的基础理论和系统深入的专门知识，在科学和专门技术上做出了创造性的成果，并具有独立从事创新科学研究工作或独立承担专门技术开发工作的能力。

学位论文是高校学生毕业前最后一次重要的学习过程和锻炼机会，是高校教学计划中最重要的实践性教学环节。

值得注意的是，学位论文虽然是作者提交的用于其获得学位的文献，但也具有学术性，因此也可以划为学术论文的一种。

1. 学位论文的组成部分

论文写作具有一定的规范和编写格式要求。例如，我国与学位论文写作有关的现行国家标准有《学位论文编写规则》（GB/T 7713.1—2006）、《信息与文献 参考文献著录规则》（GB/T 7714—2015）等。根据上述国家标准，表 8-1 列出了学位论文的组成部分。

表 8-1 学位论文的组成部分

位 置	内 容
前置部分	封面、题名、序或前言（必要时）、摘要、关键词、目录（必要时）、插图和附表清单（必要时）等
正文部分	引言（绪论）、正文、结论、致谢、参考文献
附录部分（必要时）	附录 A、附录 B……
结尾部分（必要时）	可供参考的文献题录、索引、封底

由此可见，编写学位论文就像是制作一个“汉堡包”（见图 8-2），只要找到优质的“原料”（有价值的知识），再配上好看又美观的“表层”（标准的格式规范），就能制作出“好看且美味的汉堡包”。

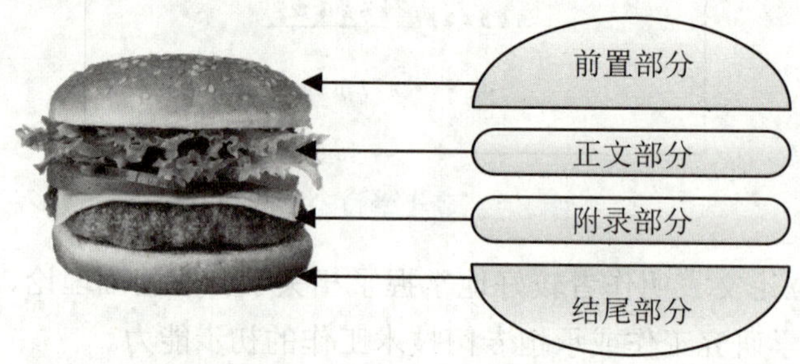

图 8-2 学位论文的“汉堡包”式结构

2. 学位论文各部分的写作要求

除了整体结构，相关国家标准还对学位论文的具体内容提出了详细的写作要求。

1）题名

题名就是论文的总题目，也称标题、篇名。标题是论文内容的高度概括，既要有概括性，又要醒目。一个好的题名，最重要的特征就是准确、简明和醒目。一般来说，学位论文的题名有以下几种。

（1）单标题：用一句话作为标题，如《浅析唐宋元时期中国山水画色彩的转变》。

（2）复标题：用一个主标题配一个副标题。主标题揭示论文的中心论点，副标题表明论述的范围和对象，对主标题加以补充、解说，如《因美而孤独——围城中的沈从文和他的〈边城〉》。

（3）论点型标题：其揭示了论文的核心论点，便于读者把握全文内容的核心，如《开发运用“无形资产”是资本重组成功的关键——对锦州万得集团资产重组的分析》。

（4）课题型标题：其揭示了论文研究的课题，是对文章内容的范围做出限定，从标题本身看不出作者的观点，如《关于增值税几个问题的探讨》。

2）作者信息

作者信息包括作者姓名、工作单位、地址及邮编等，通常位于论文题目下方。一般来说，封面和题名页都会记载题名和作者信息，其他信息则由学位授予机构自行规定。

3）摘要

摘要是原文的浓缩，应有数据和结论，是一篇完整的短文。作者应通过摘要说明研究目的、实验方法、结果和最终结论等。摘要的编写要求是内容浓缩、短小精悍、文字为主、独立成段、第三人称撰写。学位论文的摘要没有字数限制，但也不宜过长。此外，我国的学位论文都要求有摘要的英语译文。

4）关键词

关键词是从论文中选取出来的、能够表达全文主题内容的单词或术语。通常每篇论文可选取 5～6 个关键词。关键词的选取过程实际上也是对一篇论文进行标引的过程。

关键词的选取方法：作者在完成论文写作后，纵观全文，选出能代表论文主要内容的信息和词语，这些信息和词语往往是论述的焦点，可以从论文的各级标题中寻找。

5）正文

正文是学位论文的核心部分，篇幅最大。学位论文的论点、论据、论证及要说明的问题都要在这一部分论述，它最能体现研究工作的成就和学术水平。

一般来说，正文的内容由观点和材料组成，其中，观点是论文的灵魂。但观点也不是凭空而来的，它必须有材料作为依据，观点往往是对大量、丰富、合乎实际的材料进行提炼而形成的。学位论文的结构主要有以下三类。

（1）纵贯式：以时间的先后为顺序，或以事物发展变化的前后为顺序，或以人们认识事物的发展规律为顺序来安排论文的结构。

（2）并列式：根据表现主题的需要，或按物体所在空间的方位，或按事物的本质属性、特征，以及材料类别来安排文章结构。

（3）递进式：根据材料的不同意义和作用，把材料分别归类。但类与类之间，或以层层递进的关系，或以因果关系来安排论文的结构。

6）结论

学位论文的结论部分是对整个论文论点的综合与归纳，不是对已经阐述过的各段的小结进行复述。结论部分的语言和文字应该准确、系统、精练。一般来说，结论的内容主要包括：本文发现了什么问题，有什么解决方法，总结了哪些规律，针对已有的研究成果有哪些修正、补充、发展、证实或否认，本文研究的不足或尚未解决的问题。

7）参考文献

参考文献是学位论文的正文内容之一，也是论文非常重要的组成部分。编列参考文献的目的包括：① 表明作者进行研究工作的真实科学依据和严肃的科学态度；② 表示作者对他人劳动成果的承认和尊重；③ 提供了研究材料的出处，便于读者扩大检索范围。

根据国家标准《信息与文献 参考文献著录规则》（GB/T 7714—2015），参考文献主要有以下几种著录格式。

（1）专著或书的著录格式，具体形式如下。

［序号］主要责任者．文献题名［M］．版本（如有）．出版地：出版者，出版年：引文页码．

实例

［1］杨兆辉，明丽宏．信息检索教程［M］．北京：电子工业出版社，2018：114-132．

（2）连续出版物的著录格式，具体形式如下。

［序号］主要责任者．文献题名［J］．刊名，出版年份，卷号（期号）：起止页码．

实例

［2］曲琳琳．查询翻译方法研究——以汉英跨语言信息检索为例［J］．情报科学，2021，39（08）：132-138+193．

（3）电子资源的著录格式，具体形式如下。

［序号］主要责任者．题名［文献类型标识/载体类型标识］．（更新或修改日期）［引用日期］．获取和访问途径．数字对象唯一标识符（如有）．

实例

［3］王瑗．参考工具书数据库举要及使用［EB/OL］．（2009-04-15）［2016-05-13］．https://wenku.baidu.com/view/dfc3b4cdda38376baf1faea0.html．

8）致谢

对那些为论文的写作提供过帮助和支持的个人及机构，应当表示感谢，这已成为一个学术通则，反映了作者的学术道德水平。致谢词要恰当，对给予帮助的个人应写明是何种帮助，对提供资助的机构应写明资助编号等。

8.1.2 学术论文

学术论文是对某个学科领域的学术问题进行研究后，记录研究的过程、方法及结果，用于学术交流、讨论或出版发表，或用作其他用途的书面材料。学术论文的内容应有所发现、有所发明、有所创造、有所前进，而不是重复、模仿、抄袭前人的工作。

1．学术论文的特点

学术论文是对某一学术课题在实验性、理论性或观测性上具有的新的科学研究成果或创新见解和知识的科学记录，或是对某种已知原理应用于实际所取得的新进展的科学总结，它具有学术性、科学性、理论性和创造性等特点。

（1）学术性。学术是指系统化的专业学问。学术性要求将专业知识系统化，然后对其进行探讨和研究。学术论文就是研究某一学科专业问题，以及事物发展内在本质和变化的文章。

（2）科学性。学术论文要求作者在立论时不能带有个人偏见，不得主观臆造，必须实事求是、诚实认真。论文内容应客观真实，数据准确可靠，方法切实可行，论证严谨缜密，观点前后一致，表述全面清晰。论文所反映的研究成果应经得起实践的反复验证。

（3）理论性。学术论文在形式上类似于议论文，但不同于一般的议论文，它必须建立自己的理论体系。也就是说，学术论文不能仅仅是材料的罗列，而是需要对大量事实和材料进行分析和研究，使感性认识转化为理性认识。通常来说，学术论文具有论证或论辩的性质。论文的内容必须符合历史唯物主义和唯物辩证法，遵循科学研究方法。

（4）创造性。科学研究旨在探索新知识，创造性是科学研究的核心。学术论文的创造性主要体现在作者独特的见解，以及提出的新观点、新理论等，因为科学始终是革命性和非传统的。正如某学者所说，科学方法主要用于发现新现象和提出新理论，旧的科学理论必然会不断地被新理论推翻。因此，缺乏创造性的学术论文不具有科学价值。

2. 学术论文的组成部分

我国与学术论文写作有关的现行国家标准是《学术论文编写规则》（GB/T 7713.2—2022）。根据该国家标准，表 8-2 列出了学术论文的组成部分。

表 8-2　学术论文的组成部分

位　置	内　容
前置部分	题名、作者信息、摘要、关键词、其他项目
正文部分	引言、主体、结论、致谢、参考文献
附录部分	附录 A、附录 B……

3. 学术论文各部分的写作要求

除了整体结构，相关国家标准还对学术论文的具体内容提出了详细的写作要求。

1）题名

题名是学术论文的总纲，是反映学术论文中重要特定内容的恰当、简明的词语的逻辑组合。题名中的词语应有助于选定关键词和编制题录、索引等二次文献所需的实用信息，应使用标准术语、学名全称、通用名称，不应使用广义术语、夸张词语等。

此外，为便于交流和利用，题名应简明，一般不宜超过 25 字；为利于国际交流，学术论文宜有外文（多用英文）题名。

2）作者信息

学术论文应有作者信息，作者信息宜置于题名之下。作者信息具有以下意义：① 拥有著作权的声明；② 文责自负的承诺；③ 联系作者的渠道。

作者信息的内容，一般包括作者姓名、工作单位及通信方式等。为利于国际交流，学术论文宜有与中文对应的外文（多用英文）作者信息。

对学术论文有实际贡献的责任者应列为作者，包括参与选定研究课题和制订研究方案，直接参加全部或主要部分研究工作并做出相应贡献，以及参加学术论文撰写并能对内容负责的个人或单位。

个人的研究成果，标注个人作者信息；集体的研究成果，标注集体作者信息，即列出全部作者的姓名，不宜只列出课题组名称。标注集体作者信息时，应按对研究工作贡献的大小排列名次。

3）摘要

学术论文应有摘要，摘要宜置于作者信息之后。摘要是对学术论文的内容不加注释和评论的简短陈述，应具有独立性和自明性，即不阅读全文就可以获得必要的信息。为利于国际交流，宜有外文（多用英文）摘要。

《文摘编写规则》（GB/T 6447—1986）

摘要的内容通常包括研究的目的、方法、结果和结论。学术论文宜采用报道性摘要，也可采用报道/指示性摘要、指示性摘要。报道性摘要可采用结构式。

中文摘要的字数，原则上应与学术论文中的成果多少相适应。一般情况下，报道性摘要以400字左右、报道/指示性摘要以300字左右、指示性摘要以150字左右为宜。

摘要中可以有数学式、化学式、插图、表格等，但不应含有数学式、化学式、插图、表格、参考文献等的编号，不宜使用非公知公用的符号和术语。对摘要中首次出现非公知公用的简称、外文缩略语和缩写词，应给出全称、中文翻译或解释。

摘要的撰写应符合《文摘编写规则》（GB/T 6447—1986）的规定。

4）关键词

学术论文应有关键词，关键词宜置于摘要之后。为便于文献检索，关键词是从题名、摘要或正文部分选取出来的用以表示学术论文主题内容的词或词组。关键词要有检索意义，不应使用太泛指的词，如“方法”“理论”“分析”等。

为利于国际交流，宜标注与中文对应的外文（多用英文）关键词。每篇学术论文以3~8个关键词为宜。

关键词宜从《汉语主题词表》或专业词表中选取；未被词表收录的新学科、新技术中的重要术语，以及地区、人物、产品等，亦可选作关键词。

关键词的撰写应符合《学术出版规范 关键词编写规则》（CY/T 173—2019）的规定。

《学术出版规范 关键词编写规则》（CY/T 173—2019）

5）引言

学术论文一般有引言。引言内容通常包含研究的背景、目的、理由，预期结果及其意义和价值。在编写引言时，应做到切合主题，言简意赅，突出重点和创新点，客观评论介绍前人的研究，如实介绍作者自己的成果。

6）主体

主体部分是学术论文的核心，占学术论文的主要篇幅。学术论文的论点、论据和论证均在此部分阐述或展示。主体部分的结构，一般由具有逻辑关系的多章构成，如理论分析、材料与方法、结果和讨论等内容，均宜独立成章。

主体部分应完整描述研究工作的理论、方法、假设、技术、工艺、程序、参数选择等，清晰说明使用的关键设备装置、仪器仪表、材料原料，或者涉及的研究对象等，以便于本专业领域的读者可依据这些描述重复研究过程；应详细陈述研究工作的过程、步骤及结果，提供必要的插图、表格、计算公式、数据资料等信息，并对其进行适当的说明和讨论。

7）结论

结论是对研究结果和论点的提炼与概括，不是摘要或主体部分中各章节小结的简单重复，应做到客观、准确、精练、完整。此外，结论应编号。如果推导不出结论，也可没有“结论”而写作“结束语”，进行必要的讨论，在讨论中提出建议或待研究解决的问题等。

8）致谢

致谢是作者对为学术论文的生成做过贡献的组织或个人予以感谢的文字记录，内容应客观、真实，语言宜诚恳、真挚、恰当。致谢内容可用与其他正文部分相区别的字体，排在结论或结束语之后，一般不编号。

9）参考文献

学术论文中应引用与研究主题密切相关的参考文献。参考文献表既可采用顺序编码制，也可采用著者-出版年制，但全文应统一。采用顺序编码制组织的参考文献表应置于文末，也可用脚注方式将参考文献置于当页的页脚处。列于文末的参考文献表可以编号。

参考文献的著录项目、著录符号、著录格式，以及参考文献在正文中的标注法，应符合《信息与文献 参考文献著录规则》（GB/T 7714—2015）的规定。

10）附录部分

附录部分是以附录的形式对正文部分的有关内容进行补充说明。学术论文一般不设附录；但那些编入正文部分会影响编排的条理性和逻辑性、有碍学术论文结构的紧凑性、对突出主题有较大价值的材料，以及某些重要的原始数据、数学推导、计算程序、设备、技术等的详细描述，可作为附录编排于学术论文的末尾。

提 示

在写作学术论文时，可以按照选题、收集与整理资料、确定主题（初步确定论文题名）、拟定写作提纲、撰写初稿、修改定稿的步骤进行。其中，正文部分（包括引言、主体、结论、致谢和参考文献）的表述应科学合理、客观真实、准确完整、层次清晰、逻辑严密、文字顺畅。

在投稿时，要全面了解各类学术期刊，避免上当受骗，也不要“一稿多投”。

8.2 熟悉学位论文的写作流程

学位论文的写作流程包括选题、检索研究材料、确定主题、撰写开题报告、撰写初稿及修改定稿等步骤。

8.2.1 选题

选题就是选择课题。课题是指科学研究中所要解决或获得结果的具体现实问题，以及研究人员想要研究和探讨的未知问题。选题是科研和写作的开端，也是学位论文写作最重要的步骤之一。爱因斯坦曾说，提出一个问题往往比解决一个问题更重要。选准了课题，就等于完成了论文写作的一半。课题选得好，对后续论文的写作可以起到事半功倍的作用。

1. 选题的来源

论文的课题来源十分丰富，主要有以下几种。

（1）作者的兴趣爱好。兴趣与好奇心是走向成功的基础。人们从事自己感兴趣的工作时，会产生无穷的想象力和创造力，并且沉浸其中，乐此不疲。

（2）导师的科研项目。导师一般都有自己特定的研究方向，并且在该方向已经有了一定的研究积累，取得了一定的研究成果。论文选题尽可能与导师的研究方向一致，以便获得导师在学术或经费上的支持，有助于按期完成学位论文。

（3）生产实践中的问题。实践可以开启新世界的大门，在生产实践中会产生许多人们从未研究解决的全新问题，而这些问题无疑可以成为人们的研究对象。例如，技能培训不如预期有效，产品销售量下降，企业兼并后效益不佳等。

（4）当前的专业背景或当前掌握的文献资料情况。通过对有关学科和专业领域文献资料的搜集和阅读，掌握本学科的国内外研究现状和最新进展，了解不同学者的思路特点及研究倾向，摸清前人所做的工作及达到的水平，从中萌发个人见解，进而确定选题。

2. 确定选题的流程

初步确定选题后，还要对课题进行研究，边搜集研究材料边思考问题，在对材料进行检索、整理、加工的过程中形成认识成果。选题阶段的检索研究过程是写出高质量论文的关键。一般来说，确定选题的具体流程如图 8-3 所示。

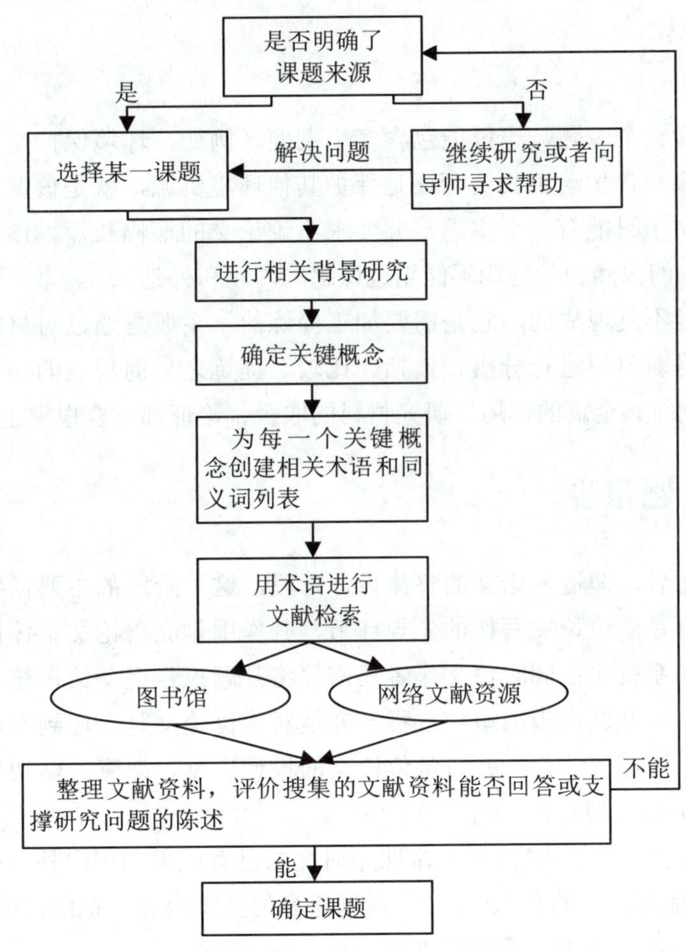

图 8-3　学位论文确定选题的具体流程

8.2.2　检索研究材料

确定学位论文的课题后，还需要花费很大精力进行文献检索，找到尽可能多的研究材料。研究材料是构成学位论文的主要要素，论文写作的主要工作都是基于研究材料完成的：论点的确立依赖研究材料；主次论据来自研究材料；论证的力度也来自研究材料。可以说，学位论文的质量如何，很大程度上取决于研究材料是否充实、准确和可靠。

在检索研究材料的过程中，首先要把握好检索范围，选取与课题内容紧密相关的、真实新颖的、多角度的文献资料。最终获取的文献资料最好在30篇左右，其中紧密相关的文献应不少于10篇。检索时需要采用恰当的阅读方式，通过浏览、速读筛选材料，研读最重要、最有价值的部分；随读随记，把认定有用的材料和收获、感受记录下来。

整理研究材料就是按照选题的要求和材料的性质，通过归纳分类，将搜集的材料有序化。检索的文献资料一定要按类目存放，以便取用。

8.2.3　确定主题

课题可能包含一个主题，也可能包含多个主题。例如，环境保护是一个课题，那么具体是保护水资源、保护动植物资源还是保护其他环境资源，就是该课题下可供选择的主题。在一篇论文中只能有一个主题，并要求不论论文的篇幅长短，该主题必须贯穿始终，并且论文主题的内涵和外延均不能超过课题的内涵和外延。

实际上，主题不是现成的，它是需要加工提炼的。主题是通过对材料进行深入研究所得出的结论，是对材料进行分析、概括、比较、提炼之后而形成的一种新观点。主题一旦形成，便起到统领全篇的作用。研究材料的取舍、论证都需要根据主题来判断。

8.2.4　撰写开题报告

确定论文主题后，即进入论文的整体设计阶段，这一阶段的主要任务是撰写开题报告。撰写开题报告是学位论文写作的先导环节，其作用是完善论文整体构思，使论文写作方案更加具体和系统化；同时论文作者还需要将开题报告提交给审核人员，听取各方意见，明确思路。对开题报告的审核过程，亦是对学位论文是否达到专业培养目标要求及完成论文的可行性进行评价，并对学位论文的设计广度、深度、贴切度、重点和难点等进行检验与评估认定的过程。

开题报告大致包括如下内容：① 本课题研究的已有成果和国内外当前的研究动态与趋势；② 选题的依据、目的和意义；③ 课题研究的基本内容，拟解决的问题；④ 运用的研究方法及步骤；⑤ 研究与写作的进度；⑥ 文献综述。

文献综述简称综述，又称文献回顾、文献分析。它是针对某一领域或某一方面的课题、问题或研究专题搜集大量相关资料，然后经过分析、归纳、整理当前课题、问题或研究专题的最新进展、学术见解或建议，对其做出综合性介绍和阐述的一种特殊文体。好的文献综述，不但可以为下一步的学位论文写作奠定坚实的理论基础，还可以为做出创新研究提供绝佳的契机。

8.2.5 撰写初稿

在开题报告的基础上，运用丰富的研究材料及适当的语言文字，围绕主题把事先所想到的全部内容充分准确地表达出来，即可完成初稿的撰写。初稿不是定型的论文，只能算是论文的雏形。撰写初稿时要注意：① 写作内容要围绕核心论点，紧扣主题；② 要注意论文内容的连续性；③ 要随时准备调整内容；④ 初稿的内容要尽可能丰富、充分。

8.2.6 修改定稿

论文之所以要修改，是因为人对问题的研究不是一蹴而就的，很难一次达到完善的程度。从选题到开题报告，从检索研究资料到初稿撰写，一般要经历很长的时间，论文作者的理解和想法必然有所变化。在大多数情况下，要经过反复修改才能撰写出一篇体现作者认识水平的好论文。修改论文主要从以下两个方面进行。

（1）着眼于论文内容的修改。修改论文时，首先要抓住论文的主要内容，看初稿叙述得如何。在通读全文的基础上，要注意：① 基本论点或者说明它的若干分论点是否准确、完整地表达出来；② 材料是否具有说服力；③ 论证是否符合逻辑；④ 全文的各个部分是否均衡。

（2）着眼于论文表达形式的修改。论文表达形式的修改主要考虑如下两点：① 从整体到段落的构成，查看其是否统一、完整，部分与部分、段落与段落之间的衔接是否顺理成章；② 句子是否完整，用词是否准确、形象。

总之，修改论文时，要尽可能删去可有可无的部分，把含混不清的句子改成准确、完整的句子，把别人不能理解的内容改成通俗易懂的内容。最后，通过仔细通读全文进行最后的检查，然后定稿。

从上述过程可以看出，文献检索活动贯穿于学位论文写作的全过程。大学生不断地提升自身的文献检索能力，实际上就是在强化科研能力。

对于学士学位论文（本科毕业论文）来说，文献检索没有必要全面深入，应该根据自己的专业与课题选择一些重点内容进行检索。以下检索重点仅供参考。

（1）工程设计类专业（包括机械、建筑、土木、电气工程等）：应重点检索专利文献，其次是标准文献。

（2）试验研究类专业（包括生物、制药、化工和食品类等）：经常涉及标准方法和物质含量的检测，应重点检索标准文献，其次是学术论文。

（3）理论探讨类专业：应重点检索期刊论文、学术论文数据库，其次是学位论文数据库。

（4）计算机软件类专业：应重点用搜索引擎进行源代码检索和同类产品检索，其次是检索期刊论文，查看别人的思路。

（5）经济、管理等文科类专业：应重点检索统计数据和分析报告（包括产业、企业、产品和现象等）。

8.3 熟悉文献综述

文献综述总结和综合了某一课题或某一主题下前人已经做出的研究成果，论文作者通过了解该课题或主题当前的研究水平，分析存在的问题，指出可能的研究问题和发展方向，并列出该方向众多的参考文献。文献综述可以是开题报告、学位论文、研究报告、项目申报书等文献中的一部分内容，同时也是一种学术论文。

8.3.1 文献综述的特点

总的来说，文献综述具有以下几个特点。

1．综合性

文献综述讲究“兼容并包”，既要以某一专题的发展为主线，反映当前主题的最新发展情况，又要把国内文献和国外文献综合起来一起研究。只有检索大量的文献材料，经过综合分析、归纳整理、消化鉴别，使材料更精练、更明确、更有层次和更有逻辑，才能把握相关专题的发展规律，进而预测专题的发展趋势。

2．评述性

文献综述不是简单地罗列已掌握的文献资料，而是对要综述的文献内容进行整理、分析、评价，需要反映论文作者对诸多文献资料的见解和点评，点评内容和文献内容共同构成文献综述的主要内容。因此，文献综述必须有论文作者的评价观点，否则就不能称其为综述。

3．新颖性

文献综述不是去追踪课题或主题的发展历史，而是通过搜集相关课题或主题最新的研究成果，获取最近发表的文献资料，将最新的文献或研究成果集合起来加以提炼和分析。

总之，文献综述不应是文献资料的简单罗列。一篇好的文献综述应当既有观点，又有事实。

8.3.2 文献综述的结构

文献综述介绍与课题或主题有关的文献资料、动态、进展、展望，以及对以上内容进行评述。文献综述一般包括以下 4 个部分，如图 8-4 所示。

××××文献综述

引言

×××（阐明文献综述的写作目的、意义，综合所阅读文献提出论文所涉及的问题，以及本文具体的研究方向并加以说明。）

正文（各章节序号可采用以下四种方式）

第一种	第二种	第三种	第四种
1.	一、	第一章	第一章
1.1	（一）	一、	1.
1.1.1	1.	（一）	1.1
	（1）	1.	1.1.1

××（对所阅读论文涉及的学科研究前沿、热点问题加以阐述。可联系实际列举目前本课题研究的现状和存在的问题，介绍与主题有关的详细资料、动态、进展、展望，以及对以上方面进行评述。）

总结

×××××××××××××××××××××××××（简要总结本课题的研究现状和具体问题，进一步明确研究方向。）

参考文献

[1] ×××××

[2] ×××××

图 8-4　文献综述的基本结构

1. 引言

引言主要说明撰写文献综述的原因、目的和意义，介绍有关的课题或主题的概念、定义及搜集资料的范围，简明扼要地说明有关课题或主题的现状及争论焦点，使读者对全文要叙述的问题有一个初步的了解。

2. 正文

正文是文献综述的主体，也是文献综述的核心部分，主要叙述某一研究领域的现状、水平和成就。文献综述的正文写法多样，没有固定的格式，但无论用哪一种格式，都要对检索到的文献资料进行归纳、整理及分析比较，阐明有关主题的历史背景、现状和发展方向，并对这些问题进行评述。正文部分应特别注意对代表性强、具有科学性和创造性的文献的引用和评述。

3. 总结

总结是对上述研究成果的主要特点、研究趋势及价值进行概括与评价，提出自己的见解，并对进一步的发展方向做出预测。总结应着重点明本课题或主题已有的研究成果（已有的研究成果为自己的研究奠定了怎样的基础或从中受到了怎样的启发）与尚存的研究空间（本课题或主题研究中存在的空白或薄弱环节），并对全文主题进行总结，提出自己的见解，然后对进一步的发展方向做出预测。

4. 参考文献

在撰写文献综述的时候，要将引用和参考的文献全部列出，按照参考文献的著录格式将参考文献的作者名、文献名、文献出处、时间等信息全部标示出来。这既是对被引用文献作者的尊重，也为读者深入探讨有关问题提供了文献检索的线索。

8.3.3 文献综述的撰写

文献综述的撰写可分为选题、搜集文献、阅读和整理文献、撰写成文等几个步骤。

1. 选题

在选择文献综述的主题时，应考虑以下几个原则。

（1）选题应具体明确，范围不宜过大，避免泛泛而谈。

（2）选题必须具有创新性和实用价值。

（3）优先选择这些主题：① 近年来有较快发展、内容新颖、尚未广泛传播但有大量研究报告积累的主题；② 存在争议、结论不一致的主题；③ 在我国具有应用价值的新发现和新技术等主题；④ 与自身专业领域密切相关的主题；⑤ 自己即将探索与研究的主题；⑥ 与自身专业领域不同但有兴趣探索的主题；⑦ 被信息工作者作为研究成果的主题。

2. 搜集文献

在确定了文献综述的主题之后，需要尽可能多、尽可能全地查阅和积累相关文献资料，这是写出高质量文献综述的基础。一般可以通过文摘、索引期刊等检索工具书检索文献，也可以利用微机联网检索等方法查阅文献。

3．阅读和整理文献

阅读文献是写出高质量文献综述的关键步骤。在阅读文献时，需要理解文献的主要论点和论据，并做好笔记，用自己的话语记录阅读时得到的启示、体会和想法。同时，要制作摘录卡片，通过摘录文献的核心内容，为撰写文献综述积累最佳的原始材料。

阅读文献、做笔记和制作卡片的过程，实际上是消化和吸收文献核心内容的过程。做的笔记和制作的卡片有助于加工处理，可以根据文献综述的主题要求对笔记和卡片进行整理、分类和编排，使其更有条理和逻辑性。最终，可以对整理好的资料进行科学分析，结合自身实践经验撰写心得体会，提出个人观点等。

4．撰写成文

在正式开始撰写文献综述之前，还应拟定写作大纲，然后据此撰写初稿，最后进行反复修改，形成正稿（或终稿）。

在撰写文献综述时，要注意以下几个方面的问题。

（1）文献综述的原始素材（即参考文献）要“新”，即应有最近、最新发表的相关文献，且所写内容要避免与别人发表过的内容重复。

（2）必须对所写文献综述主题的基础知识、发展过程和最新进展等进行全面了解（除非自己是“内行人”），否则写出来的内容会贻笑大方。

（3）搜集的文献资料要尽可能齐全（即要充分占有资料），切忌随意搜集几篇文献后就直接“拼凑”出自己的内容。

（4）文献综述的素材若源自前人的研究报告等，则应忠实于原文，不可断章取义或歪曲前人观点。

拓展阅读

在论文写作过程中，研究者应遵守基本的学术规范，不能出现下列不端行为：① 剽窃、抄袭、侵占他人学术成果；② 篡改他人研究成果；③ 伪造科研数据、资料、文献、注释，或者捏造事实、编造虚假研究成果；④ 未参加研究或创作而在研究成果、学术论文上署名，未经他人许可而不当使用他人署名，虚构合作者共同署名，或者多人共同完成研究而在成果中未注明他人工作、贡献；⑤ 在申报课题、成果、奖励和职务评审评定、申请学位等过程中提供虚假学术信息；⑥ 买卖论文、由他人代写或者为他人代写论文。

加强学术道德和学风建设，遏制学术不端行为，必须惩防并举、标本兼治，自律（如加强学术道德教育，提高思想觉悟）与他律（如加强制度约束和社会监督）相结合。总之，培育优良的学风，倡导严谨规范的学术行为，营造良好的学术环境，学术自律是根本，制度建设是保证，社会监督是基础。多年来，教育部和有关社会团体一直致力于加强学术道德和学风建设，先后印发了一系列文件，组编并出版了相关著作。

2004 年 8 月 16 日，教育部印发《高等学校哲学社会科学研究学术规范（试行）》，以规范高校哲学社会科学研究工作，加强学风建设和职业道德修养，保障学术自由，促进学术交流、学术积累与学术创新，进一步发展和繁荣高校哲学社会科学研究事业。

2007 年 3 月 23 日，中国科学技术协会出台《科技工作者科学道德规范（试行）》，以弘扬科学精神，加强科学道德和学风建设，提高科技工作者的创新能力，促进科学技术的繁荣发展。

2009 年 6 月，教育部相关学风建设委员会组编的《高校人文社会科学学术规范指南》正式出版，用以指导高校人文社会科学研究人员开展相关学术活动。在尊重学科差异的基础上，该书以学术研究的环节为纲，阐释了人文社会科学研究学术规范的共同性、常识性问题。在学术伦理层面，着重说明了研究者应具有的基本价值观和职业操守；在技术规范层面，着重介绍了学术研究的基本程序、技术标准和规则；在学术纪律和法律层面，着重阐释了相关规章制度和法律法规，以提高研究者敬畏学术、在学术活动中遵守学术规范的自觉性。

2010 年 6 月，教育部相关学风建设委员会组编的《高等学校科学技术学术规范指南》正式出版，用以指导高校自然科学和工程技术类研究人员开展相关学术活动。该书通过“基本概念”“科技工作者应遵守的学术规范”“学术规范中的相关规定”“学术不端行为的界定”这四部分内容，进一步明确了从事学术活动的行为准则，界定了学术规范中的相关规定和学术不端行为。2017 年 3 月，该书的第二版出版，在保留第一版四部分内容的基础上，新增了“学术不端行为的社会与个人因素分析”和“学术不端行为案例剖析”两部分内容，以满足社会各界对于高校科研学风建设工作的新期待和新要求。

2016 年 6 月 16 日，教育部印发《高等学校预防与处理学术不端行为办法》，以有效预防和依法规范处理高等学校发生的学术不端行为，营造风清气正的学术环境，促进教学科研和学术研究的健康发展。

实操　鉴赏文献综述实例

下面，我们以闽南理工学院的一篇文献综述——《高校经管类专业现代实践教学研究文献综述》为例，学习文献综述的具体写作方法。（文献综述原文详见本书配套素材“素材与实例”/“项目 8”/“文献综述范文.docx”）

步骤 1 鉴赏文献综述的第一部分：引言。具体内容如下所示。

引言

经管类专业现代实践教学是高校教育教学的实践薄弱领域，面临教学发展的瓶颈，国内外学者对经管类实践教学开展了长期的跟踪研究，积累了丰硕的研究成果。本文着重梳理国内外学者在高校经管类专业实践教学的必要性、理论基础、存在的主要问题、体系结构、模式、发展建议等方面的研究文献，指出目前该领域研究的不足之处和发展趋势，希望对高校经管类专业现代实践教学相关领域的理论发展和具体实践教学有所启发。

步骤 2 对引言的解析如下。

该文献综述采用了课题型标题，从标题可以提炼出“经管类专业”和“实践教学”两个关键词，这两个关键词是后续检索文献资源时的主要检索对象。

扫码学习

鉴赏文献综述实例

从引言中可以看出，该文献综述的选题来源属于“生产实践中的问题”，即“经管类专业现代实践教学是高校教育教学的实践薄弱领域，面临教学发展的瓶颈”这一尚未解决的问题。此篇文献综述即以梳理国内外学者关于“经管类实践教学”的研究文献，来指出当前研究的不足之处和发展趋势，以期对高校经管类专业现代实践教学相关领域的理论发展和具体实践教学有所启发。

步骤 3 鉴赏文献综述的第二部分：正文。具体内容如下所示。

一、高校经管类专业实践教学必要性研究

早在 1912 年，美国经济学家熊彼特就认识到产学研合作与创新的关系，预示着大学生产学研合作教育的必要性。1904 年，阿瑟·杜恩就开始尝试把学生社会管理服务活动与社会研究课程教学结合起来，探讨实践教学的必要性。美国国家和社区服务财团法人组织（The Corporation for National and Community Service）（2003）认为实践性教学特别是服务学习实践是学生反思经验教训的必要过程。

…………

很多国内学者借鉴国外研究成果，并结合中国高校经管类专业实践教学现状，开展了深入研究。

…………

贯敬全（2011）认为，构建经管类专业实践教学体系，推进实践教学改革，是经管类专业人才培养目标的必然要求，是改善经管类专业实践教学这一薄弱环节的需要。江海潮、向国成（2011）则认为，实践教学是以人为本教育的基本要求。赵礼强和赵冰梅（2010）则从经管类应用型人才培养视角分析了产学研实践教学的必要性。张迎春、吕宏芬（2010）讨论了独立学院实践教学的必要性。张金华（2009）分析了工商管理类本科专业实践教学的必要性，刘丽艳（2008）讨论了国际贸易专业校外实习基地教育实践的必要性，周梅华和昌涛（2006）讨论了市场营销专业实践教学的必要性。

二、高校经管类专业实践教学基础理论研究

约翰·杜威（1916）的教育经验理论认为，教育是“经验质量的直接改建”，明确承认“教育就是经验的改造和重组”。

…………

三、高校经管类专业实践教学存在问题研究

…………

国内学者关于中国经管类实践教学问题，积累了不少文献成果。厉敏萍（2008）认为我国地方高校经管类专业实践教学存在的主要问题有：① 实践教学地位低下；② 实践教学内容陈旧、手段落后；③ 教师实践教学技能不足；④ 实践教学考核标准不够科学合理；⑤ 校内外实践教学基地建设薄弱。

…………

步骤 4 对正文的解析如下。

在正文中，论文作者详细罗列了中外学者对经管类实践教学问题的研究，包括必要性研究、基础理论研究和存在问题研究 3 个方面。对于每一个方向的研究，论文作者都从中外学者两个方面，引证了多位学者的论述。这些研究材料需要从图书馆或文献数据库中检索得来。相关文献资源的检索途径可以从学校、作者、摘要、篇名等字段入手。获得相关的研究材料后，在引用时一定要标出文献发表（或提出观点）的时间，有的文献综述还会标出提出观点的论文题名。

步骤 5 鉴赏文献综述的第三部分：总结。具体内容如下所示。

整体而言，国内外学者较全面地研究了高校经管类专业实践教学的必要性、理论基础、实际存在问题、实践教学体系结构、教学模式和发展建议，成果丰富，给人以深刻的启发，极大地推进了实践教学理论研究和高校经管类实践教学的快速发展。

但是，现有理论研究仍有诸多不足之处。例如：

（1）现代实践教学内涵没有深入探讨，制约了高校经管类专业实践教学理论研究和实践教学活动的创新发展。

（2）现代实践教学体系结构几乎没有研究，高校应该建立怎样的实践教学体系缺乏新兴理论支持和科学指导。

(3) 现代实践教学体制机制、具体模式和具体评价体系，学者们很少关注，高校经管类专业乃至各类专业的实践教学，无法有效开展。

(4) 加快转变高校教育教学方式，特别是加快转变包括经管类专业在内的文科专业实践教学的政策支持等课题的研究，成果极为稀少。

目前，如何加快构建现代实践教学体系正成为各高校经管类专业实践教学面临的重要课题，也是亟须解决的理论难点问题。因此，结合国内外高等教育实践教学发展的经验教训和高校加快转变实践教学方式的要求，积极深入探讨高校现代实践教学诸多理论与实践问题，将是该领域未来研究的热点之一。

步骤6 对总结的解析如下。

总结部分，论文作者提出了自己的观点和点评，认为现有理论研究存在四个方面的不足之处。并且，在总结的结尾，还指出了当前的主要难点——“构建现代实践教学体系”，并认为“结合国内外高等教育实践教学发展的经验教训和高校加快转变实践教学方式的要求，积极深入探讨高校现代实践教学诸多理论与实践问题”将是未来研究的方向。

步骤7 鉴赏文献综述的第四部分：参考文献。具体内容如下所示。

[1] 厉敏萍. 大众化教育背景下地方高校经管类专业实践教学体系的重构 [J]. 教育现代化，2008，88 (3)：25-29.

…………

[6] 张金华. 工商管理类本科专业实践教学体系的构建与实践 [J]. 广东外语外贸大学学报，2009，20 (6)：89-92.

[7] 刘丽艳. 国际贸易专业校外实习基地建设的探索 [J]. 长春大学学报，2008，18 (6)：88-90.

[8] 周梅华，吕涛. 市场营销专业实践教学模式的构建与实施 [J]. 黑龙江高教研究，2006，146 (6)：129-130.

…………

步骤8 对参考文献的解析如下。

参考文献的著录格式在前面已经详细介绍过，此处不再赘述。一般来说，文献综述的参考文献要求不少于10条，其中外文文献不少于2条。中文文献和外文文献必须一起混排。

项目实训　检索专业课题，撰写一篇文献综述

1. 实训背景

写作一篇论文，就像在烹制美味佳肴。如果说文献拆解是“庖丁解牛”，那么撰写文献综述就是在为大餐配菜，将解剖下来的牛肉、食材进行色、香、味、形的搭配，为烹制各种美味佳肴做准备。换言之，文献综述是通过“综”与“述”，萃取经典著作与文献的精华，梳理所选课题的来龙去脉，理清自己的研究思路。

2. 实训目的

通过独立完成文献综述的写作任务，培养自身的学术研究能力。

3. 实训步骤

（1）根据专业背景（或其他课题来源），选取一个热点课题。

（2）确定文献综述的主题，提炼核心关键词。

（3）检索文献资源，列出两个检索工具（中文和英文各一个）。

（4）在检索获得的文献资源基础上，按照要求撰写文献综述。

项目总结

首先，本项目介绍了学位论文和学术论文的基础知识，包括学位论文的组成部分、学位论文各部分的写作要求、学术论文的特点、学术论文的组成部分、学术论文各部分的写作要求。

然后，本项目介绍了学位论文的写作流程，包括选题、检索研究材料、确定主题、撰写开题报告、撰写初稿及修改定稿等步骤。

最后，本项目介绍了文献综述的特点、结构和撰写方法。通过撰写文献综述，研究者可以系统地了解某一领域的研究现状和进展，找到自己感兴趣的研究方向，为自己的研究提供理论支持和借鉴，促进学术交流和合作。

项目考核

1. 选择题

（1）学位论文正文的内容由（　　）组成。

A. 观点和材料　　B. 概述和详情

C. 文字和图片　　D. 事实和观点

（2）引言位于学术论文的（　　）部分。

A. 前置　　B. 正文

C. 附录　　D. 结尾

（3）学位论文的质量如何，很大程度上取决于（　　）。

A. 指导老师的水平　　B. 研究材料是否充实、准确和可靠

C. 学校的帮助　　D. 作者用在论文写作上的时间长短

（4）下列选项中，属于学位论文课题来源的是（　　）。

A. 刷抖音　　B. 与人交流

C. 兴趣爱好　　D. 凭空想象

2. 填空题

（1）学术论文摘要的内容通常包括研究的________、________、________和________。学术论文宜采用________，也可采用________、________。

（2）学术论文的参考文献表既可采用________，也可采用________，但全文应统一。

（3）确定学位论文主题后，即进入论文的整体设计阶段，这一阶段的主要任务是________。该任务属于学位论文写作的________，其作用是________，使论文写作方案更加具体和系统化。

3. 简答题

（1）简述学位论文的组成部分和写作流程。

（2）简述学术论文的概念、特点和组成部分。

（3）简述文献综述的特点、结构和撰写方法。

项目评价

学生自由组成学习小组，结合课前、课中和课后的学习情况，按照表 8-3 中的评价标准对本项目的学习效果进行自评和互评（组内成员互相打分），然后由教师进行总体评价，学生根据评价结果进行总结。

表 8-3　学习效果评价表

<table>
<tr><th rowspan="2">评价项目</th><th rowspan="2">评价内容</th><th colspan="4">评价分数</th></tr>
<tr><th>分值</th><th>自评</th><th>互评</th><th>师评</th></tr>
<tr><td rowspan="3">知识
（50%）</td><td>学位论文和学术论文的基础知识</td><td>20 分</td><td></td><td></td><td></td></tr>
<tr><td>学位论文的写作流程</td><td>10 分</td><td></td><td></td><td></td></tr>
<tr><td>文献综述的特点、结构和撰写方法</td><td>20 分</td><td></td><td></td><td></td></tr>
<tr><td rowspan="2">技能
（30%）</td><td>按照相关国家标准的要求编写论文的各部分内容</td><td>15 分</td><td></td><td></td><td></td></tr>
<tr><td>根据研究课题撰写高质量的文献综述</td><td>15 分</td><td></td><td></td><td></td></tr>
<tr><td rowspan="4">素养
（20%）</td><td>遵守课堂纪律，上课精神饱满</td><td>5 分</td><td></td><td></td><td></td></tr>
<tr><td>具有自主学习意识，课前做好准备</td><td>5 分</td><td></td><td></td><td></td></tr>
<tr><td>积极参与教学活动，善于思考提问，勇于探索创新</td><td>5 分</td><td></td><td></td><td></td></tr>
<tr><td>具有团队合作精神，出色完成实践任务</td><td>5 分</td><td></td><td></td><td></td></tr>
<tr><td rowspan="2">总评</td><td>综合得分：________</td><td>100 分</td><td></td><td></td><td></td></tr>
<tr><td>综合等级：________</td><td colspan="4">教师签字：________</td></tr>
<tr><td rowspan="2">总结</td><td colspan="5">最突出的表现（创新或进步）：</td></tr>
<tr><td colspan="5">还需改进的地方（不足或缺点）：</td></tr>
</table>

注：综合得分=自评（25%）+互评（25%）+师评（50%）；综合等级可以“优”（综合得分≥90）、“良”（80≤综合得分＜90）、“中”（60≤综合得分＜80）、“差”（综合得分＜60）为标准进行评价。

参考文献

[1] 饶宗政. 现代文献检索与利用［M］. 第2版. 北京：机械工业出版社，2024.
[2] 严珊. 信息检索与图书馆资源利用［M］. 武汉：中国地质大学出版社有限责任公司，2023.
[3] 刘培兰. 现代信息检索与利用教程［M］. 第3版. 上海：上海交通大学出版社，2023.
[4] 王荣民，杨云霞，宋鹏飞. 科技信息检索与论文写作［M］. 北京：科学出版社，2020.
[5] 杨兆辉，明丽宏. 信息检索教程［M］. 北京：电子工业出版社，2018.